“十三五”全国高等院校人力资源管理系列规划教材

EMPLOYEE TRAINING AND DEVELOPMENT

葛玉辉◎主编　王传征 王亚男 焦忆雷◎副主编

電子工業出版社
Publishing House of Electronics Industry
北京 • BEIJING

图书在版编目（CIP）数据

员工培训与开发 / 葛玉辉主编. —北京：电子工业出版社，2019.12
ISBN 978-7-121-37372-5

Ⅰ. ①员… Ⅱ. ①葛… Ⅲ. ①企业管理－职工培训－高等学校－教材 Ⅳ. ①F272.921

中国版本图书馆 CIP 数据核字(2019)第 200198 号

策划编辑：刘淑丽
责任编辑：刘淑丽　　　文字编辑：孙润月
印　　刷：北京虎彩文化传播有限公司
装　　订：北京虎彩文化传播有限公司
出版发行：电子工业出版社
　　　　　北京市海淀区万寿路 173 信箱　邮编 100036
开　　本：787×1092　1/16　印张：16.5　字数：341 千字
版　　次：2019 年 12 月第 1 版
印　　次：2023 年 2 月第 3 次印刷
定　　价：49.00 元

凡所购买电子工业出版社图书有缺损问题，请向购买书店调换。若书店售缺，请与本社发行部联系，联系及邮购电话：（010）88254888，88258888。
质量投诉请发邮件至 zlts@phei.com.cn，盗版侵权举报请发邮件至 dbqq@phei.com.cn。
本书咨询联系方式：（010）88254199，sjb@phei.com.cn。

“十三五”全国高等院校人力资源管理系列规划教材丛书编委会

丛书序言

互联网新时代，“创新”已经成为社会发展的关键词，上至国家人才战略，下至组织发展规划，人们对“创新”有太多的解读与理解。VR 和 5G 技术的运用将引发新一轮的科技发展，组织的人力资源管理必将迎来新时代。面对新时代，人力资源管理必将再次升级。正在发生和即将发生的，包括 AI/VR 技术的引入，将给招聘、面试、培训等工作带来全新的体验。各类 App 将取代大多数绩效管理工具；大数据将改变组织人力资源战略决策模式；人们的需求和行为也在不断地改变。新时代背景下，人力资源管理工作面临着前所未有的机遇与挑战。这就需要我们在人力资源管理方面做出新的改变以顺应时代发展。本丛书将和你一起拥抱新时代，为人力资源管理的再升级打开一扇窗、推开一扇门。

一、丛书框架（本丛书共 10 本）

- 《人力资源管理》
- 《劳动经济学》
- 《工作分析》
- 《绩效管理》
- 《薪酬管理》
- 《人才测评》
- 《员工培训与开发》
- 《职业生涯规划》
- 《招聘与录用》
- 《人力资源战略与规划》

二、丛书特色

近年来，管理学界掀起了一阵国学之风，大多数经理人承受着极大的工作压力，时常接触古代圣贤、管理学大师的先进思想，也未尝不是一件好事。但在放下书本重新回到现实的管理生活中后，才发现“书走书的路，人走人的路”，所学的管理思想难以运用到日常的管理活动中去。

学术是实践的后台，丛书的作者一直想把自己在讲授“人力资源管理”课程中产生的许多心得体会、研究人力资源管理及相关领域时所得的思想和新观点，以及在做企业管理咨询和诊断等工作中所获得的成果融入书中，进而编写出一套体现理论的系统性与前沿性、理论与实践平衡、网络与教学互动的丛书来。呈现在读者面前的这套丛书就是在这样的背景下努力完成的结果。

（1）理论的系统性与前沿性。针对高等学校的教学要求，丛书在内容上力求涵盖人力资源管理的相关内容及主要活动，保持理论的系统性；同时，收集国内外人力资源管理的理论与技术的最新进展和作者多年来的研究成果，使丛书与其他同类书相比更能体现人力资源管理与时俱进的特点。

（2）理论与实践平衡。强化人力资源管理与实际工作的紧密结合，体现理论与实践并重的特色。

（3）网络与教学互动。丛书有一个编者与读者的互联网互动平台，将丛书的最新理论成果、策划案例分析、图形、表格、工作文本等相关资料上传（http://www.boshizixun.cn），以形成有效的互动；同时，丛书会及时增加、更新相关资料，读者扫描丛书序言最后的二维码即可查看、领取，以实现丛书资源的共享。

三、丛书的作者（学术界+企业界）

丛书的作者既有来自高校管理学院的教授、博士，又有来自管理咨询公司的资深高级咨询师，更有来自企业的人力资源总监、高层管理者，这为丛书的理论与实践结合、学术与应用并重、操作与理念相互渗透提供了强有力的支撑。

丛书从调研、策划、构思、撰写到出版，前后历时两年半。丛书的出版，既是作者辛勤付出的成果体现，更是“产学研”团队合作的成果。衷心感谢团队成员付出的努力，以及电子工业出版社的编辑为丛书的出版给予的支持和帮助。

在丛书的编写过程中，我们参阅和借鉴了大量的相关书籍和论文，在此谨向相关的作者和专家表示最诚挚的谢意。限于编者的水平和经验，丛书难免存在不足之处，恳请读者予以批评指正。

丛书互动网站：http://www.boshizixun.cn

丛书主编邮箱：gyh118@126.com

扫码可查看、领取丛书共享资源

葛玉辉，管理学博士、教授、博士生导师

2019年9月于上海

丛书主编

葛玉辉，男，华中科技大学首届 MBA 毕业，管理学博士、工商管理系主任、教授、博士生导师。劳动经济学、旅游管理硕士点带头人，国内著名的管理咨询专家、中国管理学网名师、上海交通大学海外教育学院特聘教授、复旦大学特聘教授、同济大学特聘教授、慧泉（中国）国际教育集团高级教练、精品课程人力资源管理主讲教授、上海解放教育传媒·学网特聘教师，上海博示企业管理咨询公司首席顾问、技术总监。中国人力资源开发与管理委员会委员、上海人才学会理事、上海市系统工程学会会员、上海社会科学联合会会员、湖北省社会科学联合会会员、中国管理研究国际学会理事。

学术科研

出版《现代企业策划与创新》《现代人力资源管理与创新》《人力资本产权及其制度创新研究》《人力资源管理》《成功职场修炼》等 30 部专著；在《管理工程学报》《科学学与科学管理技术》等杂志上发表论文 239 余篇，2000—2018 年主持了企业策划与人力资源开发及管理研究等科技项目 40 余项。其中国家级项目 4 项，省部级 6 项，横向课题 31 项；主持的 4 项科研成果分获国家优秀成果二等奖、湖北省重大科技成果奖、湖北省科技进步三等奖。

管理实践

葛玉辉教授自 1997 年开始专向为企业提供培训与咨询服务，专注于提升企业战略、人力资源竞争力和营销管理能力。先后受渤海油田、江汉油田、吐哈油田、克拉玛依油田、荆州自来水公司、湖北水泥厂、甘肃丰源建安商贸有限公司、安徽石油销售公司、五凌柳州机械厂、东风汽车公司（上海）、泛亚汽车技术中心有限公司（上海）、东风悦达起亚汽车有限公司、华东石油销售公司、江苏油田、上海临空经济园区、上海海洋大学、上海完美教育集团、浙江诸暨组织部和人事局、杭州诺贝尔集团、安庆石油化工有限公司、温州市人事局、吴江市开发区人事局、安徽皖投公司、铜陵有色金属集团控股有限公司、马鞍山钢铁集团、上海电力公司、浙江电力公司、河北电力公司、四川省农商行、上海影视集团、上海医药集团、上海临空经济园区、中国人民银行上海总部、上海期货交易所、上海银行、上海建行、上海工商银行、黑龙江省农商行、上海市委党校、上海宣传系统人才交流中心、诺霸精密机械（上海）有限公司、浦东干部学院、国家税务总局、苏州税务局、国家科技部、上海电气集团、上海印包集团、上海申通地铁集团公司、中国电力投资集团公司、华能电力集团公司、复旦大学、上海交通大学、中国人民大学等大型国有企业、合资企业、民营企业、高等院校的邀请，做关于企业人才管理创新、人力资源管理、营销生产力、员工执行力、战略规划、文化整合方面的专题讲座、培训和科研工作，为企业创造了一定的经济和社会效益，同时塑造了良好的社会形象。

前 言

《华为基本法》中明确提出："人力资本增值的目标优先于财务资本增值的目标。"企业竞争的关键是人才的竞争，人力资源开发在现代企业发展中具有越来越重要的地位。留住人才、发展人才， 已成为现代企业人力资源管理的主要问题。员工培训可以说是企业人力资本增值的主要手段。本书旨在为企业员工培训与开发理论学习者和实践者提供以"战略契合、结果导向"为主线贯穿全书的员工培训与开发操作指南。

本书从全新的视角介绍员工培训与开发，紧密结合互联网新时代的特征，语言通畅、条理清晰、例证真切、内容丰富、资料翔实，可操作性和实务性较强。具体来说，本书有如下三大特色。

第一，详细介绍了员工培训与开发的各种方法，从过程的视角阐述员工培训与开发的具体操作，使读者在系统掌握各种员工培训与开发的方式方法的同时，能够开展员工培训与开发的实际操作，全面深入地理解员工培训与开发。

第二，本书力求对前沿的员工培训与开发理论进行系统的介绍，力求保持企业员工培训与开发理论的完整性和引领性，对其管理实践具有积极的指导意义。

第三，本书内容注重理论联系实际，利用丰富的图表形象地表达员工培训与开发的特点，以引导案例引入，便于读者结合理论进行分析和讨论。

本书既方便教师教学，提高教学效果，也方便学生自学，可作为经管类专业课的本科教材、通选课教材或者企业培训师、培训专员及企业管理人员的自学读物，也可以作为 MBA、EMBA 和经管类研究生"员工培训与开发"课程的教材或辅助教材。

本书由葛玉辉、王传征、王亚男、焦忆雷共同编写。在编写过程中，我们借鉴、引用了大量国内外专家的有关资料和研究成果，在此谨表谢意。由于作者水平及时间所限，书中难免存在疏漏和不足之处，恳请同行和读者批评指正，以便再版时修改。

目录

第 1 章 员工培训与开发概论

学习目标

1. 了解员工培训与开发、教育等概念的区别和联系。
2. 理解培训制度的建立原因和培训制度包含的内容。
3. 掌握如何建立员工培训与开发制度。
4. 熟悉员工培训与开发的基本流程。

关键术语

培训　开发　培训制度　培训流程

引导案例

某机械公司新上任的人力资源部部长王先生，在一次研讨会上获得了一些他自认为不错的其他企业的培训经验，回来后就兴致勃勃地向公司提交了一份全员培训计划书，以期为人力资源部带来新面貌。不久，该计划书获得批准。王先生便踌躇满志地对公司全体人员——上至总经理、下至一线生产员工，进行为期一周的脱产互联网应用培训。为此，公司还专门下拨了十几万元的培训费。可在一周的培训过后，大家对培训效果十分不满。除办公室的几名员工和45岁以上的几名中层干部觉得有所收获外，其他员工要么觉得收效甚微，要么觉得学而无用。大多数人竟都认为：十几万元的培训费用只买来了一时的“轰动效应”。有的员工甚至认为，这场培训是新官上任点的一把火，是在花单位的钱往自己脸上贴金！听到种种议论的王先生感到委屈：在一个有着传统意识的老国企,给员工灌输一些新知识为什么效果不理想呢？他百思不得其解：在当今的竞争环境下，员工学习计算机知识应该是很有用的，可为什么不受欢迎呢？

资料来源：https://wenku.baidu.com/view/279c7b4a0d22590102020740be1e650e53eacf77.html.

1.1 员工培训与开发概述

培训在不同的书籍或组织里，有不同的名称，如训练、发展、开发、成人教育等。因此，在进行培训之前，首先需要厘清培训的概念与相关概念间的区别和联系。

1.1.1 员工培训与开发的相关概念辨析

1. 员工培训与开发的区别

培训就是向新员工或现有员工传授其完成本职工作所必需的相关知识、技能、价值观念、行为规范的过程；开发则是增加和提高员工的知识和能力，以满足企业目前和将来的工作需求。培训更多的是一种具有短期目标的行为，目的是使员工掌握目前所需要的知识和技能；而开发更多的是一种具有长期目标的行为，目的是使员工掌握将来所需要的知识和技能，以应对将来工作所提出的要求。本书将员工培训与开发结合起来，既着眼于组织眼前绩效的改进，又在战略角度上关注组织及个人的长远发展。

培训和开发的实质是一样的，都是要通过改善员工的工作业绩来提高企业的整体绩效，只是关注点有所不同，一个更关注现在，另一个更关注将来。在此，我们将其当作一个概念来理解，培训开发是指企业通过各种方式使员工具备完成现在或将来工作所需要的知识、技能并改变他们的工作态度，以改善员工在现有或将来职位上的工作业绩，并最终实现企业整体绩效提升的一种计划性和连续性的活动（见表 1.1）。

表 1.1 员工培训与开发的区别

<table>
<tr><th></th><th>培　训</th><th>开　发</th></tr>
<tr><td>相同点</td><td colspan="2">① 根本目的在于提高人力资源质量和工作绩效水平
② 对象是企业员工
③ 是有计划、连续的工作</td></tr>
</table>

续表

		培　训	开　发
不同点	目标	着眼于短期技能、知识的提高，强调短期目标	着眼于未来知识和能力的提高，强调长期目标
	关注焦点	现在	将来
	与当前工作的相关性	高	低
	持续时间	短，具有集中性和阶段性	长，具有分散性和长期性
	范围	窄	宽
	工作经验运用程度	高	低
	收益	近期内见效	是人力资本投资，在未来取得收益

2．培训与教育的比较

美国教育家杜威说："教育即生活。"教育，是以促进人的发展、社会的进步为目的，以传授知识、经验为手段，培养人的社会活动。培养新生一代为从事社会生活做好准备的整个过程，主要是指学校对儿童、少年、青年进行培养的过程。

广义上讲，凡是增进人们的知识和技能、提高人们的思想品德水平的活动，都是教育。狭义的教育，主要指学校教育，其含义是教育者根据一定社会（或阶级）的要求，有目的、有计划、有组织地对受教育者的身心施加影响，把他们培养成为一定社会（或阶级）所需要的人的活动。

培训与教育的区别具体体现在以下三个方面（见表 1.2）。

表 1.2　培训与教育的区别

	培　训	教　育
内容侧重点	实践性、操作性	基础性、理论性
活动的主角	培训师和学员的互动	教师
方法	演示、教习、指导	演示（教）

总体而言，教育是培养生产力，而培训是试图使现有生产力激增或倍增；教育是培养人力资源的过程，而培训是对现有人力资源进行调整、提升与优化；教育着眼于满足对象的基础性要求和专业性要求，培训则是满足发展的提高、广泛性要求。因此，现代培训越来越从一般的知识、技能等传授性活动转变为对人力资源进行深度开发的创造性活动。

1.1.2 员工培训与开发的原则

在当今竞争激烈的环境中生存和发展，对于很多公司来说是一种挑战。企业要想立于不败之地，就必须扩充和增强人力资本，而这也是人力资源管理的核心。企业人力资本的扩充和增强主要有两条途径:一是从市场中招收,二是对现有员工进行培训和开发。

1. 战略性原则

员工培训与开发的战略性原则包括两层含义：其一，人力资源员工培训与开发要服从或服务于组织的整体发展战略，其最终目的是实现组织的发展目标；其二，人力资源员工培训与开发本身也要从战略的角度来考虑,要在战略高度上去组织员工培训与开发,不能局限于某一个员工培训与开发项目或某一项培训需求。

2. 长期性原则

知识更新的速度已远远超过我们的想象，企业发展也需要不断地更新知识，员工必须不断地学习，不断接受新的知识，所以，组织对其员工的培训必须秉持长期性原则。员工学习的主要目的是为组织工作，所以，员工培训是随着组织经营的变化而设置的。要正确认识智力投资和人才开发的长期性和持续性，要用“以人为本”的经营管理理念来做好员工培训与开发。

3. 学用一致的原则

员工培训与开发要从组织实际出发,培训的内容必须针对员工个人和岗位所需要的知识、技能及态度等，要与参与培训的员工的年龄情况、知识结构、能力分布、事项状况紧密结合。在培训项目实施中，要把培训内容和培训后的使用状况衔接起来。员工培训与开发系统要发挥其功能，即将员工培训与开发成果转化为生产力，并能迅速促进组织竞争优势的发挥与保持。

4. 全员培训和重点提高相结合的原则

全员培训就是有计划、有步骤地对在职的各级各类人员进行培训，这是提高全员素质的必由之路。全员培训不是对所有员工平均分摊培训资金，而是为了提高培训投入的回报率,要在全员培训的基础上进行重点培训,要分清主次先后、轻重缓急，制定规划，分散地进行不同内容、不同形式的员工培训与开发。培训必须有重点，这个重点就是指对组织的兴衰有着更大影响力的管理和技术骨干，特别是中高层管理人员。此外，人员培训的内容还应该与干部、职工的任职标准相衔接。培训内容也必须兼顾专业知识技能与职业道德两方面。

5．个体差异原则

企业从普通员工到最高决策者，所从事的工作不同，创造的绩效不同，能力和应达到的工作标准也不同。所以，员工培训与开发工作应充分考虑他们各自的特点，做到因材施教。也就是说，要针对员工的不同文化水平、不同职务、不同要求及其他差异，区别对待。

6．严格考核和择优奖励原则

培训工作与其他工作一样，严格考核和择优奖励是不可缺少的管理环节。严格考核是保证培训质量的必要措施，也是检验培训质量的重要手段。只有培训考核合格，才能择优录用或提拔。鉴于很多培训只是为了提高素质，并不涉及录用、提拔或安排工作问题，因此，对受训人员择优奖励就成为调动其工作积极性的有力杠杆。

1.1.3　员工培训与开发在组织中的作用

1．让新员工尽快进入角色

新员工在刚进入组织的一个过渡期内（通常是 3~6 个月），将会依据自己对组织的感受和评价来选择如何表现，决定自己是在组织中谋发展还是将其当作跳板。因此，许多发展比较成功的组织会通过系统性的定向培训，尽可能地消除新员工的种种担心和疑虑，让他们全面、客观地了解其工作环境、组织氛围及新工作所需要的知识和技能，以促使新员工尽快进入角色。

2．提高员工工作效率

组织通过对员工进行有效的培训和开发，使员工的知识结构得到更新，工作技能明显提高，人际关系得到改善。经过培训的员工，往往掌握了新的知识结构，从而习得了最新的工作方法（如计算机代替手工操作），直接促进员工工作质量和劳动生产率的提高，也降低了各种损耗，并且减少了事故的发生。

3．提高和增进员工对组织的认同感和归属感

通过培训，可以使组织中具有不同价值观、信念、工作作风的员工和谐地统一起来，为了共同的目标而各尽其能。一个团队或一个组织克服内外困难的力量就来自它本身，即来自它的精神力量，来自它的信念。对员工的培训，重要的一点就是培训、培育员工对组织的认同感与归属感，开发员工的智力和技能潜力，让组织从被培训的员工身上获得一种精神的发展动力和文化力。

4. 促使组织战略的调整与转变

组织的发展是在组织不断创新的基础上实现的，组织创新是通过组织战略的不断调整与转变来完成的。组织战略的调整需要新的人力去开发产品、开辟市场，这要求组织必须进行有目的、有计划的员工开发工作，保证组织战略调整对人力资源的需求。组织进行人力资源开发，为组织增添新的人力资源，这些新的人力资源是组织战略调整的有力保证。

5. 提升组织的竞争力

现代市场经济的特点是自由公平的竞争。组织间的竞争，实际上是员工实力的竞争。而要使广大员工转变成人才，需要经过人力资源的开发。因此从一定意义上说，组织之间人才实力的竞争，实质上就是内部人力资源开发的竞争。人力资源开发水平直接影响着产品的技术含量，进而直接关系到组织的效益。所以，有效的人力资源开发会极大地增强组织的人力资本，提升组织的竞争力。

1.2 员工培训与开发制度的建立

1.2.1 员工培训与开发过程中的常见误区

企业培训越来越被企业高层重视，然而由于存在企业培训误区，往往难以取得很好的培训效果。培训作为培养企业文化、提高工作效率和员工满意度的人力资源管理职能之一，越来越被企业高层重视，很多公司的经营者都列支了大量的预算，希望人力资源管理部门有充分的资金开展培训工作，为公司的经营活动提供充分的支持。

但是，由于我国的培训市场还处于发展时期，很多方面仍很不健全，加上企业本身很少有完善的培训机制，导致企业培训很难达到预期效果，错误的认识和落后的培训观念成了阻碍企业培训发展的误区，具体分析如下。

1. 忽视团队协作与学习

与国外相比，目前中国市场的培训费用较低，而且这些钱大都被培训师个人赚取，他们的工资可能比一个 CEO 的收入还要高。造成这种现象的主要原因是：大家都把培训的价值放在一个培训师身上，而忽视了一次成功的培训应该是由一个团队共同来完成的。

一些培训公司经常有这种状况：请到老师，找到教室，就等于完成了一次培训，根本不理会有哪些培训内容对客户有用，所以他们对培训师的依赖程度很高。而专业的培训机构给客户的一般先是培训的框架，内容则会根据客户的具体需求和现实情况拟订出来。培训师在这里只是作为执行的一部分，他们注重的是整个培训团队的协作。

2．培训缺乏系统性，全盘引进流行课程

没有哪个课程适合所有的公司，因为课程是要针对企业的实际情况、人员素质和公司目标来设计的。同样，引进国外的课程也不应该照本宣科。

目前国内的很多课程都比较陈旧，主要是一些学术性的课程，企业培训的相关课程非常缺乏。就目前国内流行的 MBA 课程来说，在国外主要用于个人的素质能力、思想方法的提升培训；但企业培训针对的不是个人，而是整个公司，致力于企业团队整体素质的提高。企业培训系统主要由三个要素构成：培训课程、培训师和培训流程，而其中最重要的是培训流程。通过流程把培训课程与培训师进行整合，通过对客户需求的了解、课程的个性化定制、课程培训后的效果评估与跟踪，最终达到培训的效用最大化。

3．培训不是救火

国内企业与国外企业的另一显著差距是，国内企业的培训往往是为了培训而培训，带有一定的突发性和随意性，或者像救火一样，出了问题才想起培训；而国外优秀企业的培训具有很强的计划性与前瞻性，与企业的战略文化相结合。

国外优秀企业是怎样来做培训的呢？基本上他们做培训的目的比较明确，公司有一定的理念和操作的方法，他们希望通过培训把这些内容统一下来，使公司的每个员工都有一个统一的价值方向。他们每年都会对培训计划有一个比较完整的新定义，比如，今年要使整体销售人员在顾问式销售方面有所改进，对客户关系管理进行改进……这些内容在年初的培训计划中会清楚地罗列出来。

培训不是救火，不能等到烧起来了才想起来。要把培训当成一个长期的企业人力资源管理项目，根据企业自身特点确定培训的课程和流程。

4．培训不是治病

许多中国企业喜欢把培训机构比作医生，实际上，培训机构最合适的角色是球队教练。因为在某种程度上，病人很被动，而队员有很大的主观能动性，毕竟教练不可能代替队员上场踢球。高水平的培训专家并不能取代客户的日常管理责任，而是以事实为基础，为企业人员进行深入分析并提出具有说服力的具体建议和培训计划，协助企业人员去实施。

目前，国内企业对于培训重要性的认识越来越高，但在价值的认识上还存在一些误区。好的培训是一个团队整体去做的一整套服务，它包含的内容比较多，在这种情况下成本自然会比较高。在效果评估上，要坚持从不同的层面来检查培训的效果，避开培训

的雷区，找到培训的重心，这样企业培训才能少走弯路，获得实际收益。

要解决这些问题，设立完善、合理的公司内部培训制度是势在必行的头等大事。

1.2.2 企业员工培训与开发制度

1. 企业培训制度

企业培训制度是能够直接影响并作用于培训系统及其活动的各种法律、规章、制度及政策的总和，范围包含培训的法律和政令、培训的具体制度和政策两个方面。

企业培训的具体制度和政策是企业员工培训工作健康发展的根本保证，是企业在发展培训员工时要求人们共同遵守并按照一定程序实施的规定、规则和规范，为培训活动提供一种制度性框架和依据，促使培训沿着法制化、规范化轨道运行。通过企业培训制度可以确立企业培训的主体：企业和员工，调动员工参与培训的积极性，同时使企业的培训活动系统化、规范化、制度化。

2. 企业培训制度的具体内容

企业培训制度的具体内容包括培训服务制度、入职培训制度、培训激励制度、培训考核评估制度、培训奖惩制度及培训风险管理制度，如图 1.1 所示。

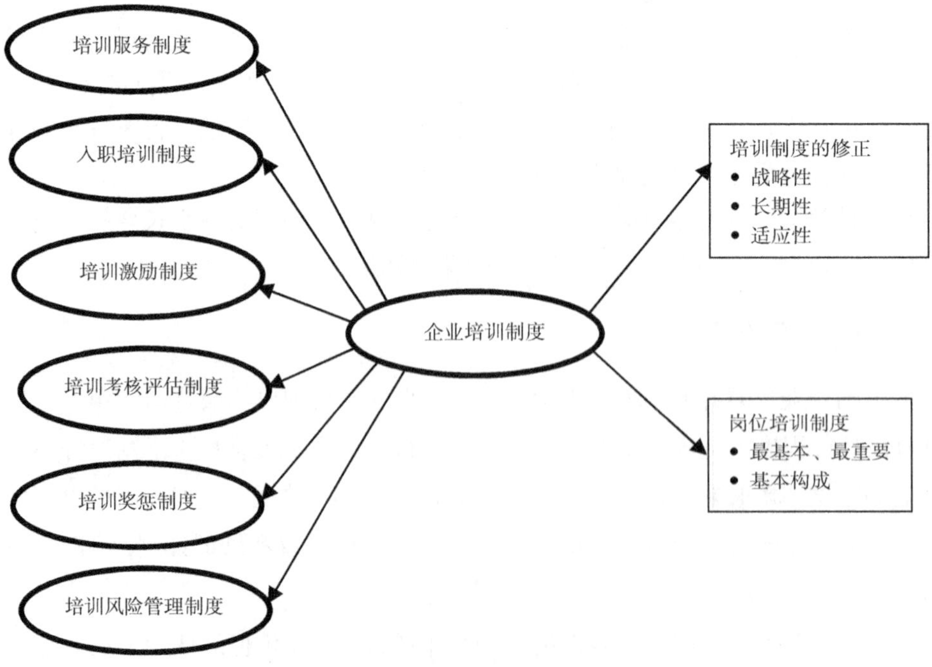

图 1.1 企业培训制度的具体内容

（1）培训服务制度

① 内容。

第一部分：培训服务制度条款

- 在员工正式参加培训前，根据个人和组织需要向培训管理部门或部门经理提出申请
- 在培训申请被批准后，需要履行的培训服务协约签订手续
- 在培训服务协约签订后方可参加培训

第二部分：培训服务协约条款

- 参加培训的申请人
- 参加培训的项目和目的
- 参加培训的时间、地点、费用和形式
- 参加培训后要达到的技术或能力水平
- 参加培训后要在企业服务的时间和岗位
- 参加培训后如果出现违约的补偿
- 部门经理人员的意见
- 参加人与培训批准人的有效法律签署

② 建立培训服务制度的目的。

首先，规避有关风险：培训项目是需要投入一定的资金的，有时企业不仅要投入费用，还要提供学员工资待遇，企业可能有损失（因为员工离职不能正常工作所带来的机会成本）。约束员工学成后的“跳槽”。

其次，培训服务制度是培训管理的首要制度，主要是要符合企业和员工的利益并符合国家法律法规的有关规定。

（2）入职培训制度

① 内容。

- 培训的意义和目的
- 需要参加的人员界定
- 特殊情况不能参加入职培训的解决措施
- 入职培训的主要责任区（部门经理或培训管理人员）
- 入职培训的基本要求标准（内容、时间、考核等）
- 入职培训的方法

② 入职培训制度的解释。

首先，入职培训制度就是规定员工上岗前必须经过全面的培训，没有经过全面培训的员工不得上岗和任职。

其次，制度的制定要与人力资源部有关人员配合进行，争取与其他各部门经理人员共同商讨。

③ 意义。

体现了“先培训，后上岗”“先培训，后任职”的原则，适应企业培训的实际需要，有利于提高员工队伍的素质，提高组织工作效率。

（3）培训激励制度

① 内容。

- 完善的岗位任职资格要求
- 公平、公正、客观的业绩考核标准
- 公平竞争的晋升规定
- 以能力和业绩为导向的分配原则

② 企业培训制度的主要目的是激发各个利益主体参加培训的积极性。

③ 企业培训激励制度包含对员工的激励、对部门及主管的激励、对企业本身的激励。

- 通过对员工的激励营造前有引力、后有推力、自身有动力的“三力”机制，建立“培训—使用—考核—奖惩”的配套制度，形成以目标激励为先导、竞争激励为核心、利益激励为后盾的人才培训激励机制。
- 通过对部门及主管的激励，建立岗位培训责任制，把培训任务的完成情况与各级领导的责、权、利挂钩，使培训通过责任制的形式，渗透到领导的目标管理中，使培训不再只是培训部门的事，而是每个部门、每一级领导、每位管理人员的事。
- 培训制度实际上也是对企业有效开发培训活动的一种约束，企业培训的目的就是提高员工的素质，改变员工的工作行为，提高企业的经营业绩。因此，要制定合理的制度并严格实施，激发企业的培训积极性，使培训真正满足企业生产发展的需要。

（4）培训考核评估制度

① 内容。

- 被考核评估的对象
- 考核评估的执行组织（培训管理人员或部门经理）
- 考核的标准区分
- 考核的主要方式
- 考核的评分标准

- 考核结果的签署确认
- 考核结果的备案
- 考核结果的证明（发放证书等）
- 考核结果的使用

② 评估是培训发展循环的中心环节，设立培训考核评估制度的目的，既是检验培训的最终效果，同时为培训奖惩制度的确立提供依据，也是规范培训相关人员行为的重要途径。培训评估考核必须100%地进行，并且要标准一致，评估考核过程要开放、公平。

（5）培训奖惩制度

① 内容。

- 制度制定的目的
- 制度执行的组织和程序
- 奖惩对象说明
- 奖惩标准
- 奖惩的执行方式和方法

② 培训奖惩制度是保障前几项培训管理制度得以顺利执行的关键，为防止出现“参不参加培训一个样”“培训评估考核好与不好一个样”的现象，在制定培训奖惩制度时一定要明确培训可能出现的各种优劣结果的奖惩标准。

（6）培训风险管理制度

① 内容。

- 通过制度规避培训风险须考虑：一是企业根据《劳动法》与员工建立相对稳定的劳动关系；二是根据具体的培训活动情况考虑与受训者签订培训合同，从而明确双方的权利和违约责任。
- 签订培训合同，明确企业和受训者各自负担的成本、受训者的服务期限、保密协议和违约补偿。
- 根据“利益获得原则”，即谁投资谁受益，考虑培训成本的分摊与补偿。

② 建立培训风险管理制度的原因。

- 培训风险主要有：人才流失及其带来的经济损失、培养竞争对手、培训没有取得预期的效果、培训人员选拔失当、专业技术保密难度增大。
- 当企业培训风险较大且找不到合适的防范手段时，就会对培训投资持有不积极的态度。培训风险只有通过做好培训实施工作来尽量降低，如积极性维持和培训质量保证。

企业培训的其他具体制度还包括培训实施管理制度、培训档案管理制度、培训资金管理制度，等等。

3. 培训制度的修正

① 培训制度的战略性：从战略角度考虑组织培训，建立指导性框架，使员工培训与开发活动走向制度化和规范化。

② 培训制度的长期性：正确认识人力资本投资与人才开发的长期性和持久性；要用“以人为本”的指导思想和管理理念制定培训制度，保证制度的稳定性和连贯性。

③ 培训制度的适应性：培训制度是开展培训工作的指导方针，培训制度应有明确、具体的内容或条款，充分体现管理与实施的需要。

4. 岗位培训制度

岗位培训是企业员工培训的一种基本办学形式和工作重点，强调紧密结合职业，实行按需施教的原则，按职务岗位需要进行培训，以确保劳动者上岗任职的资格和能力为出发点，使其达到本岗位要求，从而提高从业人员的总体素质。岗位培训制度是企业培训制度最基本和最重要的组成部分。岗位培训制度包括培训立法及相应的政策，也包括岗位培训各个环节的规范化，其核心是“培训—使用—考核—奖惩”的配套制度的实行。

其作用是使人才规格、人才培训、人才使用有机结合起来，为实现培训与用人在制度上衔接配套创造了有利条件。表 1.3 是某公司员工培训管理制度的样例。

表 1.3 某公司员工培训管理制度

某公司员工培训管理制度
第一章 总 则 第一条 为满足公司发展需要，提高员工思想观念、道德品质、业务知识和工作技能，充分发挥员工潜力，不断为公司培养输送德才兼备的优秀人才，特制定本制度。 第二条 培训内容应与员工本岗位工作密切相关。 第三条 自学与公司组织的培训相结合，培训与考核相结合，因地制宜，注重效果。 第二章 培训内容和形式 第四条 培训内容包括：企业文化、管理理念、品德修养、业务知识及技能培训。 培训形式：听讲座、学习分析资料、讨论、录音、录像播放、示范演练、图片展览、实地参观、案例研究、会议、上岗实习、拓展训练等。

续表

企业文化培训包括：

一、公司的基本情况：公司的发展史，公司的核心价值观，公司的发展战略、经营规划及公司经营状况；

二、公司的机构设置、人员配备及职责范围；

三、公司的各项管理制度；

四、公司的各项行政管理和业务工作程序。

管理理念培训包括：

一、现代管理知识和管理理念；

二、成功企业及成功人物的先进经验；

三、当今国内外同行业先进的学术科技成果。

品德修养培训包括：

一、礼仪知识（服饰、形体、待人接物）；

二、心理素质（心理承受能力和观察、判断、解决问题的能力）；

三、品德素质（责任感、工作态度）。

业务知识及技能培训包括：

一、公司业务所涉及的专业知识及相关知识；

二、公司业务所涉及专业的发展前景及预测；

三、当今国内外同行业相关的先进学术成果；

四、专业技能。

第五条　培训形式分为岗前培训、在岗培训两种。在岗培训分为脱产培训和不脱产培训两种。

第六条　岗前培训

一、被公司录取试用的员工上岗前必须接受公司组织的岗前培训；

二、岗前培训包括企业文化培训和业务知识及技能培训两部分。

第七条　在岗培训

公司根据工作需要对在职员工组织不定期的不脱产培训。在岗培训包括：企业文化、管理理念、品德修养、业务知识及技能培训。

公司还将根据工作需要对部分优秀员工进行脱产培训。

第八条　公司鼓励员工参加与本员工作有关的业余培训，以提高员工的工作技能和水平。

第三章　培训和考核

第九条　每年年初，各部门应将半年或全年部门员工培训计划报公司办公室，经总经理批准后实施。

续表

第十条　参加培训的员工应接受公司的考核。 第十一条　员工的考核成绩将保存在本人的员工档案内，并作为绩效考核的内容之一。 第四章　培训效果评估 第十二条　培训效果评估要从有效性和效益性两方面进行，有效性是指培训工作对培训目标的实现程度，效益性是指培训给公司带来的社会效益和经济效益。 第十三条　评估方法：采取汇报、问卷调查及绩效评估的方式进行，以此检查员工掌握的新知识、新技能和工作态度的变化，以及员工对培训工作的意见或建议，以利于改进今后的培训工作。 第五章　员工培训合同 第十四条　经公司出资培训的员工，培训前应与公司签订《员工培训合同》。 第十五条　公司支付过培训费用的员工，由于本人原因，没有为公司服务满《员工培训合同》中规定的期限的，应按合同要求向公司支付补偿费。公司支付过多次培训费用的员工，由于本人原因，在解除劳动合同时，应分别计算每次培训所需补偿的费用后，按累计补偿费用额度向公司支付补偿费。 第六章　附　则 第十六条　本制度自发布之日起实施。

表 1.4 是某公司员工培训合同样本。

表 1.4　某公司员工培训合同样本

某公司员工培训合同
＿＿＿＿（以下简称甲方）与＿＿＿＿（以下简称乙方）经平等协商，签订如下条款： 一、甲方的权利和义务 1. 甲方同意乙方到＿＿＿＿进行＿＿＿＿培训，并为乙方提供相应的学习条件。 2. 依照《差旅管理制度》为乙方提供交通、食宿补贴。 3. 保证乙方在学习期间享受规定的工资待遇，并为乙方支付学费＿＿元、书费＿＿元。 4. 乙方在培训期间，因个人原因，发生任何有碍培训正常进行的行为时，甲方有权停付乙方学习期间的一切费用，并要求乙方赔偿甲方已支付的费用。 5. 当乙方未按本合同规定履行义务时，甲方有权要求乙方按公司规定的比例赔偿费用。

续表

二、乙方的权利和义务

1. 乙方有权根据自己的实际情况，向甲方提出培训申请。

2. 自觉遵守培训单位的纪律，努力学习。

3. 从培训结束之日起，应为甲方服务满本合同规定的时间，否则按本合同规定向甲方支付补偿。

三、服务期限及补偿费

1. 培训费用在 5 000 元以下（含 5 000 元），乙方应为甲方服务满三年，不满三年的，按以下标准补偿甲方为乙方支付的培训费用。

（1）服务满二年、不满三年的，补偿 40%；

（2）服务满一年、不满两年的，补偿 70%；

（3）服务不满一年的，补偿 100%。

2. 培训费用在 5 000 元以上的，乙方应为甲方服务满五年，不满五年的，按以下标准补偿甲方为乙方支付的培训费用。

（1）服务满四年、不满五年的，补偿 20%；

（2）服务满三年、不满四年的，补偿 40%；

（3）服务满二年、不满三年的，补偿 60%；

（4）服务满一年、不满二年的，补偿 80%；

（5）服务不满一年的，补偿 100%。

四、培训费用包括：学费、书费、培训期间差旅费（行、食、宿）共计　　　　元。

脱产培训费用还包括：培训期间工资、社会保险，共计　　　　元。合计　　　　元。

五、培训起止时间

本次培训开始之日为　　年　　月　　日，结束之日为　　年　　月　　日。

六、在培训结束后，乙方应将培训成绩单、培训证书交甲方检验，复印件存入员工档案。

七、由于甲方原因，当甲方提出解除劳动合同时，乙方不补偿培训费用。

八、本合同作为甲、乙双方签订的劳动合同的补充合同，具有同等法律效力，双方应共同遵守。

甲方：　　　　　　　　　　　　　　　　乙方：

法定代表人：

年　　月　　日　　　　　　　　　　　　年　　月　　日

1.3 员工培训与开发的流程

员工培训与开发活动的整个过程按时间顺序可以大致分为培训需求分析、培训计划制订、培训项目设计、培训实施、培训评估五个过程，如图 1.2 所示。

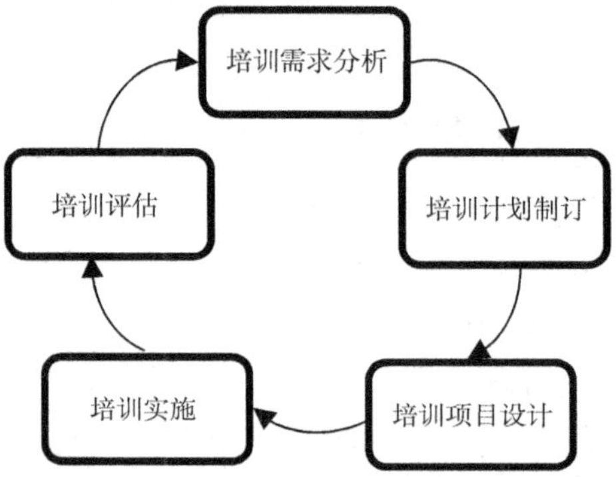

图 1.2 员工培训与开发的流程

1. 培训需求分析

其目的是确定是否需要培训，在哪些方面需要培训。需求分析一般包含两个方面：首先，人力资源管理部门根据企业的战略规划，参考各部门所报计划分析企业需求与现实的差距，提出培训需求意向；然后，人力资源管理部门对培训需求做出判断，如图 1.3 所示。

图 1.3 培训需求分析

2. 培训计划制订

在确认只要通过对现任人员的培训就可消除或减少工作差距后，就可以开始编制工作计划了。

① 根据培训需求分析确定培训内容。

② 确定培训时间。

③ 确认培训方式。主要是指选择什么样的培训方式，是企业自己内部组织培训、培训外包，还是外派培训。

④ 确定受训人员。要考虑时间的安排、培训成本等因素。

⑤ 选择培训师。

⑥ 培训费用的预算。

3. 培训项目设计

① 授课内容的确定（根据培训需求分析）。

② 培训课程的设计。

③ 选择合适的培训方法。

4. 培训实施

① 实施培训，注意对培训具体时间、场地等的安排。

② 对受训人员进行考核。

5. 培训评估

① 培训师的考评。

② 培训组织管理的考评。

③ 延时反馈，又叫应用反馈。即在培训后，受训人员到工作岗位上工作一段时间后对其受训作用进行考查（通常采用问卷调研和访谈法），并做培训资料的总结归档。

【本章小结】

员工培训与开发是指一个组织为员工灌输组织文化、道德，提供思路、理念、信息和技能，帮助他们提高素质和能力、提高工作效率，发挥内在潜力的过程。

我们要区分和理解好培训、开发、教育。员工培训与开发的目的是让员工尽快进入新的角色，开发和利用现有的人力资源潜能，提高员工素质等，要坚持长期性、战略性、严格考核原则等。

在建立员工培训与开发制度时，我们要避免走进一些误区，例如，忽视团队协作与合作，培训缺乏系统性等。

培训流程有一套科学的流程体系，按照这个流程进行有效的培训将大大优化培训的效果，但同时需要注意一些问题。

【思考与练习】

1. 简述员工培训与开发的概念，以及培训与教育的概念区分。
2. 员工培训与开发的目的和原则是什么？

3. 在员工培训与开发过程中有哪些误区？
4. 企业员工培训制度的具体内容包括哪几个部分？
5. 简述员工培训与开发的流程。

【案例分析】

三瑞制造公司的培训

王鹏是企业管理专业的硕士研究生，毕业以后他就进入了三瑞制造公司。这是一家大型国有企业，除了总公司，还有下属八个分厂，分别从事各类制造和装配业务。王鹏进入三瑞公司后，就在总公司人力资源部担任培训师。一年以后，王鹏被调往公司最大的一个机械分厂，担任专门负责员工培训与开发的人事经理助理。两年后，王鹏被提升为人事经理，在这一位置上，他干了整整四年。这个任期结束后，王鹏又被调往公司总部，担任总公司的员工培训与开发经理助理。现在的经理再过 25 个月就要退休，王鹏希望能够在两年后接替他的位置。他在寻找着表现自己工作能力的机会。

恰在此时，总公司计划在 16 个月以内开设一家新的分厂。与其他八个分厂不同的是，这是一家与外资合营的企业，外方负责提供生产设备和技术人员，分厂的管理人员和操作工人则由中方配备。新的分厂大约需要 800 名工人，各类管理人员 100 名。总公司对于这次合资办厂寄予厚望，非常希望能借此机会为整个企业的发展注入新的活力。人力资源总监承诺一定全力以赴地做好新厂的人员配备和培训工作。这次新厂所需的操作工人全部是从外部招聘的，而所有的管理人员都是从总公司及其他八个分厂选聘的。在基本的人员招聘计划确定以后，总公司的员工培训与开发经理要求王鹏在四个月内制订一份详细的培训计划。

王鹏深知这一工作的分量。虽然他从事了多年的员工培训与开发工作，但还没有负责过如此大规模的员工培训工作。另外，这次对操作工人和管理人员的培训还不同于以往他在机械分厂的员工培训工作：一是为熟练应用先进的生产设备，对这部分操作工人在技能上的要求明显高于其他分厂的操作工人；二是根据总公司的要求，在新厂的管理中将更多采用现代化的管理理念和管理方法，那些来自其他分厂的管理人员必须在管理技能、创新决策能力等方面做重点培训，才有可能转变以往的旧管理观念。

资料来源：http://wenku.baidu.com/view/1cd5c93c580216fc700afd5e.html.

讨论题

1. 王鹏制订的培训计划应包括哪些内容？（提示：结合本案例，讨论培训计划内容。）

2. 在此之前，他应如何进行培训需求分析？（提示：培训需求分析的方法、步骤。）

3. 新厂的操作工人和管理人员的培训在内容和方法上有什么不同？（提示：结合本案例进行比较分析。）

【本章实训】

西门子的多级培训制度

西门子是德国一家著名的电子产品公司，历史悠久，规模较大。它于 1847 年创立，至今已有 170 多年的历史，拥有职工 40 多万名。它从创办时期的两个人发展到今天成为世界 500 强企业，德国 100 强企业和世界六大电气公司之一。如今西门子业务遍布世界五大洲 190 多个国家和地区，涉及能源、通信、工业、交通、信息、医疗、电子元器件、工业自动化、家用电器等领域，成为当今全球电子电器行业最大的综合型跨国公司之一。西门子进入中国后，中国已发展成为其亚太地区业务的一个主要支柱。西门子全球的各项业务领域在中国都有开展，其中包括：信息与通信、自动化与控制、电力、交通、医疗、照明、零部件和家用电器。如同在世界其他地方一样，亚太地区的基础设施建设是其主要的业务领域。截至 2000 年 9 月底，西门子在华长期投资总额超过 5 亿欧元。西门子在中国各地设有 40 多家公司和 28 个地区办事处，为 21 000 多人提供就业机会。

1. 培训特色

西门子能发展成为世界电气界的一颗璀璨明星，与西门子对人才的重视有很大的关系。一整套对人才的选拔、培养、造就办法，成了公司整体发展战略的重要组成部分。

西门子一贯奉行“人的能力是可以通过教育和持续地培训而提高的”，因而它坚持由公司自己来培养和造就人才。

2. 庞大的企业教育系统

西门子早在 1910 年就为其内部人员开设了正式的培训课程。早期的培训是在车间进行的，后来建立了各类专门的培训学校，并有了专业的培训师。

目前，整个公司拥有 11 个综合培训中心，700 名专业教师和近 3 000 名兼职教师，在 18 个国家设有 39 个培训中心，形成了庞大的企业教育系统。

在中国，西门子与北京国际技术合作中心合作，共同建立了北京技术培训中心，西门子投资 4 000 万马克。合同规定，中心在合同期内负责为西门子在华建立的合资企业提供人员培训，目前该中心每年可以对 800 人进行培训。

在西门子的全体员工中，每年参加各种定期和不定期培训学习的多达 15 万人。为此，公司每年投资 6 亿~7 亿马克用于培训及购置最先进的培训实验设备。

3．包罗万象的培训内容

西门子的培训内容包罗万象，课题针对各个部门和员工的实际需要。为适应技术进步和管理方式的变化，课程内容每年都有 20%以上的调整，大部分培训项目都是根据公司当前生产、经营和应用技术的需要设置的，很大一部分是在工作岗位上完成的。

在人才培训方面，西门子创造了独具特色的培训体系——多级培训制。

西门子的人才培训计划从新员工培训、大学精英培训到员工在职培训，涵盖了业务技能、交流能力和管理能力的培训。通过一系列的培训，帮助公司新员工具备较高的业务能力，提高员工知识、技能、管理能力，并储备了大量的生产、技术和管理人才。因此西门子长年保持着公司员工的高素质，这是西门子强大竞争力的来源之一。

（1）新员工培训又称第一职业培训。在德国，一般 15~20 岁的年轻人，如果中学毕业后没有进入大学，想要工作就必须先在企业接受 3 年左右的第一职业培训。

在第一职业培训期间，学生要接受双轨制教育：一周工作 5 天，其中 3 天在企业接受工作培训，另外 2 天在职业学校学习知识。这样，学生不仅可以在工厂学到基本的技巧和技术，而且可以在职业学校接受相关基础知识教育。通过接近“真刀真枪”的作业，他们的职业能力及操作能力都会得到提高。

由于企业内部使用的基本上是技术最先进的培训设施，保证了第一职业培训的高水平，因此第一职业教育证书在德国经济界享有很高的声誉。由于第一职业培训理论与实践结合，为年轻人进入企业提供了有效的保障，也深受年轻人欢迎。在德国，中学毕业生中有 60%～70%接受第一职业培训，有 20%～30%选择上大学。

西门子早在 1992 年就拨专款设立了专门用于培训工人的“学徒基金”。这些基金用于吸纳部分 15~20 岁的中学毕业后没有进入大学的年轻人，参加企业 3 年左右的第一职业培训。

现在西门子在全球拥有 60 多个培训场所，如在公司总部慕尼黑设有西门子学院，在爱尔兰设有技术助理学院，它们都配备了最先进的设备，每年培训经费近 8 亿马克。目前共有 10 000 名学徒在西门子接受第一职业培训，大约占员工总数的 5%，他们学习工商知识和技术，毕业后可以直接到生产一线工作。

第一职业培训保证了员工在刚正式进入公司时就具有很高的技术水平和职业素养，为企业的长期发展奠定了坚实的基础。

（2）大学精英培训。西门子计划每年在全球接收 3 000 名左右的大学生，为了利用这些宝贵的人才，西门子也制订了专门的计划。

西门子注重加强与大学生的沟通，增强对大学生的吸引力。公司同各国高校建立了密切联系，为学生和老师安排活动，并无偿提供实习场所和教学场所，举办报告会等。

1995 年 4 月，西门子在北京成立了“高校联络处”，开始与高校建立稳定而持久的伙伴关系，加强与高校教师、学生及各院系、研究所的联系和沟通。西门子每年在重点院校颁发 300 多项奖学金，并为优秀学生提供毕业后求职的指导和帮助，“高校联络处”也因此被称为西门子和高校沟通的桥梁。

进入西门子的大学毕业生首先要接受综合考核，考核内容既包括专业知识，也包括实际工作能力和团队精神，公司根据考核的结果为其安排适当的工作岗位。

此外，西门子还从大学生中选出 30 名“精英”进行专门培训，培养他们的领导能力，培训时间为 10 个月，分 3 个阶段进行。

第 1 阶段：让大学生全面熟悉企业的情况，学会从互联网上获取信息；

第 2 阶段：让大学生进入一些商务领域工作，全面熟悉本企业的产品，并加强其团队精神；

第 3 阶段：将大学生安排到下属企业（包括境外企业）承担具体工作，在实际工作中获取实践经验和知识技能。

目前，西门子共有 400 多名“精英”，其中 1/4 在接受海外培训或在国外工作。

大学精英培训计划为西门子储备了大量管理人员。

（3）员工在职培训是西门子人才培训的第三个部分。西门子认为，市场竞争日趋激烈，在革新、颇具灵活性和长期性的商务活动中，知识和技术必须不断地更新换代，才能跟上商业环境及新兴技术发展的步伐，所以西门子特别重视员工的在职培训。在公司每年投入的 8 亿马克培训费中，有 60%用于员工在职培训。

西门子员工的在职培训主要有两种形式：西门子管理教程和在职培训员工再培训计划，其中管理教程培训以独特和有效而闻名。

西门子员工管理教程分为五级，各级培训分别以前一级别培训为基础，从第五级别到第一级别所获技能依次提高，其具体培训内容大致如下。

第五级别：管理理论教程

培训对象：具有管理潜能的员工

培训目的：提高参与者的自我管理能力和团队建设能力

培训内容：西门子企业文化、自我管理能力、个人发展计划、项目管理、了解及满足客户需求的团队协调技能

培训日程：与工作同步的一年培训，为期 3 天的两次研讨会和一次开课讨论会

第四级别：基础管理教程

培训对象：具有较高潜力的初级管理人员

培训目的：让参与者准备好进行初级管理工作

培训内容：综合项目的完成、质量及生产效率管理、财务管理、流程管理、组织建设及团队行为、有效的交流和网络化

培训日程：与工作同步的一年培训、为期 5 天的研讨会两次和为期两天的开课讨论会一次

第三级别：高级管理教程

培训对象：负责核心流程或多项职能的管理人

培训目的：开发参与者的企业家潜能

培训内容：公司管理方法，业务拓展及市场发展策略、技术革新管理、西门子全球机构、多元文化间的交流、改革管理、企业家行为及责任感

培训日程：一年半与工作同步的培训，为期 5 天的研讨会两次

第二级别：总体管理教程

培训对象：必须具备下列条件之一：①管理业务或项目并对其业绩全权负责者；②负责全球性、地区性业务的管理者；③至少负责两个职能部门者；④在某些产品、服务方面是全球性、地区性业务的管理人员

培训目的：塑造领导能力

培训内容：企业价值，前景与公司业绩之间的相互关系，高级战略管理技术、知识管理、识别全球趋势、调整公司业务、管理全球性合作

培训日程：与工作同步的培训两年，每次为期 6 天的研讨会两次

第一级别：西门子执行教程

培训对象：已经或者有可能担任重要职位的管理人员

培训目的：提高领导能力

培训内容：培训内容根据管理学知识和西门子公司业务的需要而制定，随着二者的发展变化，培训内容需要不断更新

培训日程：根据需要灵活掌握，通过参加西门子管理教程培训，公司中正在从事管理工作的员工或有管理潜能的员工得到了学习管理知识和参加管理实践的绝佳机会

这些教程提高了参与者管理自己和他人的能力，使他们从跨职能部门交流和跨国知识交换中受益，在公司员工间建立了密切的内部网络联系，增强了企业和员工的竞争力，达到了开发员工管理潜能、培养公司管理人才的目的。

资料来源：https://max.book118.com/html/2015/0625/19772122.shtm.

讨论题

1. 西门子的多级培训制度的特色内容有哪些？（提示：结合案例进行讨论分析。）
2. 西门子的培训对象划分的依据是什么？（提示：结合案例分析。）
3. 西门子的培训制度对我们的启示是什么？（提示：结合本章内容讨论，合理即可。）

第 2 章 员工培训与开发需求分析

学习目标

1. 了解员工培训与开发的流程及需求分析的含义和需求类型。
2. 熟悉员工培训与开发需求分析的三个层次。
3. 掌握以组织、任务和人员为重心的三层次需求分析的主要方法。
4. 掌握培训与开发需求分析报告的撰写。

关键术语

员工培训与开发需求分析　需求类型　分析方法　分析报告

引导案例

赵先生是某酒店的行政主管，本来做得还不错，因为新来了一位副手，并且副手从一开始就觊觎他的位置，感到了压力的他开始考虑培训充电，以甩开对方。他选择了学习难度更大的计算机知识，甚至连编程都认真地学，还把大学时曾经选修过的法语也重新捡了起来，在外面一口气报了办公软件培训班、初级程序员培训班、法语培训班。在心疼自己的钱和休息时间的同时，他也在暗暗欣喜，这样就不担心副手夺权了。

半年后，在他终于把自己勉强变成了一个初级程序员、对法语也重新找回了点儿感觉的时候，他的副手突然取代了他的职位。大惊之下，他去找酒店的高管，很委屈地诉说了自己近期的收获，高管只是淡淡地回复了一句："是吗？可这些对行政主管这个岗位又有什么用呢？”

资料来源：https://wenku.baidu.com/view/82ce4330b90d6c85ec3ac6e5.html.

2.1 员工培训与开发需求分析概述

企业员工培训与开发通过有计划地培育和释放员工的专业技能来提升企业业绩，是企业管理活动的重要组成部分之一，这已成为企业管理的一种共识。但企业员工培训与开发的现实状况往往是管理人员“说起来重要，做起来次要，忙起来不要”；员工会告诉你参加培训后他们“第一天激动，第二天想动，第三天不动”。是什么造成了这种对培训与开发在认知和实践之间的巨大反差？究其根本，最重要的莫过于员工培训与开发对企业经济绩效的贡献不清晰，甚至不作为。经济绩效是商业组织的首要目标，是其存在和发展的基石。因此，衡量企业的管理活动轻重缓急的首要标准就是每项管理活动对企业经济目标的贡献，任何不能对企业经济目标做出贡献的活动都没有或将会失去其存在的合法性，对企业经济目标贡献微不足道或不清晰的管理活动自然而然会变得无足轻重。

不得不承认的现实是：企业的员工培训与开发活动恰恰很可能陷入这一令人尴尬的境地。如何走出这一困境？答案就是重视和加强员工培训与开发需求分析，使员工培训与开发需求来源于企业提升经济绩效的需要，让员工培训与开发活动对企业经济目标的达成和战略的实施发挥不可缺失的作用。

2.1.1 需求分析是连接员工培训与开发活动和企业绩效“成果区”的桥梁

如何改变员工培训与开发对企业经济目标作用不清晰乃至不作为的状况，进而解决培训与开发职能的生存和发展问题呢？让我们借用彼得·德鲁克关于成果管理（managing for results）的理念和方法，去分析和挖掘企业员工培训与开发活动的“成果区”应该在哪里，以及是什么因素决定了员工培训与开发成果的方向和大小。要回答这两个问题，首先必须从培训与开发的起点开始。你是否认同表 2.1 中关于员工培训与开发起点的观点？认同或不认同的理由是什么？

表 2.1 关于员工培训与开发起点的观点

员工培训与开发的起点	你的选择		理由
	同意	不同意	
某一培训项目目前正流行于各大公司中，该项目想必也会适合我们公司			
A 大师是当今非常著名的培训师，所以我们将邀请 A 大师来实施某项培训			
我们要求经理们列出他们想要的培训，大约 1/3 的经理做了回答，然后我们照单全收			
市场部要在两周后举行管理培训，正好手头有这家培训公司可以提供			
某培训公司说他们具有多年成功运作该培训项目的经验			
有咨询公司说：如果时间和成本允许，他们可以根据我们企业的实际情况改编他们现有的培训项目来达到我们的要求			

如果真的从上述某一点出发来发起某一培训项目，你觉得有什么不妥之处吗？令人吃惊的事实是，从上述起点出发的员工培训与开发项目在许多企业中大行其道，其原因不外乎有这样几种：①跟随行业领导者；②追逐流行课程；③崇拜明星讲师；④依赖外部培训供应商。

毫无疑问，以这些作为起点的培训和开发项目不可能契合组织，很难提高个人、团队和组织能力的要求，更谈不上提升企业的绩效。通过培训和开发来有效提升组织绩效的起点必然发起于企业的管理需求：企业的生存和发展。表 2.2 列出了员工培训与开发的起点。

表 2.2 员工培训与开发的起点

员工培训与开发的起点	举例
解决当前的问题	• 客户投诉率居高不下 • 销售人员缺乏大客户开发技巧 • 员工敬业度下降

续表

员工培训与开发的起点	举　　例
预防可能发生的问题	• 保证工作场所的环境、健康和安全 • 企业兼并后的文化整合 • 开展新业务的人员技能储备
兼顾个人和组织（绩效和学习的平衡）	• 员工个人的发展计划 • 未来领导（力）开发

简而言之，有效地满足企业生存和发展中产生的需求并以此作为培训的出发点是培训取得成果的先决条件，这就是需求分析作为员工培训与开发流程的起点所产生的不可替代的作用。图 2.1 是员工培训与开发活动的流程。

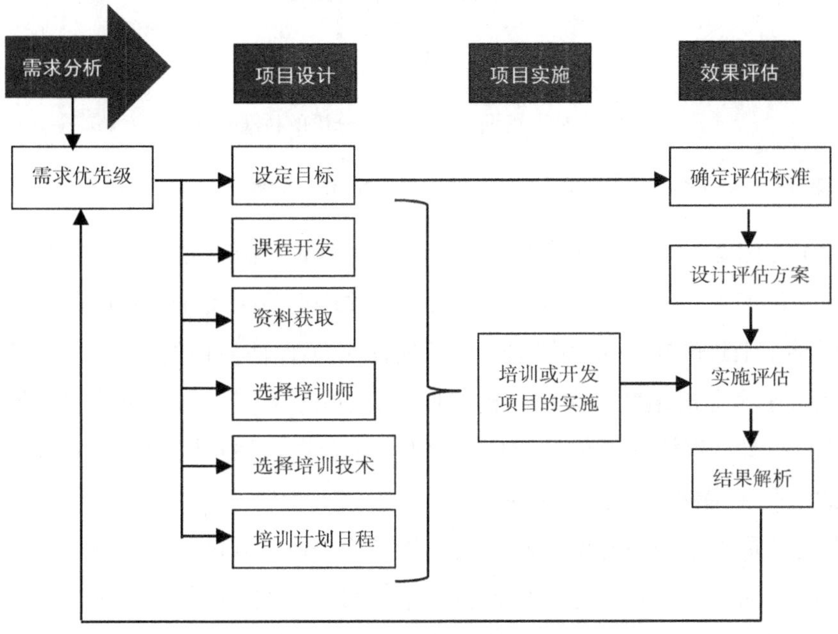

图 2.1　员工培训与开发活动的流程

资料来源：Randy L. Desimone, Jon M.Werner & David M. Harris. Human Resource Development, 3rd Edition. Page 24.(Thomas Learning 2002).

一旦培训需求分析阶段产生偏差，自然造成培训的起点不正确，接下来不管培训的设计和实施阶段多么地正确有效，其结果都是"正确地做了不正确的事"。因此，培训管理人员首先要找出的不是"正确的员工培训与开发项目"，而是找出"正确的管理问题及其所衍生出来的员工培训与开发需求，包括组织、工作和个人在知识、技术、能力、态度和行为等方面的员工培训与开发需求"，这就是员工培训与开发活动对企业绩效贡献的“成果区”，显示了员工培训与开发需求分析的桥梁作用（见图 2.2）。

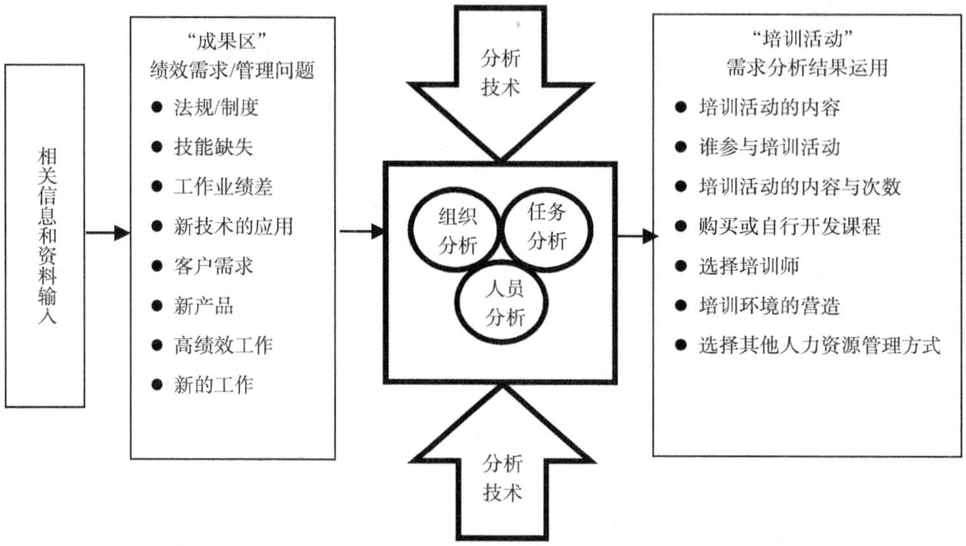

图 2.2　员工培训与开发需求分析的桥梁作用

资料来源：谢晋宇. 企业培训管理[M]. 四川：四川出版集团，2008.

从图 2.1 和图 2.2 中还可以看出，需求分析产生的目标直接影响对员工培训与开发效果的评估。事实上，长期困扰培训管理人员有关培训效果难于评估的问题，并不是不知道怎么评估（工具的缺失），而是不知道评估什么（评估目标的缺失）。或者说评估得到的结果无关乎企业的绩效（评估目标的偏差），员工培训与开发活动结果落在企业绩效的“成果区”外。这样的评估只能自欺欺人，企业白白浪费资源，员工培训与开发职能也会被边缘化，最终失去其存在的理由。

综上所述，员工培训与开发的起点应该是影响企业绩效的管理问题，只有界定和聚焦于正确的问题而不是方案，才能保证员工培训与开发的“成果区”落在企业的经济方向和绩效目标范围内，培训与开发才能变被动为主动，真正成为企业经营中不可缺失的管理手段，同时解决自身的生存和发展问题。这一切都将起始于员工培训与开发需求分析，它是连接员工培训与开发活动和企业绩效的桥梁。

2.1.2　员工培训与开发需求分析的含义

员工培训与开发需求分析是企业通过界定绩效差距，分析差距背后的具体影响因素，从而揭示组织及其成员在知识、技术和能力方面的差距，为培训和开发活动提供依据的管理过程。通过需求分析可以发掘以下信息。

① 企业的目标及达成目标的战略。

② 实现当前目标绩效所需要的工作技能及其差距。

③ 分析未来期望绩效所需要的工作技能及其差距。

④ 员工培训与开发活动所处的组织环境。

有了这些信息，培训管理人员就能够了解企业为什么培训（Why），需要什么样的培训（What），什么时候实施培训（When），哪些人需要参加培训（Who），培训项目的阻碍在哪里（Where），培训评估流程的标准是什么（How to measure），也就是具备了我们通常所说的进行一项活动所必需的“5W1H”。

尽管需求分析对员工培训与开发非常重要，但是许多企业在员工培训与开发中并没有做到需求分析的经常化和标准化，到底是什么因素导致需求分析的缺失或无效呢？只有充分认识到这些不利因素，才能从思想观念深处打消需求分析缺失和无效的认识问题（见表 2.3）。

表 2.3 需求分析缺失的原因

错误观念	原 因
需求分析是一项难度高、耗时长的流程	完成一项需求分析需要全方位、多角度地对企业进行调查和研究，太麻烦
行动比研究更有价值	培训经理们通常更愿意把有限的资源直接投入开发、购买和实施培训项目上，而不愿意耗费在事先需求分析的调查研究中
企业培训需求显而易见，无须需求分析	市场上时髦的培训项目、高层管理人员的直接要求、拷贝优秀同行或竞争者的培训项目是举手之劳
缺少管理层对需求分析的支持	培训管理人员缺少必要的战略思维能力来表述需求分析的战略功能，或者缺少向管理层推销需求分析的技巧
根据常规经验培训效果也不错	在相对稳定的商业环境中，有可能在没有获得准确的需求分析时，员工培训与开发活动能够侥幸地使企业的绩效得到提升

2.1.3 员工培训与开发需求和企业管理需求的关系

企业员工培训与开发需求来源于企业的一般管理需求，是一种派生需求，因此不能把一般管理需求等同于员工培训与开发需求来看待。企业管理需求起源于企业对某一工作现实绩效与目标绩效差距的不满意，如家电维修经理要确保其维修人员在接到用户报修电话后 8 小时内到达维修现场，但现实是维修人员往往需要 12 小时左右才能到达现场，这 4 小时的滞后就使绩效差距产生了。再比如，企业在金融危机时往往通过裁员来降低成本，但由此必然会影响员工的士气，造成员工敬业度的急剧下降。这些绩效差距都会产生相应的管理需求，企业需要通过相应的管理策略来“纠正”这些绩效的偏差。比如，企业可以通过人力资源开发策略，如技能培训或在职辅导的方法提高员工的知识、技术或能力以改善绩效，也可以通过人力资源管理的策略，如提高薪酬水平或改变雇用条件来激励员工，还可以通过其他的管理策略，如更新设备等硬件条件来改善工作环境。由此可以看出非常重要的一点是：并不是所有的管理需求都能够或必须转换为员工培训与开发需求，乃至更广泛的人力资源开发策略如团队建设和组织发展等。

2.1.4 员工培训与开发需求的四种类型

绩效差距引起的员工培训与开发需求是企业管理需求派生出的最基本的需求，由企业的一般管理需求还可以派生出另外三种员工培训与开发需求：KSA 差距需求（K：Knowledge，知识；S：Skill，技术；A：Ability，能力）、合规强制需求和员工偏好需求（见表 2.4）。

表 2.4 员工培训与开发需求的四种类型

需求类型	描　述	时效性
绩效差距需求	当前绩效与目标绩效之间的差距	当前
KSA 差距需求	人员实际知识、技术和能力与工作胜任能力的差距	当前和未来
合规强制需求	健康和安全、环境保护、社会责任等国际和国内法规要求	当前和未来
员工偏好需求	鼓励人员参与、获得培训和开发活动的支持	当前

1．绩效差距需求

企业常规绩效评估为绩效差距分析提供了可靠的信息，为采取培训干预提供了目标性依据。但是，绩效差距分析并不能直接指出什么原因造成绩效的差距，因而其分析结果和资料不能为员工培训与开发操作直接提供指导，对绩效差距分析的信息进行“深加工”后得到的 KSA 差距，才能揭示隐藏在绩效差距中的原因，从而为员工培训与开发操作所利用。

需要注意的是，绩效差距分析着眼于当前的职务绩效，有利于当前工作绩效的提升，但也可能使需求分析过于顾及短期效用，忽视长期的利益。

2．KSA 差距需求

KSA 差距需求分析是员工培训与开发需求分析中最有价值的方法。该方法通过直接对员工在实际工作中表现出的 KSA 的细致分析，对照职位的 KSA 标准，找出员工的实际 KSA 与当前期望或未来理想的 KSA 的差距，为员工培训与开发提供第一手的操作性支持。

3．合规强制需求

该类需求来源于企业对国际和国内法律和制度的遵守。企业在一定的国家和地区从事经营活动，就必然受到当地法规的约束，随着经济全球化的深入发展，国际通行的对健康和安全、环境保护、新能源的政策，特别是 21 世纪初的全球金融危机引发的国际社会对投资和风险的监管，无不对企业提出相应强制性的培训要求。

4．员工偏好需求

在企业所提供的培训与开发项目中，普通员工和管理人员有时会特别喜爱或不喜爱某些项目，表现出一定的偏好。虽然说企业的员工培训与开发管理是对企业的战略支持，应集中于企业绩效和组织能力的提升，但培训与开发活动同样离不开所有员工的参与和支持，具有“民主性”的一面，因而必须充分考虑员工职业化和专业化发展的需求。

2.1.5　员工培训与开发需求的三个层面

企业员工培训与开发需求产生于三个层面：组织层面、任务层面和人员层面，因此员工培训与开发需求分析也应该在相应的层面上展开。表 2.5 详细列出了三个分析层面、分析内容和相应的分析结果。

表 2.5　员工培训与开发需求分析的三个层面

分析层面	分析内容	分析结果
组织层面	组织战略	揭示企业中哪个职能或部门需要员工培训与开发及在何种战略背景下进行员工培训与开发
任务层面	工作任务	揭示为了有效地完成工作任务，必须做什么及如何做，需要什么样的知识和技能
人员层面	人员 KSA	揭示对谁进行员工培训与开发，进行什么样的员工培训与开发，采取何种员工培训与开发对策

2.2　员工培训与开发需求分析的应用

根据战略管理过程，企业经营管理活动可以划分为战略、战术和操作三个层次，员工培训与开发作为企业战略的重要支持活动，必然也要相应地着眼于这三个层次的需求，以组织、任务和人员为重心进行需求分析。

2.2.1 以组织为重心的员工培训与开发需求分析

在组织层面，员工培训与开发所面对的是具有深远意义的系统需求，而不是单个员工、团队或工作流程中的问题。也就是说，必须从系统的角度保证单个工作职能的知识、技术和能力得到有效的整合，产生协同效应，这就要求在企业整体运营的框架下，以一定的逻辑顺序分析每一职能的需求。图 2.3 所示的企业运营战略全景图描述了企业运营整体框架及其职能元素，可用来指导组织层面的员工培训与开发需求分析。员工培训与开发管理人员通过系统全面地考察每个职能元素，对没有开展的职能活动，从知识、技术和能力的角度分析如何建立该职能；对业已开始或正在进行的职能活动，从知识、技术和能力的角度分析差距；使员工培训与开发需求分析全面系统地深入组织的各个职能，这样获得的需求信息才能够在组织层面上支持战略的形成或实施。

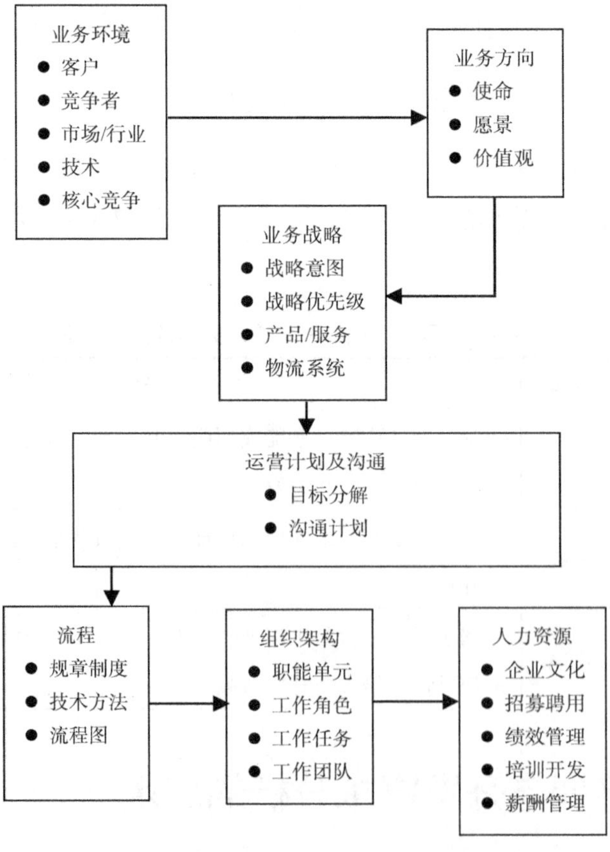

图 2.3 企业运营战略全景图

1．企业运营战略全景图分析法

企业运营战略全景图分析法由八个管理模块和十六个职能元素构成，如表 2.6 所示。

表 2.6　企业运营战略全景图分析法

管理模块	业务元素	分析内容	员工培训与开发需求
业务环境	客户	• 谁是客户？他们的业务将如何变化？为什么？具体如何变化？什么时候发生变化？ • 客户的潜在需求是什么？当前需求会怎样变化？ • 将来和客户关系的定位是什么？（优选供应商、唯一供应商、合作伙伴还是联合） • 客户对产品或服务的新需求是什么？ • 客户是如何看待我们的？（产品质量、响应速度、业务流程，了解客户当前需求、解决客户潜在问题）	
	竞争者	• 对当前竞争者的业务和计划的了解程度如何？会有潜在的竞争者吗？ • 谁是主要竞争者？他们的业务会发生怎样的变化？什么时候发生变化？ • 竞争者的变化会怎样影响我们的业务？（如市场份额、市场地位、被淘汰的风险） • 什么机会被竞争者忽视了，或者做得不如我们好？	
	行业分析	• 市场规模有多大？地域范围有多广？ • 行业目前所处的是哪个阶段？（如投入阶段、增长阶段、成熟阶段还是衰退阶段） • 行业的进入和退出难度如何？行业的整合状况如何？ • 行业的获利能力怎么样？行业的发展潜力和方向是什么？行业是否具有规模经济效应和经验曲线效应？	
	企业核心能力	• 我们界定自己的核心能力了吗？ • 什么元素具体构成了企业的核心能力？这些元素使企业在哪些方面表现出其强项或独特性？ • 探讨过这些核心能力将来如何应用吗？ • 企业采用什么方法来持续地评估其核心能力呢？	

续表

管理模块	业务元素	分析内容	员工培训与开发需求
业务方向	愿景和使命	• 愿景陈述中包含什么信息？（如顾客、竞争者、市场地位、核心能力） • 愿景陈述是否基于对未来的分析提出了至少三年的展望？ • 愿景陈述的形式和方式是什么？（如对未来展望的描述、服务的客户、选择的产品或服务、市场地位、保证企业实现目标的价值观） • 使命陈述是否符合一般的标准要求？（如简单、明了、指明了方向和手段） • 企业员工通过使命陈述对企业发展方向的了解程度如何？	
	价值观	• 是否指定了用来规范企业业务运营的价值观系统？ • 价值观是否表达得很清晰？是否能够让员工理解什么行为是组织所期望的？ • 员工相信管理层能够身体力行地确保价值观的实现吗？	
业务战略	战略意图及其优先级	• 战略意图是来源于“差距”分析吗？这些差距体现了企业现实活动与期望活动之间的差距吗？弥补这些“差距”能够取得期望的市场地位、满足客户需求和提升核心能力吗？ • 企业确定了几项关键战略吗？这几项战略能够实现企业的愿景、保持或增强企业成功吗？如何确定它们的优先级顺序？ • 在战略形成过程中，调查研究和讨论是否充分？ • 是否设计了测量标准和测量方法来指导战略的实施？	
运营计划及沟通	运营计划	• 企业的战略如何“落地”？ • 实现战略的相应工作任务是什么？ • 战略是否经过分解以确保每个工作单位和个人目标都能与战略“挂钩”？ • 完成关键战略目标的权力和责任是否界定清晰？ • 员工都参与了本部门目标设定的过程吗？ • 每个员工都设定了自己与本部门和总体战略挂钩的目标吗？	

续表

管理模块	业务元素	分析内容	员工培训与开发需求
运营计划及沟通	沟通	• 是否设计了沟通计划以确保员工被充分告知企业的业务状况、面临的挑战及其相应的战略形成过程和进展？ • 是否采用了多种沟通媒介（如会议、通信、告示板、电子邮件）？ • 是否采用双向沟通的程序以确保员工的建议能够得到重视和采纳？ • 员工是否确信他们所得到的信息是可信的和完整的？	
工作流程	规章制度和流程图	• 企业是否制定了实现业务战略的关键工作程序？ • 企业所有人员是否明白企业可以看成一个基于满足内外部客户需求的客户服务系统？ • 有关工作程序的讨论有没有从客户对产品或服务的观点出发？ • 企业是否通过流程改进来控制成本、提高质量和增加生产率？ • 现有业务技术（如沟通、数据收集和跟踪、客户信息系统）是否经过了有效性评估？	
组织架构	工作单元任务和工作团队	• 组织架构是根据实施战略和完成目标的要求来设定的吗？ • 企业实行集权化管理或分权化管理架构的理由是什么？ • 组织架构有利于跨职能和跨团队的沟通吗？ • 客户需求对组织架构有什么样的影响？ • 组织架构能满足业务活动快速和精确地进行吗？	
人力资源	企业文化	• 企业文化是通过明文规定的还是经潜移默化来传播的？ • 企业成员了解企业文化支持提高生产率和质量的行为吗？ • 企业领导者在发扬企业文化方面起到模范作用了吗？ • 企业领导者相信员工富有才能和创造力吗？	
	招募和聘用	• 在企业中，处于“冬眠期”或“在岗退休”的员工占总数的百分比是多少？ • 由人员流失和工作转换造成的财务成本增加和生产率损失是多少？ • 员工年资增长所带来的业务经验和知识的积累会成为公司宝贵的资产吗？ • 对变革，员工是强烈抵制还是缓慢地适应？	

在企业目标中，是否有不够具体的目标需要转化为员工培训与开发需求的任务？

企业各阶层的人员对员工培训与开发的目标都有承诺吗？

企业各阶层的人员或部门从需求分析这一起始阶段就参与了员工培训与开发的目标设定和项目设计吗？

企业管理人员是否接受培训后员工行为的改变，并身体力行地成为期望行为的楷模？

接受培训的人员是否会因为在工作中使用学到的技能或行为而得到奖励？

员工培训与开发是否被用来解决那些应该用其他方法解决的管理问题？

企业高层管理人员是否承诺在员工参加培训与开发项目时，会采取相应措施以保证该员工的工作不会中断？

（2）7-S 模型法

麦肯锡公司开发的 7-S 模型是著名的组织诊断工具（见图 2.4），该模型由七个独立而又彼此相关的要素组成：共同价值观（Shared Value），战略（Strategy），结构（Structure），系统（System），管理风格（Style），员工（Staff）和技能（Skill）。员工培训与开发需求分析可以该模型为分析框架，对每个要素进行差距分析，并注重 7 个要素的联系，在系统性的基础上发现真正的需求。

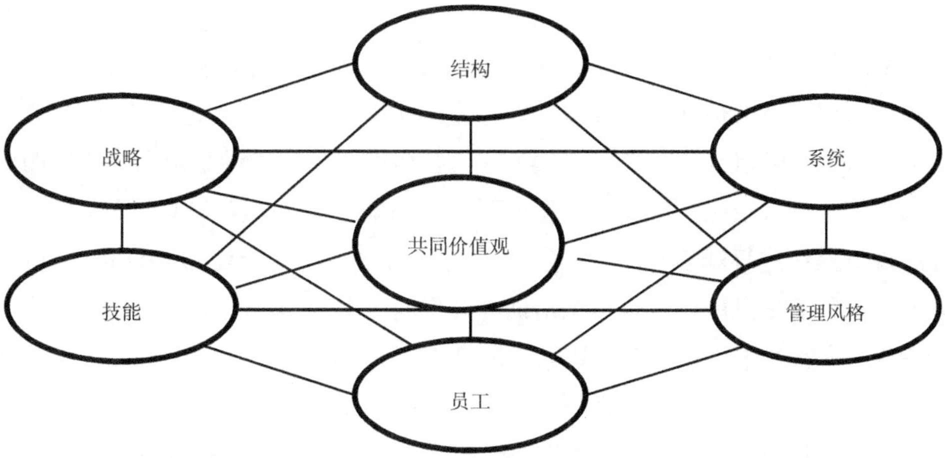

图 2.4　麦肯锡 7-S 模型

2.2.2　以任务为重心的员工培训与开发需求分析

以组织为重心的分析从组织目标和战略的角度解决了员工培训与开发起点（方向）和归宿（目标）的问题，接下来要解决的是要“做什么”的问题，即员工培训与开发需求分析进入以任务为重心的阶段。

1. 任务分析概述

以任务为重心的员工培训与开发需求分析简称任务分析，也称工作分析，是指系统收集关于某项工作或某一类工作信息的方法，确定承担该项工作的人员完成期望工作所需要学习的知识、技术和能力。任务分析得到的信息通常包括工作绩效标准、完成工作所需要的方法、实施工作方法需要的相应知识、技术和能力，以及其他有助于完成工作的相关因素。这些信息揭示了员工工作的现状、存在的问题、问题的根源，以及能否通过员工培训与开发干预来解决这些问题。

2. 任务分析的方法和步骤

任务分析虽然方法很多，着眼点各不相同，如工作说明书、绩效标准、高绩效因素、工作综述、任务陈述等，每种方法也已经相对比较成熟，但都有共同的分析逻辑，归纳起来看的话，它们都遵循以下五个步骤。

步骤 1：查阅工作说明书

组织由配备了人员的工作职位构成，每个职位对职责及职位的任职人的特征和资格都有相应的规定或描述，这些规定或描述构成了工作说明书的内容。工作说明书包含的具体信息有工作任务、行为要求、工作辅助工具、绩效标准、工作环境，以及对任职人知识、技术和能力的要求。

大多数组织对每个职位都有现成的工作说明书并保持定期更新，因此员工培训与开发管理人员可以很方便地获取和查阅这些工作说明书，得到对员工培训与开发需求分析有用的信息。但是实践证明，一般的工作说明书提供的信息很难满足培训专业性的要求，这就要求培训管理人员在详细阅读工作说明书的基础上，对重点信息进行深入研究，如对实际的现场操作进行观察，对工作说明书的撰写人进行访谈等，以保证员工培训与开发管理人员获得的信息能够符合员工培训与开发的专业要求。

步骤 2：分解工作任务，列出具体工作清单

一项工作通常可以分解成一系列或一组更具体的工作，也称子任务。在进行员工培训与开发需求分析时，分解并列出这些子任务，并明确哪些子任务是应该执行的及应该执行到何种程度；同时了解子任务的实际操作状况，得到相关的变动范围。只有在了解这些信息的基础上，员工培训与开发管理人员才能确定哪些操作存在差距，需要通过员工培训与开发干预来改进，以及在员工培训与开发干预结束后应该达到的操作水平。

在分解工作任务、列出子任务的方法中，"工作—职责—任务"分析法（见表 2.7）最为实用。该方法包括确认职位名称、工作职责及完成每一项任务所需要具备的知识、技术和能力。

表 2.7　用“工作—职责—任务”分析法进行任务分析

职位名称：人力资源员工培训与开发专员　　　　　　　　　　　　　具体职责：任务分析

工作任务	子任务	所需知识和技能
列出此项工作的任务	观察行为	能够列出行为的四种特征
		能够将行为加以分类
	选择动词	具备关于行为动词的知识
		符合语法规范
	记录行为	能够用通俗易懂的语言叙述行为
		能够有条理地进行记录
列出子任务	观察行为	能够列出除典型行为外所有其他行为
		能够将行为加以分类
	选择动词	能够正确地对行为加以描述
		符合语法规范
	记录行为	有条理、通俗易懂
列出所需知识	说明哪些是必须了解的知识；确定技能的复杂程度	能够对所有的信息进行分类 能够确定某项技能是否代表了必须按一定顺序学习的系列行为

资料来源：徐芳. 员工培训与开发理论及技术[M]. 上海：复旦大学出版社，2005.

步骤 3：分析工作任务所需的知识、技术、能力和其他要素

员工必须具有专门的知识、技术和能力，才可能胜任并完成本职工作任务，因此员工培训与开发管理人员需要能够分析和界定每一项工作必须具备的知识、技术和能力等胜任力要素（见表 2.8），并且确定能够通过员工培训与开发干预使该职位员工的这些胜任力要素得到提升。通过经验学习的能力是绝大多数员工必须具备的，因此，员工培训与开发活动需要在尽可能大的范围内提供相应的培训或开发项目；但是像律师任职资格所需的特殊知识就必须参加专门的培训和认证机构提供的项目；高层管理人员的媒体沟通技巧，就必须借助专业行为教练的辅导。

表 2.8　知识、技术和能力等胜任力要素

KSA 要素	定　义
知识	对成功完成某项任务所需信息的掌握和了解，这些信息通常是陈述性的或结构性的

续表

KSA 要素	定　义
技术	个人在某项作业上的熟练程度或胜任力水平。胜任力水平通常可以用量化性形式表达
能力	个人在执行任务之初就拥有的更一般化、更持久的特质或能力，如完成某项体力活动或脑力活动的能力
其他要素	包括人格、兴趣爱好和态度

步骤 4：界定哪些任务及相应的知识、技术和能力可以通过员工培训与开发获得提升

由审阅工作说明书得到工作任务及子任务清单，再经分析得到完成任务所必备的知识、技术和能力等要素，培训管理人员获得了有待“加工的对象”，但这样的加工对象可能数量众多，内容庞杂，容易使员工培训与开发需求分析陷入混乱。因此，培训管理人员需要对完成任务必备的知识、技术和能力，以及哪些通过员工培训与开发能够获得或提高做出分析和界定，对不能通过员工培训与开发干预解决的任务及其所需要的知识、技术、能力和其他要素，建议采用其他人力资源管理方式来解决。

在界定哪些任务适合干预员工培训与开发时，需要通过给任务评定等级，按照得分高低来决定取舍。评定等级的考察关键维度有：任务的重要性、时间成本、工作所需 KSA 获得的难易程度。如果一项任务具有战略价值，完成任务时间短，需要的 KSA 容易学习，该项任务的等级就会相应较高。在界定哪些知识、技术和能力可以通过员工培训与开发获得提升时，也可以采用上述等级评定的方法，考察的关键维度为：重要性，学习的难易程度，在工作中获得的机会。如果某项技巧很通用，学起来很容易，在工作中随时都可以获得，那这项技巧的获得和提高就不需要员工培训与开发的干预。

步骤 5：确定员工培训与开发需求的优先级顺序

本步骤可以运用本章 2.2 节中介绍的确定员工培训与开发需求优先顺序的方法，对步骤 4 界定出的需要通过员工培训与开发得到或提高的知识、技术和能力需求清单分出轻重缓急，列出其优先顺序。在此基础上，进一步考虑员工培训与开发部门可以利用的资源，如培训设备、场地、培训材料、差旅费、外部供应商、咨询费用等，对知识、技术和能力员工培训与开发需求优先级很高的项目，即使是在资源缺乏的条件下，也要想方设法组织实施；对知识、技术和能力员工培训与开发需求排序靠后的项目，在现有的资源条件下，量力而行。这样才能保证员工培训与开发需求的优先级顺序使员工培训与开发项目的设计和实施不仅准确可靠，而且切实可行。

2.2.3　以人员为重心的员工培训与开发需求分析

以人员为重心的员工培训与开发需求分析又称人员分析，需要解决的问题是将培训需求落实到员工个人。通常采用的需求分析方法有两大类型：绩效差距分析法和 360 度反馈法。

1．绩效差距分析法

进行人员分析时，绩效差距分析法是最基础实用，也是最容易实施的方法。企业常规绩效评估资料为绩效差距分析提供了可靠的信息。基于绩效评估的人员分析模型遵循下列步骤（见图 2.5）：①获取员工绩效评估资料；②确认员工行为、特质与期望绩效标准之间的差距；③分析差距的根源，结合组织分析、任务分析和人员分析进行综合分析；④选择恰当的干预措施消除差距。

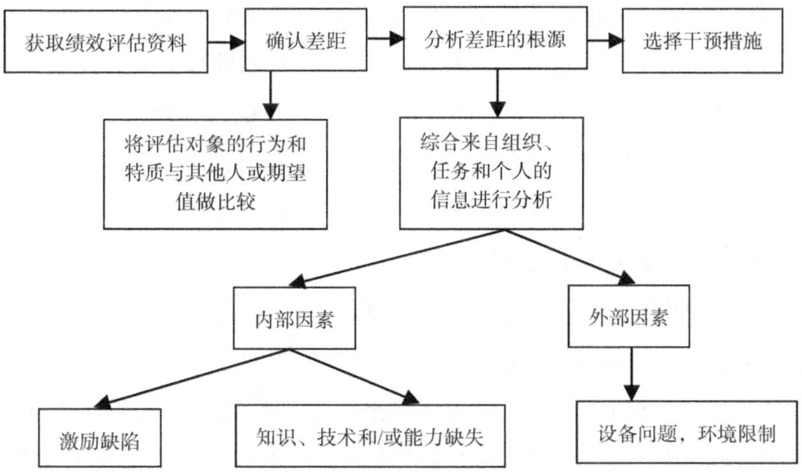

图 2.5　基于绩效评估的人员分析模型

资料来源：Randy L. Desimone, Jon M. Werner & David M. Harris. Human Resource Development, 3rd Edition. Page 150. （Thomas Learning 2002）.

需要注意的是，在使用上述绩效差距分析法时存在着一定的风险，企业在绩效管理过程中可能由于目标设定、评估技术和工具、管理人员评估技能等因素造成绩效评估资料的不准确，因此，为避免这一缺陷，应尽可能采用其他方法作为补充，360 度反馈法就是其中之一。

2．360 度反馈法

360 度反馈法的信息来源包括员工自己、直接上司、下属、同事，有时还包括客户和业务合作者（见图 2.6）。由于观察的角度不同，他们的反馈会形成关于知识、技术技能和行为的全方位的评价和建议。

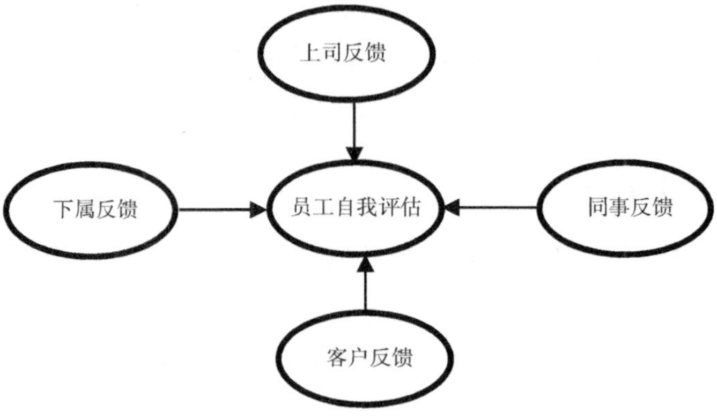

图 2.6　360 度反馈信息的来源

（1）员工自我评估：自我评估给员工一个思考自己绩效差距的机会，并引发员工就有关阻碍高绩效形成的原因，如知识、技术和能力等因素进行反省，找出员工培训与开发的需求点，同时增强了员工参与员工培训与开发项目的自发性和积极性。

（2）上司反馈：由直接上司进行反馈是考察员工知识、技术和能力的传统方法，直接主管是观察员工最多的人，熟悉下属员工的工作及其工作行为和结果，因此，在绝大多数情况下，直接上司是提供反馈的最佳人选。

（3）同事反馈：同事评估不同于直接上司的评估，上级管理人员更多关注的是员工的工作绩效及其直接相关的行为，员工通常会把"好"的一面展示给上司，而同事朝夕相处，以现实的眼光能够看到某一员工较真实的一面。使用同事反馈来对上司反馈进行补充，可以帮助形成关于个人绩效差距及其知识、技术和行为缺陷的完整信息。

（4）下属反馈：在评估经理人员时，员工是非常有资格发言的，因为他们经常与其上司接触，并站在一个独特的角度观察其与工作有关的行为。因此，下属非常适合去评价其上司在某些方面的工作表现，如口头表达能力、授权、团队协调能力等。

（5）客户反馈：员工的客户会根据其工作表现给予反馈。

除了上述两种主要方法，员工培训与开发管理人员在人员分析时所用的技术及信息来源还有调查问卷、访谈、关键事件等，如表 2.9 所示。

表 2.9　人员分析技术和信息来源

技术和信息	对员工培训与开发的启示
绩效评估数据	揭示了绩效方面存在的问题和亟待改进之处，指出员工的强项和弱项，易于定量分析并确定员工培训与开发干预的出发点

续表

管理模块	业务元素	分析内容	员工培训与开发需求
人力资源	绩效管理	• 员工知晓他们的工作目标和责任吗？ • 管理人员给下属提供了诚实的绩效反馈吗？ • 管理人员能够成功地辅导和开发他们的下属吗？ • 绩效管理中评估流程的有效性如何？ • 绩效管理中包括员工个人发展计划吗？	
	薪酬管理	• 员工认为报酬系统公平且具有激励作用吗？ • 员工获得报酬的依据是实际贡献（绩效加薪）还是其他标准（年资加薪）？ • 贡献最大的员工能够得到相应的报酬吗？ • 报酬系统对技术人员贡献的激励能够和管理职位的升迁相匹配吗？	
整合协调	方向和战略的协调统一	• 企业运营框架中的每个元素间的契合度如何？ • 管理人员和计划人员是否讨论过业务元素的整合？ • 员工是否会协调个人行动与部门目标、企业战略和企业目标之间的一致性？ • 在决定放弃旧流程或采用新流程时，依据是该流程与企业战略的契合程度吗？ • 企业日常经营活动的重点与战略的一致性如何？	

企业运营战略全景图分析法有效地保证了在组织系统范围内对管理活动存在的问题进行分析，员工培训与开发管理人员所面对的是具有深远意义的系统状态和事物，而不是单个员工、团队或工作过程中的问题，从而在统一性的前提下保证系统范围内知识、技术和能力的提高，使员工培训与开发真正具有战略性视野，以实现组织目标为己任，员工培训与开发活动与企业运营最终融为一体，成为其必不可少的一部分。

2. 组织分析的其他方法

组织层面的员工培训与开发需求分析常用方法还有四要素框架法和7-S模型法。

（1）四要素框架法

四要素框架法是在对组织目标、组织资源、组织氛围和组织环境这四个要素进行分析研究的基础上，聚焦下列有关员工培训与开发需求的问题：

续表

技术和信息	对员工培训与开发的启示
现场工作观察	较为主观的方法，但是能够提供员工工作行为表现和行为结果两方面的信息
访谈	员工本人最清楚自己需要学习的内容，需求分析中员工的参与将会激发其学习的主观能动性
调查问卷	将访谈转化成书面形式。问卷的形式和内容可以根据组织的具体情况进行专门编制。其缺点是可能由于预先设定的问题而带来答案的倾向性
考试	可以针对个案设计考试题，也可以采用标准化试题。要确保所测试的内容与工作有直接关联
态度调查	基于个人的调查，主要用来了解员工的士气、动机水平和工作满意度
工作技能清单及培训进度表	员工个人工作和所需技能信息的更新表，指明员工完成工作任务所需技能及其培训进展情况
测评量表	确保评定的相关性、可信性和客观性
关键事件	观察到的使工作成功或失败的行为表现
工作日志	员工对自己工作的详细记录
情景模拟	相关知识、技能和态度会在特定的场景中表现出来
诊断量表	对诊断量表中的要素逐项测评和分析
评价中心	整合多项技术形成一个综合性评价方案
辅导	类似于一对一的访谈
目标管理或述职系统	由组织发起和个人参与的常规性绩效反馈机制，参照员工的绩效目标，获取员工绩效提升和绩效偏差的信息并对其进行分析，这一机制确保了员工个人能力的发挥和组织整体目标的实现

资料来源：Randy L. Desimone, Jon M. Werner & David M. Harris. Human Resource Development. 3rd Edition. Page 147.（Thomas Learning 2002）.

2.3　员工培训与开发需求分析报告

培训与需求分析报告既是对数据收集、分析和得出结论的总结，为员工培训与开发的规划、项目设计、项目实施和效果评估提供依据，也是向管理层提出员工培训与开发建议、在组织内沟通员工培训与开发活动和获得资源的必要文件资料。

员工培训与开发需求分析报告虽然没有固定的格式，但必须有一定的结构和核心内容（见表 2.10）。

表 2.10　需求分析报告的结构和核心内容

项　　目	核心内容	描　　述
一般信息	背景信息	通过对企业短期绩效提升派生的培训需求和长期发展潜在的开发需求分析，为员工培训与开发需求项目确定方向、目标和标准，有效地发挥员工培训与开发干预活动的战略性支持作用
	分析目的	• 培训成果与绩效差距的连接 • 培训目标的制定 • 培训项目设计及实施的依据 • 培训项目效果评估的基础
分析方法	技术模型	• 四个阶段："预备—瞄准—射击—报靶"
	数据收集	• 8 种信息收集方法
	实施流程	• 组织分析：战略和绩效差距确认 • 工作分析：完成工作所需知识、技术、能力和行为标准的界定 • 人员分析：实际知识、技术、能力和行为与职位标准差距界定
分析结果	总体结论	决定是采用员工培训与开发干预还是其他管理手段解决绩效差距问题
	结论 1：培训项目	提升个人当前技能和绩效： • 专业技术类培训 • 通用技能类培训 • 强制性培训
	结论 2：开发项目	开发个人未来专业能力： • 工作轮换 • 领导力开发 • 小组行动学习
	结论 3：组织发展干预	• 促进组织变革： • 企业文化建设 • 员工敬业度调查 • 六西格玛

续表

项　目	核心内容	描　述
项目建议	项目设计	• 课程设计要素：大纲、资源、考核时间表 • 项目实施方式：常用方法及选择标准 • 项目效果评估：项目进行中评估和项目完成后评估计划
	项目成本预算	项目成本分类及汇总
附件	补充资料	原始资料及相关图表如调查问卷、访谈记录、绩效档案、行业标准、技术模型等

【案例】

销售人员培训需求分析报告

某外资保险公司在 2007 年末对一线销售人员采用问卷调查法进行培训需求分析，发放给所有销售人员调查问卷 1 072 份，收回有效问卷 982 份。经过对这些问卷的统计和分析，形成了下述培训需求分析报告，作为 2008 年开展销售培训计划、实施和评估的依据。

1. 一般信息

一般信息主要指相关人员的背景信息，在此对分析目的不进行展开。

① 销售人员的工作经验。公司现有 1 072 名销售人员，从来没有从事过保险销售的人员有 457 人，占销售总人数的 42.6%。这一数据说明了自 2005 年中国保险行业对外资开放后，大批外资保险企业的进入，造成近两年对保险销售人员大量需求，而劳动力市场的现有存量不能满足这一需求，相当一部分没有保险销售背景的人员被招募进企业，带来普遍的销售行为不够专业，导致老客户投诉率上升甚至退保，而新客户开发成功率也远低于行业平均值。

对这些没有从事过保险销售的销售人员，公司应提供保险基础知识、有别于工业品和快速消费品的保险销售的技巧培训，制订培训后行动计划，促进培训成果加速转化成销售行为，从而提高销售业绩。

② 销售人员的学历。982 份有效问卷显示了目前公司销售人员的学历情况如表 2.11 所示。

表 2.11　公司销售人员的学历情况

学历 人数及所占比例	博士	硕士	本科	大专	职高	高中	初中	其他
人数（人）	0	9	68	179	365	253	97	11
所占比例（%）	0	0.9	6.9	18.2	37.2	25.8	9.9	1.1

由此可以看出，一线销售人员的主要学历集中在职高和高中两个层次，占总销售人数的 63%，面对这样的低学历水平，公司有必要进行系统的培训，提高他们的知识水平和销售技能。

③ 销售人员的职位分布。982 名一线销售人员的职位统计情况如表 2.12 所示。

表 2.12　一线销售人员的职位统计情况

职级 人数及所占比例	总监级	经理级	客户主任级	客户代表级
人数（人）	23	132	256	571
所占比例（%）	2.3	13.4	26.1	58.2

根据表中的职级分布，可以划分为两大类：管理人员（总监+经理）和直接面对客户的销售人员（客户主任+客户代表），对两类人员的培训应有所区别。

2．分析方法

采用问卷调查方法。调查问卷的编制完全采用集团公司的标准模板，内容根据国内的实际情形组织和编排。（调查问卷见附件）

3．分析结果

在有关销售技巧培训的需求的问题中，有 7 个比较突出的问题如表 2.13 所示（按所占比例的大小排列）。

表 2.13　7 个比较突出的问题

培训需求 人数及所占比例	如何促成客户签单	如何发现潜在客户	如何消除客户异议	如何接近客户	如何维护客户关系	如何介绍产品/服务	如何与客户沟通
人数（人）	670	649	572	390	375	275	219
所占比例（%）	68.2	66.1	58.2	39.7	38.2	28.0	22.3

4．项目建议

（1）需求分析结论

根据本次需求分析，可以得出下列结论：

一线销售人员学历普遍较低，需要学习相关基础知识；

有 42.6% 的销售人员来自非保险行业，应对其进行保险行业基础知识的培训；

36%的销售人员还在试用期内，应加强对新员工的入职引导；

有 43%的销售人员对完成销售指标没有信心，需要加强对管理人员进行管理技能，如目标设定、沟通和激励等技巧的培训；

有 46%的销售人员认为公司的运营活动没有围绕客户和销售为中心，需要在公司战略和文化上进行变革。

（2）培训项目建议

① 培训项目/课程建议。根据上述调查、分析和结论，对一线销售人员的培训建议如下：

按照技能和态度进行两个类别的销售培训；

按照职级分两批分别进行管理技能（管理人员）和基础销售行为（一线销售人员）的培训课程、主要内容及参加对象如表 2.14 所示。

表 2.14　培训课程、主要内容及参加对象

培训课程	主要内容	参加对象
销售的“临门一脚”	捕捉客户的购买信号，及时获取保单	客户主任和客户代表
从身边开始发现客户	寻找和锁定目标客户的方法	客户主任和客户代表
如何消除客户异议	接受客户异议，发现异议背后的原因	客户主任和客户代表
接近客户的 9 大途径	用不同的方法接近不同的客户	客户主任和客户代表
产品/服务基础知识	以客户为中心的产品和服务价值介绍	客户主任和客户代表
卓越客户服务	用服务赢得客户的尊重和忠诚	所有销售人员
销售目标管理	目标设定的基本原则和测量方法	总监和经理
团队领导技能	领导、激励、人际关系等	总监和经理

②培训成本预算。（略）

5．附件

培训需求分析调查问卷（略）

【本章小结】

本章首先简要地介绍了员工培训与开发的起点和流程；其次介绍了员工培训与开发需求的四种类型，有绩效差距需求、KSA 差距需求、合规强制需求、员工偏好需求；然后讲述了应该着眼于以组织、任务和人员为重心进行需求分析；最后介绍了员工培训与开发需求分析报告的结构和核心内容。其中以组织为重心的员工培训与开发需求分析中所用的主要方法为企业运营战略全景图分析法、四要素框架法和 7-S 模型法；以任务为重心的员工培训与开发需求分析涉及 5 个重要步骤；以人员为重心的员工培训与开发需求分析中所用的主要方法为绩效差距分析法和 360 度反馈法。

【思考与练习】

1. 简述员工培训与开发需求分析缺失的原因。
2. 员工培训与开发需求有哪几种类型？
3. 简述企业运营战略全景图分析法。
4. 以任务为重心的员工培训与开发需求分析的步骤有哪些？
5. 简述 360 度反馈法的内容。
6. 简述员工培训与开发需求分析报告的结构和核心内容。

【案例分析】

某公司的培训需求分析

某公司提倡建设学习型组织，公司的学习氛围一直也很浓厚。在员工的学习方面，都有比较量化的学习任务，如高层管理者平均每个月参加学习不能低于 16 小时，中层管理人员不能低于 8 小时，基层管理人员不能低于 6 小时，等等。公司的内部培训师种类非常齐全，几大模块的课程体系已基本建立起来。但在一段时间后，该公司的培训负责人发现在培训操作中出现了几个问题并对此提出了疑问。

第一，许多部门领导认为，只要是岗位和技能要求的，就应该给员工进行相关培训，而不需要做培训需求调查。随着公司的发展，培训力度明显增大，但还是无法满足需要，该怎么办？

第二，该公司课程体系已基本完善，但公司与员工对有的课程的需求不一致。有的课程公司要求多设置，但员工不愿意听；有的课程公司没有设立，但员工想开发这门课程。在这种情况下该如何选择？

第三，培训需求调查分析显示，基本上每种课程都有一定的需求，有需求就应该开展培训，但是，如果每种课程都要进行，培训的任务就会过重。如何运用量化的指标进行选择和参考？

资料来源：http://www.boraid.com/article/html/46/46397.asp.

讨论题

1. 什么是以“九格模型”为基础的培训需求分析体系？（提示：“九格模型”分析系统是建立组织、工作和人员这三个不同的层面分析基础上的，但在分析过程中，它将工作层面的分析分数归纳到组织层面。）

2. 请结合“九格模型”对此公司进行培训需求分析。（提示：以绩效差距分析法为基础的“九格模型”。）

【本章实训】

摩托罗拉的员工培训

摩托罗拉非常重视员工培训工作及其系统的建立，并且将其作为企业发展战略中重要的一部分。摩托罗拉一贯认为，人是企业中最宝贵的资源，只有向这些有限的资源提供各种培训机会并给予发挥才能的空间，才能释放其最大的能量，从而培养成一支优于同行业的人才队伍，以不断满足公司在全球范围内日益增长的业务需求。

为此，公司每年为员工培训投入大量的人力、物力和财力，并且规定每年每位员工至少接受 40 小时与工作有关的学习培训。学习内容主要包括新员工入职培训、企业文化培训、专业技能培训、管理技能培训、语言培训及海外培训等。摩托罗拉还积极推广电子学习（e-learning），公司要求到 2001 年，每个员工每年要通过电子学习自学 8 小时。

摩托罗拉大学（Motorola University，MU）是摩托罗拉内部专门设置的，为摩托罗拉各事业部、客户、员工及合作伙伴提供教育培训的机构。基于公司的发展要求，摩托罗拉大学提出了为公司发展和员工成长提供“及时而准确的知识”的学习方案，通过长期实践和探索，公司建立了一套完整、先进的员工培训与培养系统。

摩托罗拉的教育培训系统主要由四部分组成，即培训需求分析、培训设计与采购、培训的实施和培训评估四部分。相应地，摩托罗拉大学设置了四个职能部门：客户代表部、课程设计部、培训信息中心及课程运作管理部。这四个部门承担着培训系统的运行，源源不断地为公司各事业部提供着一流的培训课程。下面我们简要介绍一下这套教育培训系统是如何运作的。

1．培训需求分析

摩托罗拉的培训工作是以客户为导向的。摩托罗拉大学客户代表部的主要职责是与各事业部的人力资源组织发展部门紧密合作，分析组织现状与组织目标之间的差距，判断这些差距中哪些是可以通过培训解决的，并以此确定组织的培训需求，提供组织发展的咨询和培训方案。之后，他们将与各事业部的各级领导合作，制订学员的培训计划。培训需求分析经常采用的模型是：理想状态与实际情况的差距，通过该模型，我们能够找出事业部真正想要解决的实际问题，即找出这个“差距”。然后通过对该“差距”的进一步分析，确定哪些“差距”是培训应该解决的问题，哪些“差距”是培训解决不了的。比如，某事业部明年的战略是申请通过 ISO9000 质量系统认证，那么客户代表部就将与该事业部的有关部门合作，对该事业部质量系统方面的培训需求做出分析：首先从理想状态来看，通过 ISO9000 系统认证的相关人员都应该具有该方面的知识和经验，熟知该系统认证的过程；然后对该事业部现有的相关人员该方面的知识与经验进行分析，确定他们现有的水平；由此确定的理想与现实之间的差距就是该事业部当前或认证前亟待解决的问题。依据这个“差距”，制订出相关的培训方案。

依据这个模型，摩托罗拉大学客户代表部根据事业部的发展目标和任务，分别对其事业部的各部门/专业乃至员工个人的培训需求做出分析，并依据找出的“差距”，分别制订相应的培训方案。依据对员工个人工作及其职业发展的需求分析，在组织发展部的协助下，制订员工个人的职业发展计划，包括自我职业发展规划（IDP）。

应该说，培训需求分析是整个教育培训系统的基础，也是最为关键的环节。没有准确的需求分析，就没有让“顾客完全满意”的培训方案与课程。在培训需求分析完成后，客户代表部基于需求分析的结果为各事业部制订一年的培训计划。

2．培训设计与采购

当 MU 客户代表部从各事业部获取了第一手客户培训需求后，会提出一整套培训课程和方案。在这些培训方案中，有些是现有的课程即可满足事业部的要求，但是有些是现有的课程尚不能够或不能够完全满足客户培训的需求。在这种情况下，课程设计部就会介入，进行采购、设计、开发、改编及翻译培训课程，以满足公司及事业部发展的实际需求。

例如，摩托罗拉天津地区事业部的业务以生产制造为主，加之业务及自身发展迅速，对一线生产主管提出了更高的要求。但由于劳动力市场等方面的限制，许多一线主管均是刚刚大学毕业的本科生。如何加速提高生产一线主管的管理水平是当务之急。计划、组织、领导与控制是一线主管主要的职责，但他们不仅要管理产品、质量与费用，而且要振作员工士气，探究工作方法，提供必要的培训，并且保证生产安全。大量一线主管成功的经验表明，一线主管所具备的基本管理知识与技术主要有与生产相关的专业知识，如生产知识、生产管理知识、相关政策与法规及生产计划能力、组织能力、沟通能力、激励能力、解决实际问题的能力等。由于没有现成的相应培训项目，在借鉴有关培训项目的基础上，他们于 1999 年设计、开发了一个主管走向培训项目（Supervisor Orientation Program，SOP）。该项目在实施后深得学员及各事业部的欢迎。

摩托罗拉的课程设计部应用 ISD（Instructional System Design）模型设计课程或项目，其领域涵盖了管理、质量、工程、技术、文化、语言等方面。例如，为了支持领导发展战略和组织更新的需要，他们设计出了许多优秀的课程项目，这其中包括外界熟悉的明星客户学院课程。课程的设计还对课程的学习方法、学习效果的评估等做出规定或建议以保证培训课程的有效实施。为了保证课程设计的有效性，在课程设计完成之后，该课程不是直接进入实际培训阶段，而是由课程设计部先对该课程进行试运行。届时相关领域的专家、项目设计人、学员代表、相关经理人等将对课程提出各自的建议，并据此对课程进行必要的修改，以保证课程的设计达到培训的要求。

3．培训的实施

一般地，课程运作部负责培训师的认证与管理、教学材料的打印、教室及教学设备的安排与管理，以及进行核心项目的管理等。对于摩托罗拉大学所开设的课程，课程运作管理部将负责认证培训师。只有经过认证的培训师才有资格执掌该课程的教鞭。培训信息管理中心则负责培训信息的发布、登记及课程的安排，学员培训记录及培训评估结果的分析与管理等，并且配合全球系统集中信息资源。

4．培训评估

在培训结束后，学员的感受是怎样的？培训是否达到了所设定的目标？其效果如何？通过培训，学员是否掌握了所学知识？其所学知识是否已经转化成为能力？培训的投资回报率如何？所有这些问题都是大家非常关心的。

摩托罗拉依据上述问题将整个培训的评估分为四个水平。

水平 1：考查学员对所学课程的反应，其目的在于考查学员对课程的满意度。例如，在摩托罗拉，每个员工在参加培训后都要填写一份课程评估表，其中包括学员对教师、教材、时间安排等各项问题进行评估，并给出建议。这些都将成为课程设计部改进课程的重要依据。

水平 2：考查学员对课程内容的掌握情况。为了不给学员带来不必要的负担，他们采取许多灵活、有趣的方式对学员学习情况做出评估，如通过游戏活动。

水平 3：考查学员是否将所学的知识转化为相应的能力。由知识转化为能力需要时间。因此对能力的评估需要一个较为先进的评估的方法。例如，为了配合摩托罗拉在华四大业务方针之一的加速管理人员本土化进程，MU 设计发展了“中国强化管理培训（China Accelerated Management Program，CAMP）”。学员在即将接受培训时，要接受多项评估以确定其培训前的能力水平。接受培训后 3~6 个月，再次进行能力评估。通过两次评估结果的对比分析，就可以确定培训对学员能力发展所带来的影响和作用。

水平 4：投资回报率，即考查培训投资为各事业部及员工个人所带来的效益。例如，摩托罗拉公司于 1992 年推出“六西格玛黑带”项目计划，其目的是培训一批具有丰富经验的专业技术人才，在其领域内推广、应用解决问题的技能和改进质量系统，从而取得产品在设计、制造、服务等各方面的不断进步。经过几年的发展和完善，黑带计划已显现巨大的功效。对黑带项目的评估结果表明，黑带专业人才通过带领团队解决公司内部的质量问题，生产率甚为可观，为摩托拉带来了丰硕的成果和高回报率。

通过上述评估体系，一方面验证了培训的结果是否达到了各事业部及员工个人的培训期望；另一方面为客户培训需求分析、课程设计、实施与管理提供了有科学价值的反馈信息，为改进培训系统与效果提供了可靠的依据。

现在，摩托罗拉大学正致力于成为摩托罗拉全球培训教育服务的供应商。与事业部经营原则一样，客户是第一位的。长期以来，摩托罗拉大学不断地完善这套员工培训与培养系统，并通过这套系统，基于公司各事业部的业务发展战略方针，不断加强与各事业部的伙伴合作关系，致力于更好地满足公司各事业部业务及培训发展的需要，努力成为摩托罗拉所需人才培养的热土。

资料来源：http://baike.1688.com/doc/view-d5290193.html.

讨论题

1. 摩托罗拉公司的员工培训与开发需求分析有哪些优缺点？（提示：可以从需求分析三层次进行分析。）

2. 完善摩托罗拉公司的员工培训与开发需求分析体系。（提示：可从上题中的缺点方面进行改善。）

3. 根据案例背景情况做一份摩托罗拉公司的培训与需求分析报告。（提示：根据员工培训与开发需求分析报告的结构和核心内容进行撰写。）

第 3 章 员工培训与开发对象分类及对策

学习目标

1. 了解员工培训与开发的绩效范式和学习范式。
2. 熟悉领导力开发和通用技能培训对策。
3. 掌握企业中员工培训与开发对象的分类模型。

关键术语

开发对象分类与方法　领导力开发模型　混合式培养法　L-M-F 模型
领导力原理应用模式

引导案例

如何留住林君

甜甜面包公司近年来规模迅速扩张，员工开发、成长、提升的机会很多。林君经过一系列的工作变化，已经从最初的专卖店经理助理升至公司业务经理，他手下有多家专卖店的经理人员。

迄今为止，林先生依靠自己的经验已经具备了一定的技术和业务管理技能，但他没有接受过任何正式训练。作为一名有能力的管理人员，他仍受到手下人的高度尊敬。

公司经过认真规划，预计在 2~3 年内使企业规模扩大两倍。很多人开始怀疑林先生是否有能力承担日趋繁重的任务，因为它将更多地涉及整体规划、财政体制、各职能部门协调关系。而林先生的成功主要在于其销售方面的业绩。公司想继续留用林先生，但需要为他制订一个培训与开发计划。

资料来源：http://wenku.baidu.com/view/1cd5c93c580216fc700afd5e.html.

3.1 员工培训与开发对象分类

3.1.1 从人口学的视角认识人力资源

人口学理论将人口资源细分为劳动力资源、人力资源、人才资源和天才资源，这种划分和包含关系如图 3.1 所示。

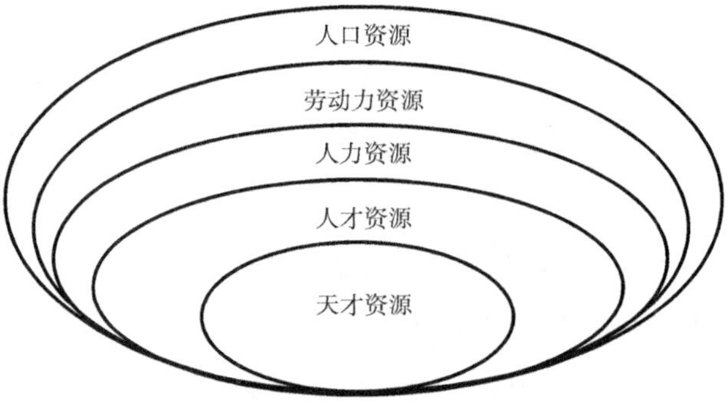

图 3.1 人口资源的划分和包含关系

在这种划分体系中，人口分类的组成及定义如表 3.1 所示。

表 3.1 人口分类的组成及定义

组　成	定　义
人口资源	一个国家或地区所拥有的人口总量，主要表现为人口的数量
劳动力资源	一个国家或地区具有的劳动力人口的总称，是人口资源中拥有劳动能力的那一部分人
人力资源	劳动力资源中具有对价值创造发挥贡献作用并能够被组织所利用的体力和脑力的总和
人才资源	具有较多科学知识、较强劳动技能，在价值创造过程中起关键或重要作用的那部分人

续表

组成部分	定　义
天才资源	在某一领域具有特殊才华的人，他们在自己的这一领域具有十分独特的创造发明能力，能在这一领域起领先作用，并且具有攀登顶峰的能力

3.1.2　社会和企业对人口资源开发的角色定位

人口学的划分及定义对人口资源开发角色的定位具有指导作用。现代社会提倡人的终身学习，在人的一生中，学习过程离不开其所生存和发展的环境——社会和组织。在人生的不同年龄、智力和能力阶段，社会和组织对个人学习活动的参与和学习结果的受益承担着相应的角色。表 3.2 说明了人口资源开发中社会和组织的主体角色。

表 3.2　人口资源开发中社会和组织的主体角色

人口资源组成部分	开发的主体	
	社会 （家庭、幼儿园、小学、中学、普通高校、老年大学）	组织 （企业、政府、非营利机构）
人口资源	√	
劳动力资源	√	√
人力资源		√
人才资源		√
天才资源		√

因此，企业在一国人口资源的开发活动中主要承担着对人力资源、人才资源和天才资源的开发，同时与社会共同承担对劳动力资源的开发。企业员工培训与开发对象的界定正是建立在这一假设基础上的，所有员工培训与开发活动都必须围绕着这些对象的学习需求，并且做到“因材施教”。

3.2　员工培训与开发对象的分类方法

3.2.1　传统分类方法的缺陷

对员工培训与开发对象进行分类的意义在于，通过分类对不同类型的人员采取不同的员工培训与开发策略，使企业的员工培训与开发工作更有针对性，满足员工的个性化学习需求。通过查看企业员工培训与开发体系，很容易发现培训与发展对象的分类方法。比较常见的是按照员工在企业中的职级进行划分（见图 3.2），这也是大部分企业所采用的传统分类方法。

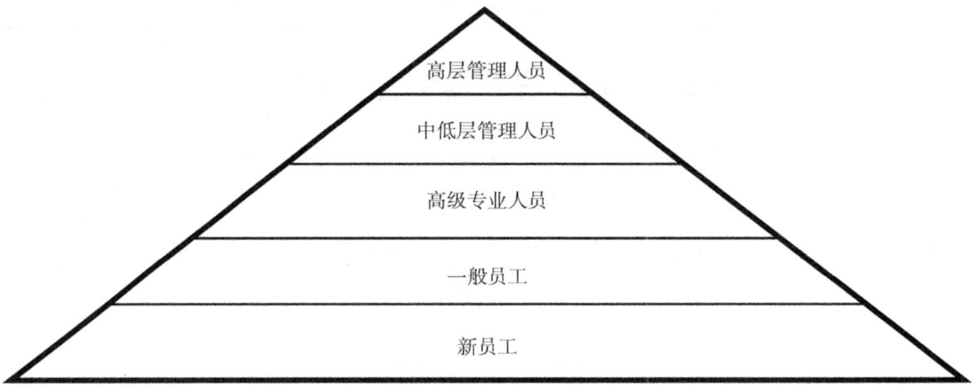

图 3.2　按照员工在企业中的职级进行划分

（1）高层管理人员。高层管理人员的职责是对整个企业的经营理念、发展战略全面负责，因此高层管理人员的知识、能力、素质及行为方式对企业目前的经营状况和未来的发展规划影响极大。企业就好比一艘在市场浪潮中勇于乘风破浪的战船，如果掌舵的高层由于自身能力所限而判断不出正确的航向，那么无论船员多么努力，效果都不会很理想。从这个角度来看，高层管理人员能否及时掌握新知识、新信息，以及据此及时做出有利于企业生存发展的决策是至关重要的。所以企业高层管理人员是第一种进行培训与开发的对象，特别是对其进行更高层次的开发，使其掌握最新理念、获得最强的能力。

（2）中低层管理人员。中低层管理人员在企业中处于一个特殊的位置。他们既是企业利益的代表，负责协助高层传达企业的各项方针政策、实施管理、维持企业的日常运作，同时是其下属员工利益的代表，所以很容易发生角色冲突和矛盾。如果一个管理人员不具备基本的工作技能知识，或者不善于协调人际关系，实现上下级的交流畅通，那么其管理工作就很难展开。另外，如果对企业的形势动向没有全面的了解，他就很难执行上司的指示。从目前我国企业的实际情况来看，大多数管理人员都是从基层业务岗位选拔的，他们对事务性工作技能娴熟，但是尚缺管理知识和经验，很难有效处理突发事件。这些都需要通过培训与开发来弥补，以帮助他们尽快适应新的工作环境、了解新的工作职责、习惯新的工作方法。同时，由于中低层管理者在企业中起着承上启下的作用，他们既熟悉基层的生产与服务，也懂得一些必要的管理方法，在一定程度上可以说是最了解企业运作的员工，所以对他们进行必要的提高管理能力的开发活动，往往可以较快收到较好的效果。

（3）高级专业人员。企业一般都有法律顾问、会计师、工程师这些高级专业人员，他们有各自的工作范围，但是如果他们彼此之间缺少沟通与协调，与其他岗位的员工缺乏必要的交流，势必因为理念或理解的不同而妨碍企业运作。此外，任何知识都是不断更新的，专业知识更不例外，如果不能紧跟时代步伐，及时了解各自领域的最新动态、最新知识，就会使工作陷入阻滞。

（4）一般员工。他们是企业中人数最多、最直接的效益创造者，负责直接执行生产指令、完成具体的工作任务。明确岗位要求、掌握必要的工作技能、养成与企业发展相适应的工作态度和行为习惯，无论是对企业还是员工个人来讲，都是十分重要的，而这些都是要通过员工培训与开发才能更好地实现的。同时，一般员工也是中低层管理人员的主要来源，对其进行一些基本的开发活动，可以帮助他们拓展工作范围，启发出一些好的想法，培养出一定的管理能力。

（5）新员工。新员工是组织的新鲜血液，他们的到来会为组织带来新观念、新思维、新气象。但是他们对组织几乎是一无所知的，所以对其进行员工培训与开发是必不可少的，但内容应不同于其他员工培训与开发对象，主要以熟悉、适应组织为目的，包括组织概况、工作岗位的说明，更重要的是要通过开展一系列的入职培训活动，向新员工宣传组织文化，培养其向心力和凝聚力，树立共同的价值观。同时，可以根据实际情况制订培训开发计划，从而培训发展有潜力的员工。

这一传统分类模型最根本的缺陷表现在，其赖以生存的传统狭长型的组织结构已经不复存在，取而代之的现代组织结构更趋于扁平化，企业的职级日趋减少，职级的概念不断被弱化，更多地强调成员的战略功能。因此以这种层级为基础的培训已经越来越跟不上时代的步伐，而以战略为导向的员工培训已经成为各大企业培训的新趋势，这种趋势对员工培训与开发活动的影响体现在两方面：

① 企业方面，员工培训与开发的目标是帮助员工更有效地实施运营战略，而不是职务的晋升；

② 员工方面，特别是对于知识型员工，由于组织扁平化所带来企业内晋升机会的减少，员工在职业生涯中对企业的依赖越来越少，更多地忠诚于自己的专业。

综合两方面的影响，企业在对员工培训与开发的对象进行分类时必须从考虑单一维度（传统的职级）转变成两个维度（企业战略和员工专业）。

3.2.2　战略功能—专业水平分类模型

如果综合人口学、组织战略和员工专业水平三方面的因素，企业员工培训与开发的对象就可以形成一个全新而适用的模型，简称战略功能—专业水平模型（见图 3.3）。

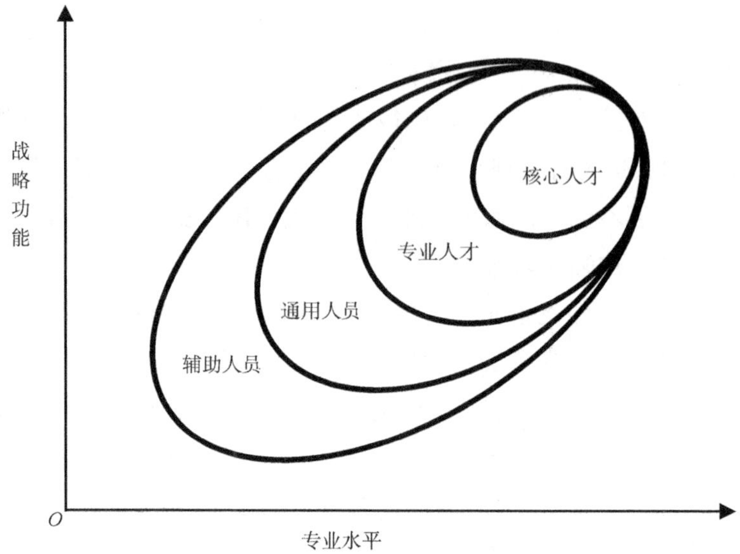

图 3.3　战略功能—专业水平模型

通过该模型对企业人力资源进行分类，可以将企业中的员工分为四种类型，按战略功能—专业水平由高到低的顺序排列依次为：核心人才、专业人才、通用人才和辅助人才。各类人才的定义及企业中的主要相关人员如表 3.3 所示。

表 3.3　各类人才的定义及企业中的主要相关人员

分　类	定　义	企业中的主要相关人员
核心人才	企业中具有战略制定功能和相关领域最高专业水平的人员，属于人口学中的“天才”资源	• 现任执行层领导者 • 未来执行层领导者（高潜力的领导候选人） • 公司科学家和高级技术专家
专业人才	企业中具有理解企业战略，制订业务计划并组织实施的专业人员，具有某一特定领域突出的专业水平，属于人口学中的“人才”资源	• 专业团队领导者 • 专门职能部门负责人 • 项目经理 • 技术专家（市场营销、研发、生产、财务、人力资源、物流等）
通用人才	企业业务计划的执行者，具有相关领域的平均专业水平，属于人口学中的“人力”资源	• 直线（业务）执行人员：销售代表、客户服务代表、物流运输协调人员、财务协调人员等 • 后台（参谋）支持人员：人力资源专员、秘书和助理、前台接待员、公共关系专员、设备维修人员等

续表

分　　类	定　　义	企业中的主要相关人员
辅助人才	企业内或企业外从事辅助性工作的人员，具有基本的劳动技能，属于人口学中的“劳动力”资源	• 操作工人 • 保洁人员 • 保安人员 • 其他劳务派遣人员

3.3　不同对象的员工培训与开发对策

3.3.1　基础教育和职业教育构成人力资源开发的两翼

在保证和促进个体学习的过程中，社会环境所提供的支持可以分为两大类：基础教育和职业教育。如果把人的职业生涯比作一架飞行器的航程，那么这两种教育就像飞行器的两翼，对人的终身学习发挥着支持作用，它们的共同目标是对人作为一种资源进行有目的、系统的开发，使该资源得到最合理的利用，发挥最大的效用（见图 3.4）。

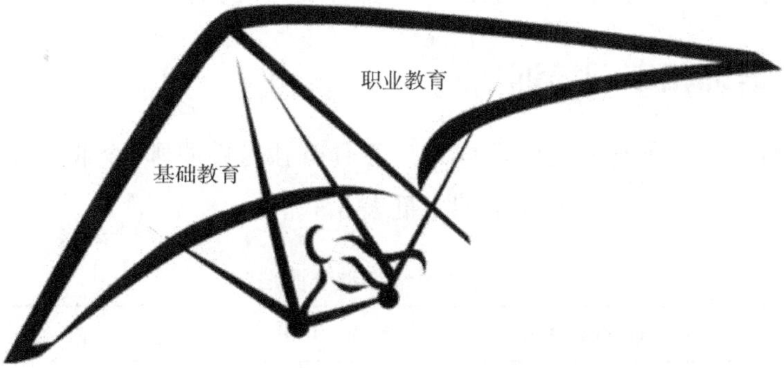

图 3.4　基础教育和职业教育构成终身学习的两翼

但是，作为教育的不同领域，在理论、方法和技术等方面，基础教育和职业教育也存在显著的差异（见表 3.4），从事员工培训与开发的专业人员只有清楚地认识到两种教育的不同点，才能深刻理解员工培训与开发作为职业教育最重要的手段，有其特殊性，如教育对象、目的、内容和形式等，在员工培训与开发实务中把握正确的方向，使用合理的策略，发挥职业教育在人力资源开发中应有的作用。

表 3.4 职业教育与基础教育的差异

区别点	职业教育	基础教育
宗旨	与工作相关的特定知识、技术和态度的改善	在各个领域丰富、提升或更新个人的知识
特征	较强的功利性，强调经济的投入和产出	非经济性，强调社会效益
目标	提高工作绩效，改善职业态度，融入团队，避免事故，完成转岗	综合与复合的社会标准
中心	以学员为中心	以教师为中心
情景	特定或非正式的学习情景	正式的结构化情景
内容	知识、技能、态度并重，尤以技能传授为主	以传授系统化知识为主
时间	无固定学制，阶段性学习，时间较短	有固定学制，周期较长，时间连续，
形式	无定式，多元形式	程式化的课堂教学
方法	方法多样、注重体验，强调参与和互动	讲授为主，辅之以实验等，学生参与少
重点	怎么做	是什么，为什么

资料来源：唐建光，刘怀忠. 企业培训师教程[M]. 北京：北京大学出版社，2009.

3.3.2 通用培训和专门培训

按照企业对员工培训与开发学习成果是否具有独占性原则，企业所提供的在职培训有两种基本类型：通用培训和专业培训（见表 3.5）。

表 3.5 通用培训和专业培训

培训类型	对企业的经济性	举 例
通用培训	员工培训与开发所获得的技能对多个企业同样有用，具有外部经济性	• 一般管理类：听、说、写的技巧，项目管理等 • 职业技能资格类：工程师、会计师等
专业培训	员工培训与开发所获得的技能只对提供培训的组织有用，不具有外部经济性	• 企业文化类：新员工培训、产品知识 • 企业经营哲学和战略开发类：领导力开发 • 特种职业类：宇航员培训、导弹发射员培训等

从理论上讲，给员工提供专业培训对企业的经济性最有利，而提供适用性很强的通用培训却存在“为他人作嫁衣裳”的可能，通用类培训任务应该交给各类技术学院（校）

完成。但现实情况是，职业技术教育制度不完善或课程设计不合理造成了员工在进入企业前，并不能得到良好的通用技能类培训，是否提供通用培训成了所有企业面对的普遍难题。但是，从企业自身经济利益和员工职业生涯发展来看，企业应在正确认识这一客观事实的基础上，暂时搁置“为他人作嫁衣裳”的想法，尽可能为员工提供完成工作所急需的通用技能类培训，一方面通过开发员工技能提升企业绩效，另一方面可以体现企业的社会公民责任，增加企业在人力资源市场的吸引力，并且提升员工的敬业度。

3.3.3　不同对象的员工培训与开发对策

在对员工培训与开发对象进行清晰分类的基础上，针对不同类型的人员的战略功能和专业水平要求，相应的培训对策就应运而生（见图 3.5）。比如，对于企业的核心人才，他们是未来的领导人，需要为他们全方位地制订个性化的开发方案，采用的对策以 360 度反馈和辅导项目为主。

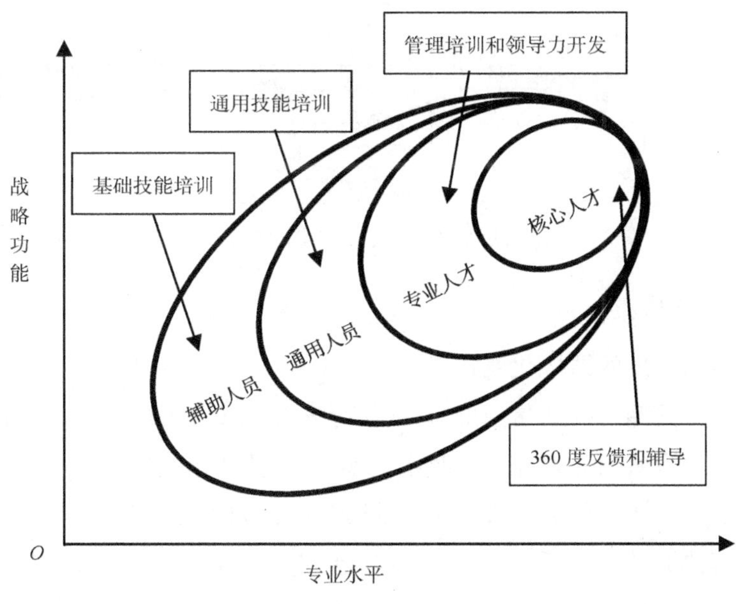

图 3.5　针对不同对象的培训对策

以员工培训与开发对象的分类和针对性对策为基础，企业就可以构建员工培训与开发体系或框架，用来指导员工培训与开发的具体实践。图 3.6 所示的基于战略功能—专业水平的员工培训与开发体系，可作为企业构建员工培训与开发体系框架的范例。

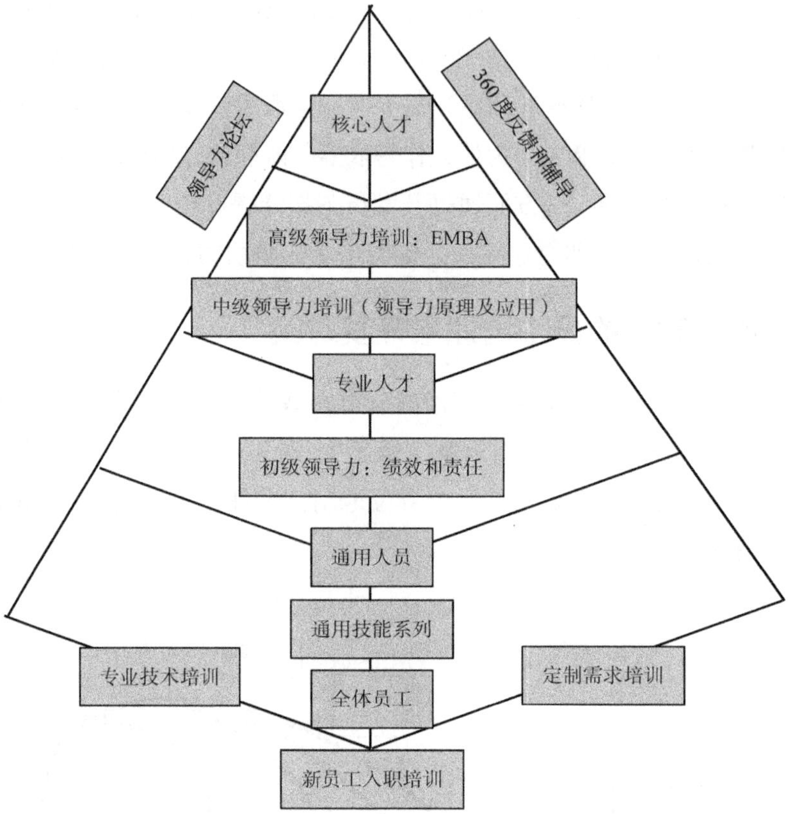

图 3.6　基于战略功能—专业水平的员工培训与开发体系

1．领导力开发

（1）领导力开发的结构化模式

领导力大师约翰·阿戴尔指出："任何寻求开发领导者的组织，应该思考，而且要从战略上思考'有效领导力开发的基本框架'。企业要永续经营，关键是要在团队、运营、战略三个层次上都有卓越的领导。团队的、业务的、战略的领导者要结成组织的领导团队，一起协调地合作。"这一原理对构建和实施领导力开发计划具有现实的指导意义，可以在三个层次上为企业培养胜任的领导团队，并且提供相应平台实现领导团队的社会化。表 3.6 是结构化领导力开发的模型。

表 3.6　结构化领导力开发的模型

员工培训与开发对象	员工培训与开发项目	内容描述
专业人才	初级领导力（管理培训）	• 责任心：角色的转变，成为公司的代理人 • 绩效观："个人—团队—组织"绩效观的转变 • 管理技能：计划、沟通、激励、决策等

续表

员工培训与开发对象	员工培训与开发项目	内容描述
专业人才	中级领导力	• 领导力原理：领导—管理—执行 • 企业运营机制：模式和诊断 • 战略理解和运营计划
核心人才	高级领导力	• 执行官开发项目：内部或外部 • 360 度反馈和教练项目：外部专业教练 • 行动学习小组

（2）领导力开发的方法

领导力大师沃伦·本尼斯对全球 350 多家企业的领导力开发问题进行了研究，在《领导力开发指南》的开篇列出了领导力开发计划所共有的一些关键内容，这些内容是每个组织成功实施领导力开发的重要“原料”（见表 3.7）。

表 3.7　在制造业和制药业有重要影响的八家企业的领导力开发计划的关键内容

（按影响力大小排序）

1. 行动学习
2. 跨职能的岗位轮换
3. 360 度反馈
4. 接触高层管理人员
5. 外部辅导
6. 全球范围岗位轮换
7. 参与企业的战略会议
8. 正式的导师制
9. 非正式的导师制
10. 企业内部的案例研究
11. 高级管理人员工商管理硕士（EMBA）
12. 快速晋升
13. 讨论会

（3）领导力开发应用

① 初级领导力（管理培训）开发。绩效和责任是领导力的基石。绩效是公司生存和发展的理由，因此，每位领导作为公司的代理人，对绩效的理解必须从个人绩效延伸至团队绩效和组织绩效。对责任的理解必须是超越一般职责的终极责任，也就是说，不

仅要对过程负责，更要对结果承担责任。绩效和责任构成了设计初级领导力培训项目的出发点。

② 中级领导力开发。领导力原理：在理论界和商业教育中，关于“管理”和“领导”孰重孰轻的争论至今尚无定论，但对于企业来讲，并不关心“管理”或“领导”是什么，更关注“做什么”，并且用结果来衡量“做”得如何（有效性）。因此，企业在构建和陈述领导力原理时，应当“以行动为中心，以目标为导向”。例如，某公司的领导力原理由三部分行动组成：用愿景领导人（Leading People by Vision），用程序管理事（Managing Thing by Process），用测量追踪结果（Following Results by Measurement）。取每个英文短语的首字母，简称 L-M-F 模型。

企业运营机制：模式和诊断。领导力的作用对象是处在企业运营的具体环节上的事和人，离开企业具体的运营环境来谈论领导力，无异于纸上谈兵。中级领导力项目旨在培养领导者在业务运营中胜任两种角色：第一种是“建筑师”，在开发和领导一个全新的业务时，能够构建该业务的框架并使其运作起来；第二种是“全科医生”，对现有业务进行全面诊断，找出“病兆”，对症下药，使业务良性、可持续发展。图 3.7 展示了领导力原理应用于业务运营的模式。

③ 高级领导力开发。高级领导力开发是为了培养公司未来的接班人，员工培训与开发的高度上升到商业哲学和企业战略层次。这一层次的员工培训与开发由商业化执行官开发项目占据主导地位，但是，全球知名的大企业越来越认识到培养未来的领导人的责任不能交给其他人，而应该由企业自己承担，于是纷纷建立企业自己的领导力学院，通过与外部机构合作开发适合本企业文化和发展战略的内部 EMBA 计划。

企业借鉴“现代管理之父”彼得·德鲁克的管理思想形成其商业哲学和战略实践，并且通过成立内部 EMBA 学院来全面系统地开发领导力。在采用外部 EMBA 先进理念的同时，内部 EMBA 项目具有三个鲜明的特点。

a. 采取“领导—教—领导”的授课模式。企业现任 CEO 及其领导团队成员是培训师的主力军，这种授课模式既促进了现任领导者通过反思来学习，又保证了公司商业哲学和领导文化的传承。

b. 项目以小组行动学习为主要形式。这一点有别于外部 EMBA 项目采用案例研究方法，表 3.8 显示了行动学习与案例研究的区别。

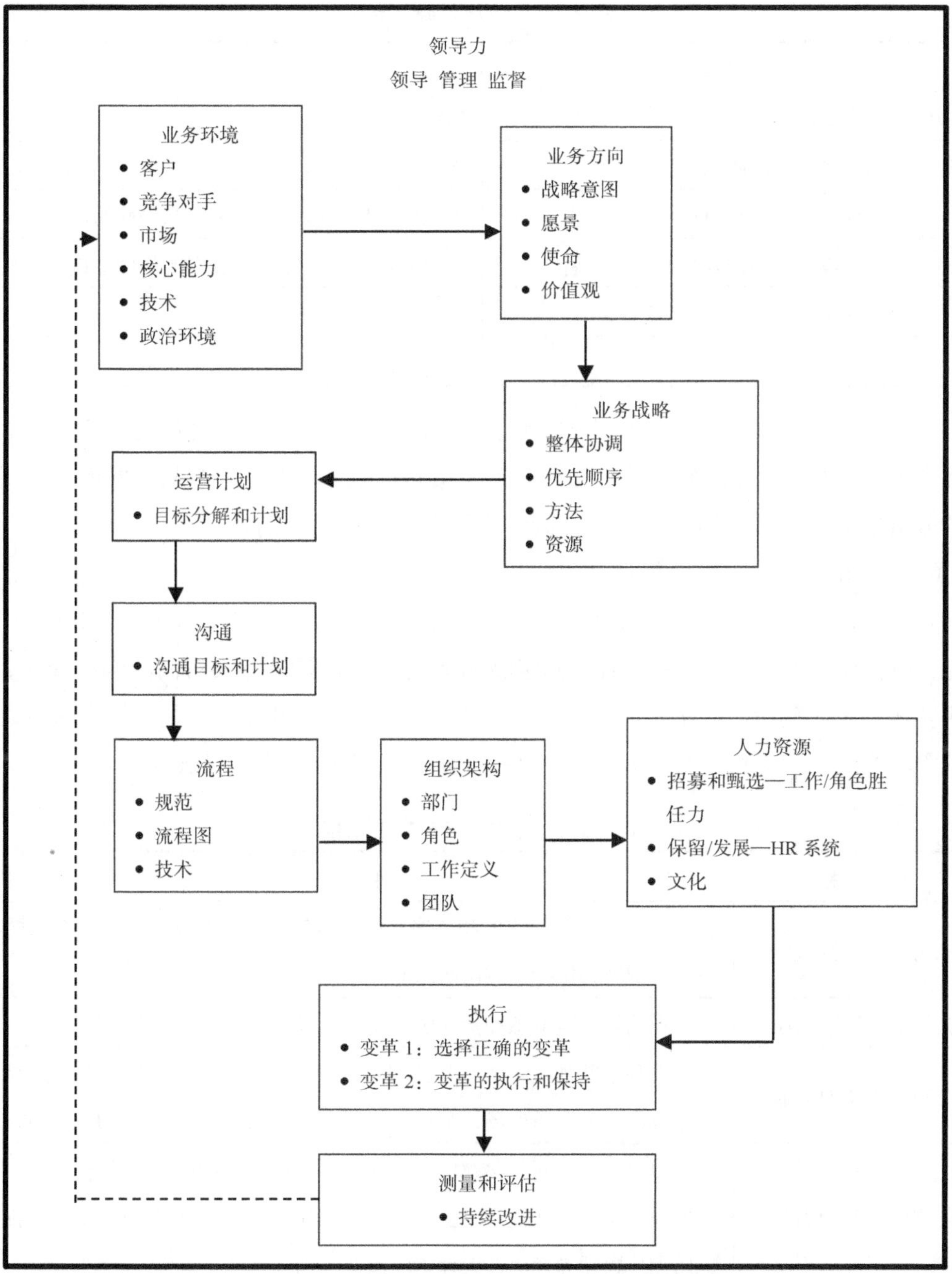

图 3.7　领导力原理应用于业务运营的模式

表 3.8 行动学习与案例研究的区别

行动学习	案例研究
解决组织的现实问题	研究教科书上的案例
加速学习和解决任务的团队	加速学习的团队
由学习者主导进程，并且对最终结果负责	由教师主导进程，对结果是探讨性的研究
动态开放的环境，包括内外部利益相关者	封闭的环境，只在现有资料的基础上进行
学习和成果并举	只关注学习
个人和组织同时直接收益	个人直接收益，组织收益不确定

c. 新战略的形成。不采用外部案例，而是研究和解决现实的管理问题，新的战略或战术由此直接诞生。即使不能直接产生新的战略或战术，项目小组从不同的角度对问题的分析也会使管理层拓宽思路，为最终决策提供有意义的信息。

（4）领导（力）的社会化

针对不同对象的领导力开发还存在最后一个重要环节——如何加强领导（力）的社会化，使操作、运营、战略领导者及高级技术职能专家之间进行面对面的沟通交流，激发团队精神和归属感，构建领导力学习、分享和借鉴的社会化平台，是组织学习行之有效的手段之一。典型的领导力论坛的主要议程由六个部分组成（见表 3.9）。

表 3.9 领导力论坛的主要议程

议　　程	内　　容
来自 CEO 的信息	即时沟通企业的业务和战略，使所有领导者面对现实，从更高的层次理解、管理和执行相应层次的业务
公司财务绩效沟通	增强绩效的紧迫感和责任感，使增长战略的执行可以量化管理
公司人力资源沟通	树立和不断强化“人”是公司第一资源的理念，每位领导者要面对激烈竞争的人力资源市场，主动承担起人力资源规划、管理和开发的责任
优秀团队领导力分享	构建“社会认同”：激励优秀团队，同时为其他团队树立标杆 展现“继任者计划”：优秀团队领导者的领导力在特定场合得到发挥，也成为公司领导者继任者计划的重要一部分
与公司高级管理团队对话	一线管理人员针对公司管理中的任何问题，可以面对面地向高层管理团队提出，得到高层管理团队的回答；同时高层管理团队可借此倾听来自各地区和各部门的建议
领导者之间的社会化活动	有利于在非正式的轻松氛围下建立良好的社会关系，提高领导者对团队和公司的归属感

2. 员工通用技能培训

普通员工是企业战略执行层面的大军，是企业的宝贵资源，他们的能力决定了企业的战略执行能力；普通员工也是企业人才库的重要来源，是企业长远发展的动力保障。一个好的普通员工发展体系也将很好地提升企业的雇主品牌和员工敬业度，从而提升企业的核心竞争力。

通常企业里普通员工与管理人员的比例为 7 : 3，而在员工培训和开发投入比例上，企业通常的做法是将 70%的人力和财力投入管理人员培训与开发，特别是对高潜力的领导人开发的投入较高。例如，提到管理人员的开发，一定会谈到丰富而“昂贵”的管理和领导力培训；那么占人员总数 70%的普通员工——“芸芸众生”该如何在剩余的 30%的资源分配中得到发展呢？

（1）引入“70—20—10”混合式培养理念

“70—20—10”混合式培养理念最早是于 20 世纪 80 年代末由 Morgan McCall, Robert Eichinger 和 Michael Lombardo 在研究组织能力的时候提出来的，他们认为组织能力和领导力的培养模式是多样化的，不是只有常规的培训就可以培养出来的（见表 3.10）。

表 3.10　“70—20—10”混合式培养理念

能力来源	所占比例
日常工作	70%
导师、企业教练、上级经理和同事的反馈和影响	20%
常规的课堂学习、研讨会、读书等	10%

该理念一经提出，就受到了众多国际知名企业的广泛关注，经过 20 多年的实践，证明了它的有效性，被称为企业员工发展的一般法则。

该理念尤其适用于普通员工的培训和开发，最主要的原因是其可以帮助企业很好地介绍普通员工发展的策略，即员工若需要得到成长和发展，就应该把 70% 的时间和精力用于做好本职工作或找到适合自己的工作来发展自我，把 20% 的时间和精力用于向同事或领域专家学习来发展自我，求助于培训的时间比例应该是 10% 左右。相应地，企业在推行该法则时，员工开发的职责是由员工个人、员工的直接上司和人力资源部一起来承担的，即 70% 部分由员工自己和直接上司来承担，20% 部分由员工和导师等辅导人员来承担，10% 由员工和人力资源部或学习方案提供者来承担。具体而言，员工主要的职责是成为自我职业开发的主人，明确自己的职业发展方向和所需要的技能；直接上司是促进和推动者，帮助员工把握在企业里的职业发展方向，正确引导、辅导员工发展；人力资源部门创造有利于员工开发的学习环境并确保资源得到有效利用。员工培养职责三角如图 3.8 所示。

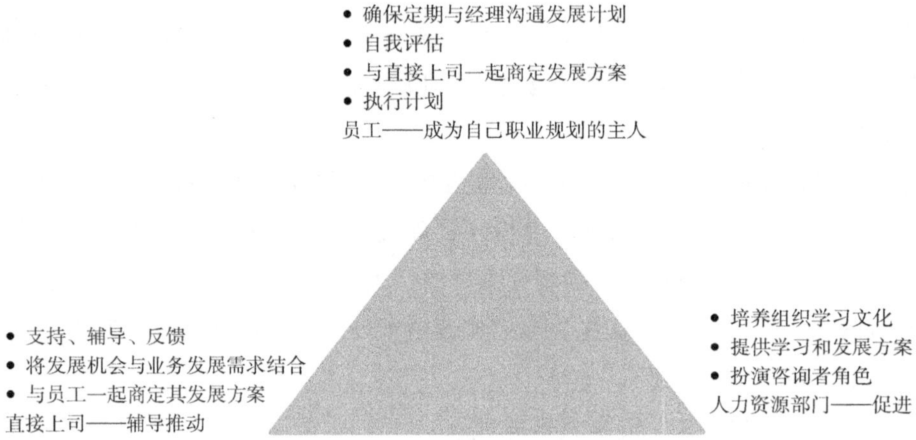

图 3.8 员工培养职责三角

因此，引入“70—20—10”混合式培养法则，对企业和员工而言，可以避免形成“员工发展就是培训”的误区，正确的解释是“员工发展涵盖了包括培训在内的很多方式，员工发展是员工、直接上司、人力资源部门共同的事业”。这样，企业的普通员工不仅可以拥有多样化的培养方式，在发展员工的同时培养了上司辅导下属的能力的习惯，做到组织学习，而且人力资源部门在普通员工培训方面的开销也可以更加有针对性。

（2）实施员工自我职业发展规划（IDP）

IDP（Individual Development Plan），即员工自我职业发展规划，是企业开展普通员工发展工作非常实用的一个工具和模型。企业实施 IDP 的好处是能够让员工自己掌管自己在企业里的职业生涯和发展。具体的做法是设计出一套 IDP，结合公司的胜任力模型和能力提升模型，帮助员工寻找自我绩效、行为和技能的缺陷，然后结合企业现有的“70—20—10”培训资源选择合适的自我发展方式。IDP 的制定是员工和直接主管一起来完成的，要求以一对一的面谈来完成，人力资源学习和发展部门负责监督和提供咨询服务。IDP 通常是年初制定，与员工的绩效管理系统一起执行，实施周期为一年，确保 IDP 得到切实管理和有效执行。

推动 IDP 的前提是，企业已经有很好的职业发展规划方针和学习发展体系，因此，IDP 的实施也很好地验证了企业“70—20—10”混合发展模式的有效性。例如，在金融危机发生时，大多数企业大幅度地消减人力资源成本，员工培训与开发支出首当其冲。在这个时期的 IDP 中，企业应强调和鼓励员工多尝试“70—20”培养方式，现推出除培训之外的培训与开发“菜单”供员工在制定和实施 IDP 时参考（见表 3.11）。

表 3.11　员工培训与开发“菜单”

“70%”——通过工作任务学习

- 改善本职工作绩效
- 参与项目小组，承担某一专门任务
- 作为自己专业领域内的培训师
- 参与相应的决策流程
- 岗位轮换
- 在论坛上发表演讲

“20%”——通过社会化活动学习

- 教练辅导
- 改善在团队中的影响力
- 获得同事反馈

“10%”——通过教育和培训学习

- 阅读
- 课堂培训

（3）建立有效的通用员工培训与开发体系

由入职引导和通用技能培训两大部分构成通用员工技能培训与开发框架（见图 3.9）。

① 入职引导。入职引导是每个企业必不可少的培训项目，是新员工进入企业的“第一课”。传统的做法是在新员工加入企业后立即用一到两星期的时间进行准军事化的强化训练。但是，这种传统的做法实际上只是将新员工“扶上马”，接下来就让新员工“信马由缰”了。根据新员工在企业社会化过程的规律，仅仅“扶上马”是不够的，还必须“送上一程”。体现在时间周期上的要求包括员工试用期和试用期后的 4 个月，入职引导框架分为五个模块（见图 3.10）。

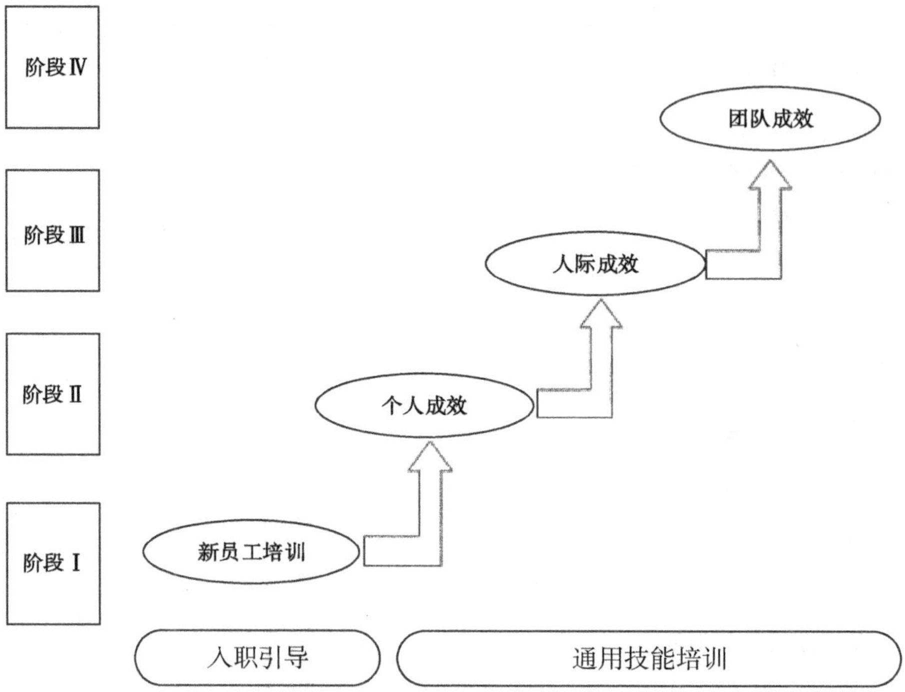

团 3.9 通用员工技能培训与开发框架

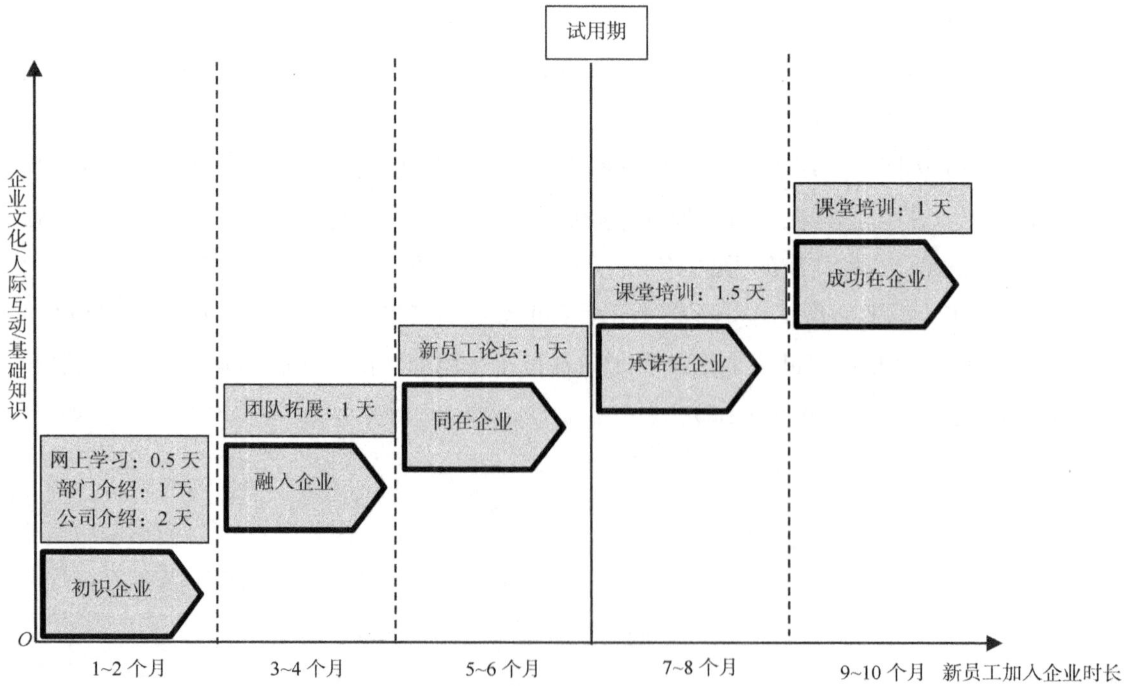

图 3.10 入职引导框架

② 通用技能培训。通用技能的培训体系建立在将员工个人学习意愿和组织发展的需求（企业战略和胜任力模型）相结合的基础上，这样的体系兼顾企业绩效和员工发展两方面的需求，因此，与新员工培训不同的是，通用技能培训中有更多培训项目是“选修课”。

员工通用技能培训体系的构建基础是员工胜任力模型，在企业胜任力模型要求下，设计时一般细分为三个主要的能力系列：

a. 个人成效（individual effectiveness）系列

b. 人际成效（interpersonal effectiveness）系列

c. 团队成效（team effectiveness）系列

每个能力系列分别针对不同的胜任力要求而设计相应的培训项目（见表 3.12）。

表 3.12　通用能力系列和培训项目

通用能力系列	培训项目
个人成效系列	• 时间管理 • 压力管理 • 设定目标的技巧 • 市场营销基础
人际成效系列	• 倾听技巧 • 影响力基础 • 成为培训师
团队成效系列	• 项目管理 • 会议管理 • 建立高效团队

在实施相应的培训项目的时候，应用了网上学习和课堂培训两种模式，同时根据企业的战略重点标明哪些培训是必须参加的，哪些培训是可以选择性参加的。

【本章小结】

根据不同的员工培训与开发对象，有不同的培训策略。针对不同的分类对象，应该采取不同的培训方式，这对于提升培训的效果、增强培训的针对性有十分重要的意义。

【思考与练习】

1. 什么是员工培训与开发的绩效范式和学习范式？
2. 传统的培训对象分类方法是什么，有哪些缺陷？
3. 领导力开发和通用的培训技巧有哪些？
4. 不同培训对象的培训方法主要有哪些？

【案例分析】

三星集团从“质量经营”到“人才经营”

十年是短暂的。然而，三星正是利用了短短的十年时间一举跻身世界级跨国企业的行列。而在实现这一目标的过程中，三星对人才的开发与培养建设功不可没。

三星根据在21世纪国际竞争中“只有一流企业才能生存”的理念，把长期目标锁定在“世界一流企业”上。十年前，三星实行“新经营”，其核心可归结为“质量经营”；如今，三星响亮地提出了“人才经营”“天才经营”的新战略。如果说前十年三星是以产品质量取胜的话，那么在今后十年乃至更长的时间内，三星选择的是“人才制胜”的道路。

20世纪90年代，在公司创始人的倡导下，三星建立了“地域专家培训制度”，每年派出一定数量的员工到国外考察、研修，以拓宽视野，增强国际经营能力。现在，三星已有2 500多名地域专家活跃在世界各地，成为开拓市场的主力军，他们个人素质的提高，最终转换成企业的竞争力。三星“人才经营”新战略遵循的正是“人才制胜”的基本法则。

1. 追求天才，重视人才

三星的“人才经营”战略把“天才”或“天才”级人才放在首位。公司创始人认为，“天才”每万人、十万人当中可能选出一个，韩国最多能有400~500名。但是，一名“天才”能养活十万、二十万人。“天才”开发出一个软件，一年就能轻而易举地赚几千亿美元，可以创造几十万个就业机会。“天才”级人才能够肩负企业的未来，能够使国家具有一流的国际竞争力。

三星创始人强调天才要拥有想象力和创造性。他说，“天才”不光要会读书，读书拿百分，想象力也要达百分，既会潇洒地玩，又能高效地学；或许会有点“狂劲”，但必须有杰出的创造才能。用一个生动的比喻来说明“天才”与“人才”的区别：“天才”看见马车就会萌发制造汽车的想法，而“人才”则能把这一想法同交易和经营联系起来。

千军易得，一将难求。“天才”毕竟是凤毛麟角。但是，三星并非把企业命运全部押在“天才”身上。“天才”是追求的目标，是要求的尺度；在“天才”出现之前，希望还是寄托在“准天才”和那些具有创造精神的优秀人才身上的。凭借靠不懈的努力，三星目前已拥有不少具有世界一流技术水平的“准天才”和一大批企业首脑、技术专家和专业经营者，正是这些人支撑三星的大厦屹立不倒。

三星同样重视“人才”的创造性。一个企业经营者应该具备诚实、创意、负责、正直、专业五项素质，而其中最重要的是“创意”，即具有创新和开拓意识。作为人才，可能更容易存在令人讨厌的四大毛病：撒谎、诡辩、死不认错和拖后腿，因为它们会扼杀自己和团队的创造性，是创造性的大敌。

三星认为，担负着企业未来的“人才”应该具有应对变化的洞察力、抢占先机的战略意识、革新和追求挑战的精神、高附加值信息的收集和传播观念，以及国际化的广阔视野。三星计划培养的人才包括五种类型：“天才”、理工科技术人才、妇女人才、有“特性”的人才及国际型人才。

2. 求才若渴，育才有方

三星会长认为，吸引优秀人才是企业应对未来挑战的最重要的战略，作为企业经营者必须高度重视，亲自动手。他不间断地大量翻阅国外有关半导体、电子科技等的杂志、书籍，同各国专家广泛交流，从中物色人才和获取人才信息，一有所获就马上指示用人部门进行考察。对职能部门推荐的重点人才，他坚持亲自面谈考察。一旦认定其是所需要的人才，就不惜三顾茅庐，再三劝说，非“挖到手”不可。

三星能够促进内部人才世界化。三星派往海外研修的“地区专家”、派往国外攻读 MBA 课程的员工不断增加。“李健熙讲学财团”也加强育才力度，对选拔的一百名赴海外留学的“核心人才”培养对象，在提供原定的学费和生活费支援外，提供研究开发费支援，帮助其扩展研究领域。

三星能够吸引人才、留住人才，关键在于其能够为人才提供一个良好的事业发展环境，使英雄有用武之地。三星不讲学缘、地缘，只看业绩、贡献。切实落实重奖人才的制度，在企业内部形成了“赶超先进，力争一流”的氛围。

资料来源：徐芳. 培训与开发理论及技术[M]. 上海：复旦大学出版社，2005 年.

讨论题

1. 根据三星集团培训的基本情况分析三星培训对象主要有哪几类。（提示：培训对象的分类。）

2. 对不同的培训对象，三星集团应该采取怎样的培训策略？（提示：不同对象的培训策略。）

3. 领导者亲自授课培训在现代公司是一个非常有效的方式，三星集团也逐渐开始采取这样的方式，你认为这种方式的优点在哪里？（提示：与培训外包或外聘培训师进行比较。）

【本章实训】

东百集团的培训分类

福建东百集团股份有限公司位于福建省省会福州市最繁华的东街口，是一家创建于1957年，具有50多年历史的大型商贸企业。1992年东百集团开始进行规范化股份制改革，并于1993年10月公开发行股票。东百集团自在上海证券交易所上市以来，已由单一的经营百货企业发展成集国内贸易、广告、租赁、进出口、高新技术为一体的大型企业集团。东百集团坚持把“以市场为导向”作为企业经营理念之一，努力建设“一流商品、一流服务、一流环境、一流管理”的服务体系。

对于历史悠久的东百集团来说，其经历了由计划经济向市场经济转变的全过程。面对激烈的市场竞争，不论是商品、服务、环境还是管理，归根结底是员工综合素质水平的竞争。随着公司的不断发展和壮大，老员工要跟上新的形势，更新知识；而不断充实进来的新员工急需提高业务技能和了解企业文化，迅速融入企业，使企业团结向上、充满活力和希望，所有这些都是东百集团人力资源管理的首要课题。

公司领导从实践中领悟到：通过员工的培训，一方面，可以帮助员工充分发挥和利用其潜能，更大程度地实现自身价值，增强对企业的责任感；另一方面，可以提高工作效率，增强企业的活力和竞争力。

员工的培训和教育是企业抓根本、管长远、打基础、上水平的大事。因此，在实际工作中，由总经理亲自挂帅，工会主席具体分管职工教育培训中心，形成以培训中心为主体、各职能部门分工协作、齐抓共管的立体交叉的人才培训网络系统。为了将培训工作落到实处，把教育与培训工作作为单项指标列入经理任期目标责任制写入公司重要议事日程。

公司围绕“全面提高企业职工素质，服从服务企业经营发展”这一目标，认真制定职工教育培训长远规划和短期目标，建立健全了一整套保证职工教育目标实现的规章制度。制定了职工教育条例、长期和短期培训制度、考核制度、奖惩制度。其中规定一般员工每年要保证10天的培训时间，中层以上领导干部培训时间不少于20天。为使培训不流于形式，实行“两挂钩制度”，即职工培训与岗位技能工资挂钩；考核成绩与晋级、加薪、职务变动挂钩。一系列规章制度均提交工会职代会审议通过，从而使教、学、用、考、奖走上有章可循的道路。

东百集团的培训方案如下。

1．岗位培训

公司根据“干什么，学什么；缺什么，补什么”的原则，定期培训柜组长、中级技术工人，培训面达 100%，使员工的岗位技能水平不断提高，把好新员工“先培训、再上岗”的关，并且根据业务需要及时组织企业文化、相关法律法规、安保知识、服务规范的学习。

2．等级培训

集团对营业员实行等级上岗制度，营业员共分为见习、初级、中级、高级四个等级。营业员实行动态管理，坚持每两年一考，从政治素质、业务能力、服务态度、完成任务四个方面综合考评，评定结果张榜公布，并且直接与年终荣誉评定和经济利益挂钩。

3．超前培训

针对对外开放的需要，公司还开办了为期 3 个月的商业柜台英语口语培训班，编印了具有“东百”特色的柜台英语会话 300 句，通过培训，大部分学员已能直接接待外国顾客。

4．中层干部培训

为使中层干部更新知识、开阔眼界、提高管理能力，集团先后开办了领导艺术、营销战略、公共关系、商业法规、信息技术等培训班。

随着集团经营的迅速发展，需要一大批高、精、尖的营销专业人才。公司决定和福州商贸高级职业中学实行联合办学。双方在资金、生源、师资等硬软件设施上优势互补，使东百集团的职业教育工作上了一个台阶。近几年来，集团和商校联办了计算机、商业会计、市场营销、财会电算、商贸业务、广告信息、电器维修等学科，毕业的优秀学生被集团优先录用。通过联办的方式，不仅花钱少、产出快，而且实用性强，收到了事半功倍的效果。

资料来源：http://wenku.baidu.com/view/8ce7d4d6c1c708a1284a4487.html.

讨论题

1. 东百集团的培训分类方式是否合理？存在哪些问题？（提示：培训分类的合理性。）

2. 你认为应该如何完善东百集团的培训体系？（提示：培训对象覆盖不全面。）

第 4 章 员工培训开发课程设计

学习目标

1. 了解培训课程开发的相关概念。
2. 熟悉培训课程开发的基本流程。
3. 掌握设计培训课程的技巧，培训课程实施的方法。

关键术语

培训课程　人力资本理论　系统科学理论　成人学习理论　泰勒目标模式　霍尔模式　集群式模块课程开发模式

引导案例

培训课程不该割裂企业问题

高级经理培训市场正在成为商学院的盈利点，其收入往往占国外一流商学院学费收入的 65%~70%。有报告显示，全球高级经理培训市场价值达 3 500 亿美元，而中国的高级经理培训的市场价值在 2006 年达到 40 亿美元。

那么，在新的管理形势下，原有的经理人培训课程需要做怎样的改进呢?

某专家曾咨询一些企业：“你们遇到的最大的挑战是什么？增加收入？”许多企业的回答是：“不只是增加收入，还有增加利润。”但利润增长的过程不仅需要营业额的增加，还要在生产过程中提高生产效率、降低生产成本。在企业中，如果财务出现问题，人们会说："是财务部门的问题。"市场部门、生产部门等其他部门也是如此。整个企业要获得利润的增长，是哪个部门的问题呢？是每个部门的问题。许多培训课程以独立的模块授课，将企业面临的问题割裂，如财务课程、领导力课程、生产管理课程等。但在实际的商务过程中，问题是综合的，只有多元化的课程才能帮助企业解决错综复杂的难题。

新型管理培训方式面临的最大挑战是什么？

传统的高级经理培训包括公开课和企业内部培训课程。公开课是基于个人发展的培训项目；企业内部培训课程是针对公司的需求量身定做的，但需要整合各个领域的教授共同授课，为复杂的企业难题提供解决方案。所以新型管理培训分为 6 个模块：成长驱动力、聚焦顾客、品牌大使、客户解决方案、执行愿景、批判性思维，它们既独立又相连。新项目在第一个阶段最大的挑战是开发业务，到了第二个阶段便需要足够的教授资源。

资料来源：http://blog.hr.com.cn/html/33/n-21933.html.

4.1　员工培训课程开发概述

在国外，课程（curriculum）一词源于拉丁语，指"跑道"，意为如同骑手赛马须沿着一定的跑道才能达到目标一样，学习者也必须沿着"课程"这条学习的跑道前进才能达到预定的教学目标。随着教育事业及理论的不断发展，许多国外学者对于课程的定义有了多种说法，如将课程看成"学问和学科""书面的教学活动计划""学习经验"及"预期的学习结果或目标"。

在我国，"课程"一词始见于唐宋年间，用于指课业及其进程，有学习的范围和进度的意思。关于课程的定义，国内比较多的是把它看作学校教学科目的总和及一些课外活动。我国学者蒋乃平在总结国内课程研究结果的基础上，以钟启泉先生的课程定义为参考将课程定义为：是对育人目标、教学内容、教学活动方式的规划和设计，是教学计划、教学大纲和教材全部内容及其实施过程的总和。

根据上述定义，我们可以演绎出企业培训课程的定义：企业培训课程是对企业培训目标、培训内容、培训活动方式的规划和设计，是培训教学计划、培训大纲和教材全部内容及其实施过程的总和。企业培训课程的目的是通过培训提高员工的知识、技能水平，以满足企业战略发展的需要。它在目标上具有服务性和经营性，在设计上具有实践性和针对性，在执行上需要经验，在评价上有功利性和时效性的特点。企业培训课程根据其不同阶段的目的而有不同的类型，具体包括：旨在让新员工熟悉企业规范、操作流程、岗位职责的入职培训课程；旨在提高企业员工岗位工作知识、技能的素质拓展课程；旨在宣传公司企业文化、公司规范、政策制度的企业基础课程。

4.1.1 企业培训课程的构成要素

企业培训课程的构成要素同一般课程的要素一样，过程均涉及课程目标、培训课程内容、培训教材、课程模式、课程教学策略、课程评价、学习者、执行者、时间及空间几大要素，但在界定及选择上又有所不同，这主要是由企业培训课程的独特性决定的。

1. 课程目标

课程目标是企业培训课程本身要实现的具体要求，是学习者通过一定阶段的学习在知识、技能、态度等方面所要达到的标准。课程目标提供了学习的方向和学习过程中各阶段要达到的标准，它们通常是通过联系课程内容，以行为术语的形式表达，而这些术语通常属于认知范围。如我们所熟悉的课程教学大纲中最常用的“识记”“了解”“熟悉”“掌握”等认知指标。但是，根据布卢姆教育目标分类学理论，情感领域中的目标，如价值、信念和态度等，虽然可以在课程的设计中表述出来，但在实际应用中通常被忽略。课程目标是课程设置的灵魂，课程目标的合理与否直接关系着企业培训课程开发与实施的成败，在很大程度上影响着企业培训的实际效果，它通常由企业的发展目标及员工的具体需求共同决定。

2. 培训课程内容

培训课程内容是以实现课程目标为出发点去选择并组合相关的资源，课程内容的选择应与公司的政策和计划目标保持一致。在课程内容的组织上应注意内容的顺序和范围，顺序指内容在垂直方向上的组织，而范围是对课程内容在水平方向上的安排。内容范围要精心地限定，使其尽可能地对学习者有意义并具有综合性，而且要在既定的时间内安排。培训课程的内容应该是学习者可以立即运用的，否则实用性会很差。

3. 培训教材

培训教材应以精心选择或组织的有机方式将学习的内容呈现给培训者，要符合学习者的实际，能够呈现足够多的信息。培训教材因承载信息的载体不同可以分为纸质教材和多媒体教材。在培训课程的实际开发过程中，可以根据内容和学习者的特点选择不同类型的教材或综合运用多种类型的教材，判断教材优劣的主要标准在于：内容丰富、科学性、针对性、实用性及可操作性。

4．课程模式

课程模式主要指课程的执行方式，是学习活动的安排及教学方法的选择，旨在促使学习者的认知结构、行为特征及态度发生变化，促进其综合素质的全面提高。

5．课程教学策略

目前，学术界对教学策略的理解还没有达成统一，但大多数学者认为教学策略是指在教学过程中，为完成特定的目标，依据教学的主客观条件，特别是学习者的实际，对所选用的教学顺序、教学活动程序、教学组织形式、教学方法和教学媒体等的总体考虑。教学策略包括教师“教”和学习者“学”的策略。一个被普遍运用的教学策略是“判断—指令—评价”。在这一策略中，教师分析学习者的学习进展情况，判断他们遇到了什么困难，对学习顺序的下一个步骤做出指令，当学习者完成指令后。教师做出评价，确定他们是否掌握了课程设计的学习内容。由于企业培训目标、对象的特殊性，企业在教学策略及方式的运用上应更加灵活多样。

6．课程评价

课程评价主要是对课程目标、实施过程及实施效果的评价，评价应采用定量与定性相结合的方式，尽可能实现量化。此外，还应将过程评价与结果评价相结合，灵活地选择与运用多种评价手段与方法。

7．学习者

学习者，即受训人员。学习者的学习需求是企业培训课程开发的主要依据，因此需要对学习者的学习背景、工作岗位特点及所需要的知识、态度和能力进行调查与分析，从而开发出让学习者感兴趣的课程。

8．执行者

执行者，即理解培训课程设置及开发目的的培训师。在现代企业培训中，培训师的作用及地位愈来愈突出和重要，因而对培训师的选择十分重要。不同的培训师有不同的教学特点、风格及能力的专长，有的培训师是企业中高层管理人员，有丰富的实战经验；有的培训师是大学教授，有丰富的理论知识和框架结构；有的培训师的培训技巧和引导技巧好，善于运用教学方法，能将复杂的理论讲得很简单，很容易被学习者吸收和掌握。因此，要根据课程目标、内容和学习对象特征对培训师进行综合考虑并选择。

9. 时间

培训课程应当在计划好的时间内完成目标要求。因此，课程开发者要巧妙地配置有限的课程时间，培训师要使学习者在整个课程执行期间积极地参与学习活动，充分利用时间。

10. 空间

空间，在这里主要指培训的场地。培训场地的选择、场地的大小、舒适度、布置等，对营造良好的学习环境具有十分重要的意义。

4.1.2 企业培训课程开发的概念和特点

1. 企业培训课程开发的概念

课程开发是指使课程的功能适应文化、社会、科学及人际关系要求的持续不断地设计课程、改进课程的活动与过程。它除了包括目标、内容、活动、方法、资源及媒介、环境、评价、时间、人员、权力、程序和参与等各种课程因素，还包括各种因素之间的交互作用，特别是包含课程决策的互动和协商。培训课程开发泛指设计、编制、实施、评价等过程，广义上的培训课程开发包括对培训内容本身、培训方式、培训媒介、培训资源等一系列与培训有关的元素的开发。企业培训课程开发一定要以相关的教育理论和课程设计思想为指导，以实现企业组织、学习者对课程学习的目标为目的，对课程的各要素及所需资源进行整体的规划和设计，进而形成具体的课程，并且按照设计的学习活动的一系列程序实施培训，最后对培训结果进行评价。

2. 企业培训课程开发的特点

企业培训课程开发除具有一般课程开发的特点外，还具有一些符合企业培训自身要求的特点，如课程目标针对性强、课程内容专属性强、教学案例多、学习者参与度高，这是由企业培训的目的及学习者的特征所决定的。企业培训的目的是实现企业的战略发展目标，而培训课程的开发及实施是实现这一目标的有效途径。此外，培训课程的开发还应遵循成人学习者学习的特点，应特别注重前期的学习者分析。

企业培训课程开发具有很强的目标针对性。企业培训课程不同于学校的基础教育课程，培训课程多为目标明确的短期性专题课程，它不是以学科知识体系学习为重点，而是以企业阶段性具体发展目标及学习者学习需求为核心，因此培训课程的设计不是以章节内容为线索，而是以企业发展过程中的具体问题来组织的。企业培训课程应根据不同的发展目标、员工状况开发不同类型的培训课程。例如，企业须依据其发展动态环境开发一般性课程（如企业文化、制度等）及发展课程（如公司最新营销方案、产品等）；企业还须根据员工的不同的工作岗位（如营销、管理、研发等）及岗位工作水平（基础类、提高类）开发不同的课程，这些课程都有严格的应用范围及学习对象，因此课程内容在选择上都有不同的重点及取向，具有极强的课程专属性。

企业培训是让员工通过课程的学习达到增长知识、提高工作技能的目的，掌握新知识、提高新技能固然重要，但借鉴其他员工的实际工作经验更为重要，这有利于解决工作中的实际问题。因此，在进行企业培训课程开发时要认真设计与组织大量的实际案例，让学习者在分析、讨论案例的过程中完成学习。学习者参与企业培训课程开发的全过程。分析阶段，学习者参与需求分析的确立；设计阶段，学习者参与教学策略的制定；开发阶段，学习者参与课程资源的选择及制定；实施阶段，学习者参与课程的学习；评价阶段，学习者参与课程的评价及后期应用。总之，学习者不仅是课程的使用者，也是课程的开发者，他们根据自己的工作经验，对课程开发提出建议，影响着课程开发的方向和内容。

4.1.3 企业培训课程开发的一般原则

要开发出符合企业现实需求的优质培训课程，应遵循许多的操作原则，其中，应特别注意以下几个方面。

1．战略性原则

企业培训的目的之一就是通过培训让员工适应企业未来的发展方向，因此，企业培训课程的设计及开发应具备一定的前瞻性和战略性，能创造性地将企业的未来发展目标很好地融入企业培训课程中，让员工在课程学习中潜移默化地体会及把握企业的发展动向。

2．立足实际的原则

培训课程开发必须立足企业发展的实际情况及员工的现实情况，详细地做好课程开发前期的需求分析工作，以便开发出能够解决实际问题的、具有针对性的培训课程，充分节约和利用企业的宝贵资源以达到企业的培训目标。

3．以学习者为中心的原则

员工是企业最重要的资源，同时员工拥有的宝贵工作经验、生活阅历、见解感悟也是培训课程开发最实用的资源。课程开发过程应积极引导学习者结合工作实际发表自己对课程设置、设计及实施的看法及建议，激发学习者的主人翁精神，让学习者明白自己不仅是培训课程的学习者，也是培训课程的开发者。

4. 以绩效为导向的原则

培训的目标是促进员工在知识、技能和态度方面的转变。因此，培训课程开发应注重评价的设计，让学习者通过评价发现自己的不足从而加以改正，评价方法应力求全面、全流程，确保目标达成，提高培训投资效益。

5. 注重活动设计的原则

为保证培训效果，培训课程开发不仅要注重让学习者在课程中学，而且要让学习者在课程中做。课程中穿插的活动应将趣味性、教育性相结合，让学习者通过活动去理解、运用所学的知识、技能，促进学习成果的转化。

6. 个性化原则

个性化原则就是应针对不同的目标、不同的学习者开发不同的培训课程，符合个体的不同学习需求。

4.1.4 企业培训课程开发的现状

据美国《管理新闻简报》发表的一项调查指出：68%的管理人员认为由于培训不够而导致的技能低水平正在破坏企业的竞争力，53%的管理人员认为通过培训明显降低了企业的运营成本。由此可见，培训的作用及地位越来越受到企业认可及重视。由于我国企业培训事业起步较晚，无论是在理论研究还是在实践应用领域，与西方发达国家均存在较大的差距，致使我国企业培训事业在发展过程中存在诸多问题，如企业缺乏对培训的正确认知，培训形式单一，培训课程随意，没有完善的企业培训体系，缺乏培训评估机制，等等，这些都困扰着企业培训事业的正常发展。

企业培训课程作为将企业的培训目标与具体课程目标、资源等联系起来的桥梁，在培训研究与应用中起着非常重要的作用。由于培训对象是各方面都已成熟的成人，其学习的动机、环境及影响学习的因素等都很复杂，这就导致了培训课程开发的多样化。此外，由于企业培训课程要以实现企业组织发展为目标，因此课程具有周期短、实时更新、战略性的特点，这一切都使得企业培训课程的研究具有太多的不确定因素，给企业培训课程的开发带来了诸多困难。目前，企业培训课程开发存在的问题主要有下列几个方面。

1. 缺乏理论思想的指导

目前，企业培训课程开发领域的相关理论研究及实践操作模式较少，符合我国国情的更是稀少，致使培训课程缺乏理论及实践指导，造成诸多企业照搬其他的企业培训课程或学校教育课程的现象。课程观念的滞后，对课程目标、功能定位的不明晰，导致企业培训课程的结构、内容、组织方式和方法、手段等难以摆脱单一、陈旧、传统、效用低下的怪圈。缺乏对课程开发理论、模式、实践的探索研究，忙于盲目照搬，不仅脱离了企业发展的实际，而且容易导致培训效果不明显，培训工作流于形式。

2. 培训课程内容缺乏针对性、实用性

培训目标、培训内容、培训对象、培训环境及培训资源的不同，决定了培训课程应具有多样性及针对性。但是，大多数企业培训对员工仍实施集中的、统一的“一刀切”式的培训，并未根据不同工作内容和工作层面的受训人员采取具有针对性的培训内容。这种“一刀切”式的培训不仅抹杀了学习者的个性化学习需求，还激发了学习者对于培训的厌倦情绪，从投入产出比来讲，这种投入对于员工与企业都是不划算的。此外，培训课程的内容陈旧、单调，一方面无法满足学习者的学习需求，另一方面无法将企业最新的发展动态融入课程中，并且在课程实施策略上仍沿用“讲授为主，缺乏互动、双向交流”的传统教学策略，无法激发员工的学习兴趣，造成了极大的资源浪费。

3. 培训课程开发忽略了学习者的“主体”地位

从一些实际情况来看，某些企业的培训课程的设置、开发及实施通常是由某些领导或培训专家说了算，虽然他们对企业的生产和发展看得比较清楚，选择的一些培训课程也较为实际，但他们往往忽视了员工这一培训主体的培训需求。企业培训往往是一个短效行为，要使成人学习者在较短时间内获取较多的知识和技能，就要掌握成人学习者的特点，了解他们的目标、兴趣、需求，让其主动参与培训。如果培训课程开发过程不把尊重学习者的个人意愿同企业的发展相结合，就不会有较好的培训效能。

4. 缺乏对课程开发工作的评估机制

培训部门往往注重的是对培训课程效果的评价，忽略了对课程开发的过程评价，从而导致无法发现培训课程开发过程中存在的问题，无法促进培训开发工作的改进及提高。在实际工作中，由于缺乏系统的思考，员工常常疲于应付突击式的培训。此外，人多量大、时间紧也给评价带来许多困难，无法保证培训效果和质量的提高。

4.2 员工培训课程开发的理论基础及模式

企业培训课程的开发要以一定的理论思想及实践经验为指导，以实现企业组织及员

工对课程学习的要求为出发点和终极目标。企业培训课程所指向的对象是已经在工作的成人，因此在培训课程的设置、实施等过程中，应以一定的理论思想为指导，使培训课程达到最佳效果。

4.2.1 企业培训课程开发的理论基础

1. 人力资本理论

首次提出人力资本概念的经济学家是费雪，他在 1906 年撰写的《资本和收入的性质》一书中，首次将人力资本纳入了经济分析的理论框架中，但并未引起经济学界的认可和重视。直到 20 世纪 60 年代，美国著名经济学家舒尔茨通过大量的开创性研究系统地阐述了这一理论，对世界多数国家的经济发展普遍产生了深远的影响。

人力资本包含了组织运作所需的知识和技能，因此在知识与技能的选择和运用上应符合组织的战略目标。组织应该将人看作资本，并且如同投资于机器一样投资于人，对员工的培训、保留、激励的成本应该看作投资于组织的人力资本，物质资本和人力资本投资共同构成组织的资本投资。人力资本理论突破了传统理论中的资本只是物质资本的束缚，将资本划分为人力资本和物质资本。其主要观点有劳动力质量重于劳动力数量；人力资本投资的作用大于物质资本投资的作用；教育投资是人力资本的核心；教育投资收益率是可以测算的，并且高于物质投资收益率。这些观点体现了对人力资本在经济增长中所起作用的高度重视，肯定了教育成本投入会带来巨大的经济收益，关系到人力资源的开发和国家教育经济政策的制定，进而影响着一国教育市场的产生和发展。

企业培训作为企业人力资源开发的重要手段，不仅有利于组织战略发展目标的实现、提高企业的核心竞争能力，而且有利于满足员工个人的发展需要。因此，企业管理层和员工都应高度重视并积极参与，将组织、个人纳入企业培训课程开发的全过程，提高培训的针对性及效果，并且对培训效果进行组织的成本投入产出评价。

2. 系统科学理论

系统，是指处于相互依存和相互作用中，并且由与环境发生关系的各个部分或要素构成的一个完整的、具有一定功能的有机整体。系统科学理论是研究一切系统的模式、原理和规律的科学。它是在系统论、控制论、信息论（简称老三论）的基础上发展起来的，并逐渐出现了耗散结构论、协同论、突变论（简称新三论）。系统科学理论既是现代自然科学、社会科学、思维科学发展和综合的结果，又是现代科学研究的一般方法论。系统科学理论对现代科学的跨越式发展起到了极大的推动作用，对其他学科具有方法论的指导作用，对教育科学这一涉及诸多学习变量和教学变量的复杂系统更是具有积极的启发意义。

（1）整体原理

任何系统只有通过相互联系形成整体结构才能发挥整体功能。系统中各要素是相互作用、相互依存的，没有整体联系、整体结构，要使系统发挥整体功能是不可能的。在企业培训课程开发中，应将其视为一个系统，从宏观上把握，从整体上分析，综合考虑企业培训课程开发过程中的各个环节和要素，使其整体功能得以有效发挥。

（2）有序原理

任何系统只有开放、有涨落、远离平衡态，才可能走向有序，形成新的稳定的有序结构，以使系统与环境相适应。在企业培训课程开发过程中，要处理好课程开发内部要素及课程开发与外部环境之间的关系，使它们之间形成平衡的、有序的状态。企业培训课程开发要与外界有信息、物质等的交换，这必然要求它是一个开放的系统，要不断地吸收与之相关的新理论、新技术，使之更好地服务于企业培训体系这个大系统。

（3）反馈原理

任何系统只有通过信息反馈才可能实现有效的控制。一个控制系统，既有输入信息，又有输出信息，系统的控制部分根据输出信息（反馈信息），进行比较、纠正和调整它发出的输入信息（控制信息），从而实现控制。在企业培训课程的开发过程中，要随时根据反馈信息来了解各阶段的不足，以便及时进行修正，使之更好地服务于系统的最佳运行。

3．成人学习理论

企业内部培训的对象即企业员工，为 25~50 岁的成年人。因此，关于成人学习的理论是企业培训课程设计与开发的基础理论之一。成人学习理论认为，成人的学习是与儿童不同的，要以成人学习的独特性来建立的成人学习理论框架。根据诺尔斯的成人教育思想，成人学习的主要特点可以总结为如下四点。

（1）学习自主性较强

成人学习者和儿童、青少年在学习的自主性上存在显著的差别，在儿童和青少年的学习活动中，教师决定学习目的、学习内容、学习计划和教学方法，学习者对教师具有较强的依赖；而在成人的学习活动中，成人学习者本着“即学即用”的思想，对教学的要求会各不相同，因此要求教学体现极强的差异性，针对个体设计个性化的教学，其学习目的很明确。这就要求在企业培训课程开发过程中，要充分尊重和发挥成人学习者在培训需求调查、培训目标确立、培训课程实施及效果评估中的主观积极性，选择合理的培训计划及策略。

（2）个体生活经验对学习活动具有较大影响

个体生活经验的差异使得儿童、青少年的学习活动与成人的学习活动存在较大差异。对儿童和青少年而言，个体经验主要来自成人的间接经验且不够丰富和全面，学习活动中能够对学习产生影响的直接经验非常少；对于成人学习者，在学习活动中更多地借助于自己的经验来理解和掌握知识，而不是以教师的传授为主。由于成人经历丰富，在工作、学习方面都有了深厚的知识积累，这就需要在企业培训课程开发过程中，一方面，按照建构主义的观点，针对不同背景的学习者设计不同的教学活动，便于学习者对知识的同化、建构；另一方面，发挥和利用成人本身在企业培训过程中的资源优势，促进资源的共享及最大化利用。

（3）学习任务与其社会角色和责任密切相关

成人的学习任务已经由儿童、青少年时期的以身心发展为主转变为以完成特定的社会责任、达到一定的社会期望为主。对成人而言，学习任务是促使其更有效地完成他所承担的社会责任、提高社会威望的方式，学习往往是职业生涯或生活状态的一个转折点。因此，这种学习具有更强的针对性，而且学习动机较强。所以，了解成人学习者的各种培训需要对于建立培训体系政策、确立培训目标及内容、制定培训激励措施都具有重要意义。

（4）问题中心或任务中心的学习

儿童和青少年的学习目的指向未来的生活，而成人学习的目的则在于直接运用所学知识解决当前的社会生活问题，因此，成人学习者更喜欢问题中心或任务中心的学习。培训内容应以实际工作的问题或案例为主，通过对问题或案例的分析、讨论，帮助成人学习者解决实际工作中的问题。

4. 教学系统设计理论

教学系统设计（Instructional System Design, ISD）也称教学设计（Instructional Design, ID）。教学设计是运用系统方法分析教学问题和确定教学目标，建立解决教学问题的策略方案、试行解决方案，评价试行结果和对方案进行修改的过程。关于教学设计的作用，不同学者有不同的看法及见解，这主要是由研究对象及研究方法不同导致的。有人认为，教学设计主要通过对学习过程和学习资源的系统安排，着重创设教与学的系统，以达到优化教学、促进学习者学习的目的。培训作为教育系统中的一个子系统，必须从系统的角度考虑与分析培训的各个环节及要素。将系统理论的思想引入企业管理培训中，假如将企业看作一个开放的系统，那培训只是企业组织中的子系统之一，它必须和组织内其他系统及周围环境、企业发展战略保持和谐，才能充分地提高效率。

教学设计作为一个系统计划的过程，是应用系统方法研究、探索教学系统中各个要素（如教师、学习者、教学内容、教学条件及教学目标、教学方法、教学媒体、教学组织形式、教学活动等）之间的本质联系，并且通过一套具体的操作程序来协调、配置，使各要素有机结合，完成教学系统的功能。而且系统计划过程中每个程序都有相应的理论和方法作为科学依据，每一步“输出”的决策均是下一步的“输入”，每一步又均从下一步的反馈中得到检验，从而使教学设计具有很强的理论性、科学性、再现性和操作性。教学设计是解决一系列复杂教学问题、寻找最佳解决方案的过程，必须由掌握教学设计基本技能的教师或专门人员进行操作。

教学系统设计具有下列几方面的显著特征。

① 教学系统设计的研究对象是不同层次的学与教的系统。它包括促进学习者学习的内容、条件、资源、方法、活动等要素。

② 教学系统设计的研究方法是应用系统方法研究、探索教与学的系统中各个要素之间及要素与整体之间的本质联系，并且在设计中综合考虑和协调它们的关系，使各要素有机结合起来以完成教学系统的功能。

③ 教学系统设计的目的是将传播理论、学习理论和教学理论等基础理论系统地应用于解决教学实际问题，形成经过验证、能实现预期功能的教学系统。

④ 企业培训作为教育系统的一部分，其目的是促进员工的学习，提高组织效率，也属于教学系统设计的领域范围。因此，运用教学系统设计理论与方法综合分析企业培训课程开发过程中的各环节、各要素之间的关系，建构企业培训课程开发模型对于改善培训质量、优化培训效果具有十分重要的指导意义。

4.2.2　课程开发模式的演化

课程开发是课程研究的核心部分。长期以来，人们在对其进行深入研究的过程中，形成了多种课程开发的模式，其中理论上较为系统、实践中影响较大的是目标模式、过程模式和情境模式。在课程研究历史上，最有名也最具有开创性的课程开发模式是泰勒的目标模式，很多课程研究者都是在批判泰勒的目标模式的基础上提出自己的开发模式的。

1．目标模式

在 20 世纪 30 年代的全球经济大萧条背景下，美国为缓解学生就业压力开始了教育史上著名的“八年研究”课程改革运动，泰勒提出了备受推崇的以目标为核心的课程开发原理与程序，即目标模式。泰勒在目标模式中提出了任何课程开发理论都必须面对的四个问题：学校应该达到哪些教育目标（确定课程目标）；提供哪些教育经验才能实现这些目标（课程内容的选择）；怎样才能有效地组织这些教育经验（课程内容的组织）；怎样才能确定这些目标正在得到实现（课程评价），将这四个问题看作课程编制过程的四个阶段，构成了目标模式，如图 4.1 所示。

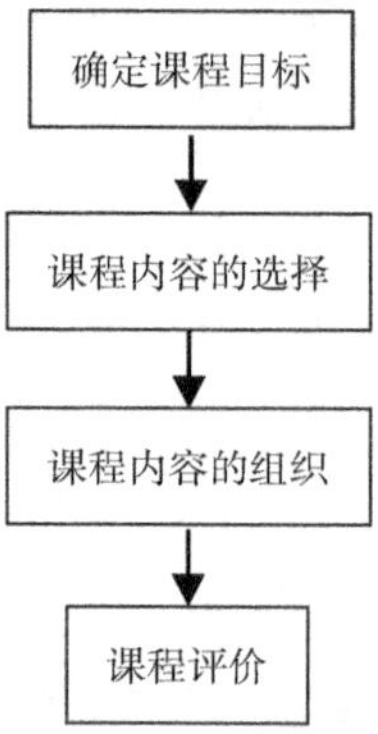

图 4.1 泰勒的目标模式

泰勒认为："如果要系统理智地研究某一教育计划，首先必须确定所要达到的各种教育目标。"因此，"确定课程目标"是最为关键的一个步骤。泰勒的观点是，目标业已预示选择教材与构成内容的标准。目标模式综合了当时有影响的教育学流派和思想的各种主张，并且在课程设计上结构紧凑、逻辑脉络简洁清晰，不仅容易理解，而且容易实施。虽然后来受到不同教育、教学思想主义的批判，但目标模式的四大基本问题是课程开发的永恒课题，因此对目标模式的批判无法动摇其作为课程开发基础的地位。

2. 过程模式

20 世纪 60 年代，当美国因课程改革未能达到预期效果而开始怀疑甚至否定布鲁纳的课程学科结构理论时，布鲁纳的课程理论在英国仍受推崇并发展归结为一点，就是探讨如何将该学说的中心原理加以具体化，使之变为可供课程研制使用的理论模式。斯滕豪斯依据"人文学科课程设计"的实践经验，撰写了《人文学科课程导论》和《课程研究与编制导论》两本书，确立了"过程模式"及其理论框架，并且指出目标模式的最大弊病就在于缺乏对知识本质的研究。过程模式反对把教育作为工具，主张教育要关注具有内在价值的活动。斯滕豪斯认为，教育与课程意味着向学习者传授具有价值的东西，即发展学习者的知识和理解力，所以教育与课程有自己固有的内在价值和优劣标准。人们完全可以通过详细说明内容和程序原则的方法来合理地开发课程，而不必用目标预先指定所希望达到的结果。

课程内容是指能反映各学科领域内在价值的概念、原则和方法，程序原则即指贯穿于课程活动始终的课程总目的或总要求。课程研制的首要任务不是确立反映学习者最终学习行为的课程目标，而是通过分析知识本质，确定课程内容和过程原则。过程模式在一定程度上弥补了目标模式的局限性，否定了目标模式关于确立和表述课程目标的行为主义和机械主义偏向，肯定课程研究的重要性和课程内容的内在价值，并且强调学习者的主动参与和探究式学习，重视对学习者思考能力和创造性的培养，使课程开发更趋于成熟和完善。

3．情境模式

情境模式是由英国一批教育社会学家针对20世纪70年代以来全国性“教育大辩论”中提出制定全国统一课程标准的要求而提出来的。情境模式作为当代最有影响的三大课程开发模式之一，被视为既包含目标模式，又包含过程模式的综合化课程开发模式，是一种灵活的、适应性较强的课程开发模式。它强调借助于社会学中的“文化分析”方法来说明课程与文化的关系，注重通过对学校所处的文化环境进行分析来编制课程。情境模式典型的可操作性程序是由斯基尔贝克提出的，如图 4.2 所示。

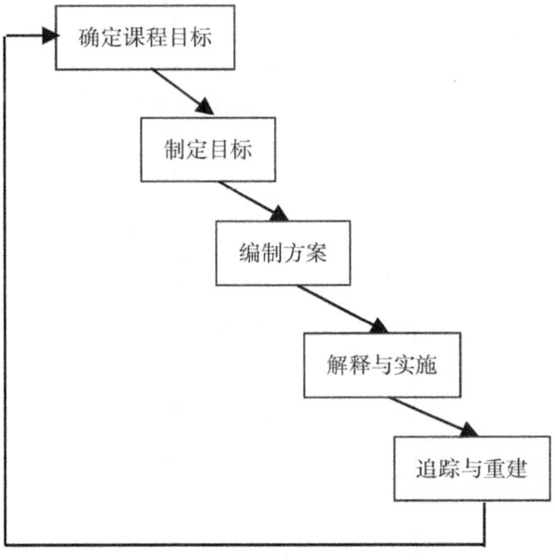

图 4.2　斯基尔贝克的情境模式

该模式并不预先进行某种“手段—目的”分析，而只是促使课程开发人员注意课程过程中的各种要素和问题的各个方面，同时把这一过程作为一个有机的整体来对待。

4.2.3　国内外企业培训课程开发模式

模式是在对特定问题输出信息及问题本身的特征分析的基础上，根据某种原理推演或实践归纳和总结出来的，是由思想和理念、目标和方法、活动和策略、结构和操作程式所构成的，具有相对稳定结构的问题解决系统。课程开发模式是指课程的内容和进程在时间和空间上特定的组织形式或结构，它受一定历史时期政治、经济、文化、教育观和课程观等因素的影响。企业培训课程开发模式作为企业培训理论及实践研究的一个热点，国内外众多专家、学者都做了大量的研究工作，提出了一些具有广泛实践意义的模式，如霍尔模式、纳德拉的重要事件模式及带有典型中国特色的集群式模块课程开发模式。对于这些模式的分析与理解，有助于企业培训课程开发的实践研究。

1. 霍尔模式

1972 年，美国著名成人教育专家霍尔在《教育的设计》中提出了接受培训的成人学习者课程开发模式，该模式将培训课程开发归结为 7 个步骤，如图 4.3 所示。

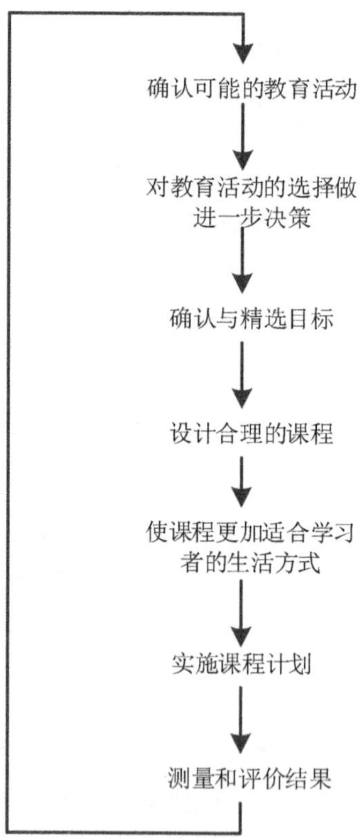

图 4.3 霍尔模式

霍尔模式归纳和总结了成人培训课程开发的工作步骤及工作的主要内容，其主要优点有：首先，应用范围较广，适合各种形式的培训活动；其次，课程编制注重考虑多方面因素，这一模式不仅考虑了学习方法、时间安排、学习顺序和评价标准等课程要素，还对一些对于培训课程开发起到关键性作用的因素做了重要提示；最后，强调课程应满足成年学习者的需要，吸引学习者参与课程的设计，提高了课程的针对性与实用性。但是霍尔模式也存在不足之处，如缺少对学习者、组织的需求分析，没有明确的课程目标分类，缺乏对课程开发的过程性评价。

2. 重要事件模式

企业培训的主要目的是提高组织效益，它不仅要满足员工学习的需求，还要满足组织的需求，因此十分注重培训需求的确定。纳德拉提出的重要事件模式就是一种十分注重培训需求的课程开发模式，它由八个重要事件组成，各事件顺序及关系如图 4.4 所示。重要事件模式将培训课程开发归结为八个重要事件的完成，具有下列几个优势特点：首先，十分重视学习需求的分析，整个模式中有三个事件都在强调学习的需求，包括社会的需求、组织的需求和学习者个人的需求等；其次，整个课程模式的八个重要事件，八个阶段都强调随时进行评价与反馈，及时地进行调整，使课程的设计与开发更趋科学化、合理化，以达到更佳的教育效果。但是其存在的不足有缺乏对课程过程的管理机制，缺少系统化的课程开发教学设计指导思想。

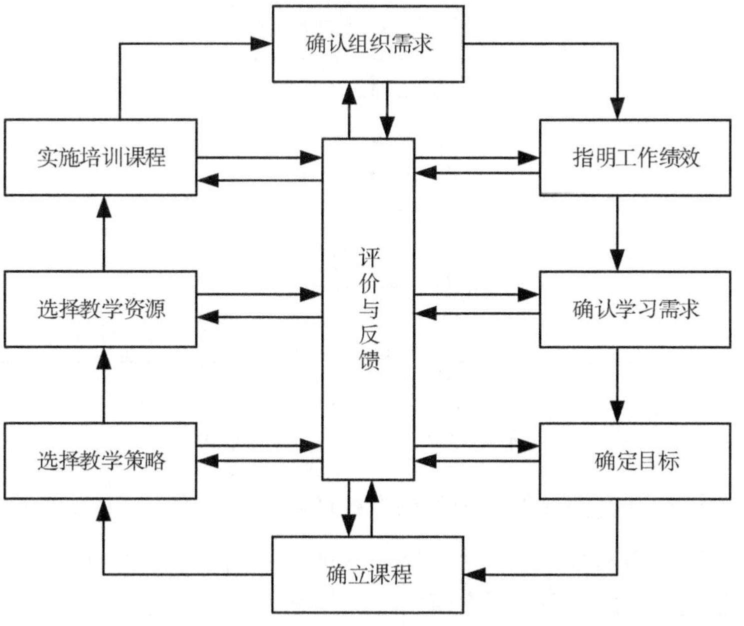

图 4.4　纳德拉的重要事件模式

3. 集群式模块课程开发模式

集群式模块课程是我国在借鉴 MES、CBS、“双元制”等国际职业教育课程模式的基础上，结合中国国情，根据市场经济特点和成人教育的内在规律，研究开发出来的一种培训课程开发模式。集群式模块课程由“宽基础”和“活模块”两大部分组成：“宽基础”指相关职业所要求具备的通用知识与技能，“活模块”则指专门针对某一特定职位或工种所必备的知识和技能。它以提高受训者素质为目标，以岗位技能培训为重点，既强调相关职业通用知识和技能的传授与培养，又强调特定职业专门知识和技能的传授与培养。集群式模块课程的开发呈封闭环形结构（见图 4.5）。

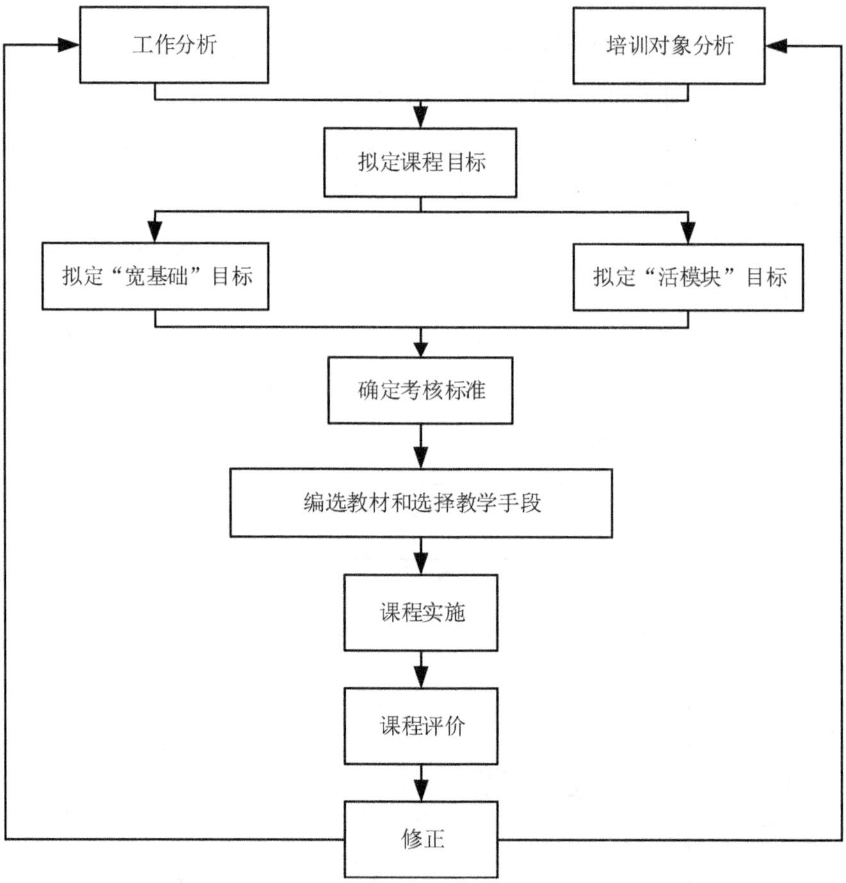

图 4.5　集群式模块课程开发模式

集群式模块课程开发模式作为中外结合的产物，它既采纳 MES 课程模式，以科学分析具体工种的任务为前提，又采纳以学习者活动为中心的 CBE 课程模式，体现以能力为基础的教学概念。它在课程开发模式方面具有以下两个特点：第一，注重课程内容的开发；第二，需求分析更为深入。与纳德拉的重要事件模式不同的是，集群式模块课程开发模式是对工作本身和接受培训的对象进行深入分析，剖析培训的必要性，以更好地设计出较适合成人学习者学习的课程。但是通过对该模式的分析，我们还是可以发现存在的不足，如未将评价贯穿于课程开发的全过程。

通过对国内外企业培训课程开发模式的分析，我们能够系统地了解不同课程开发模式的理论依据、操作过程及重视环节。不同模式都有其适用环境及时代背景，因此，在总结国内外成熟课程开发理论及方法的基础上，重构符合企业发展实际需要的课程开发模式、方法。这不仅是提高培训质量的重要途径，也是促进我国企业培训理论及实践研究的重要内容。

4.3　员工培训课程开发过程

企业培训课程来源通常包括外部课程及企业内部课程，企业如果完全采用外部的培训课程，就会出现大量培训内容与实际工作不一致的情形；出现培训的现场感很好，但在实际工作中无法应用的状况。为了改变这一状况，企业就需要开发适合自己的内部培训课程，提高培训的针对性。企业培训课程开发模式包括分析、设计、实施、评价四大模块，各模块又包含相关的子模块及具体实施过程，下面做详细说明。

4.3.1　企业培训课程开发流程

企业培训课程开发流程如图 4.6 所示。

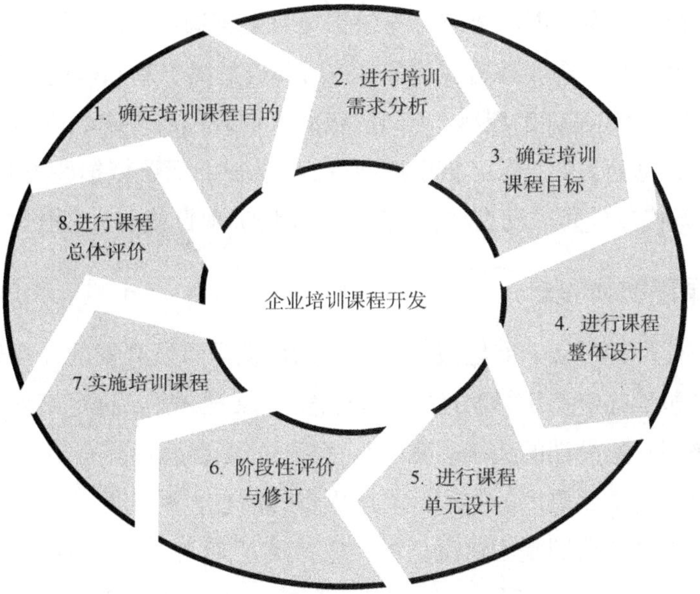

图 4.6　企业培训课程开发流程

1．确定培训课程目的

进行课程开发的目的是说明员工为什么要参加培训。因为只有明确培训课程的目的，才能确定课程的目标、范围、对象和内容。

2. 进行培训需求分析

进行培训需求分析的目的是以满足组织和组织成员的需要为出发点，从组织环境、个人和职务各个层面进行调查和分析，从而判断组织和个人是否存在培训需求及存在哪些培训需求。培训需求是培训的前提，只有满足需求的培训才是有效的培训。培训需求由众多因素决定，不同的企业在不同的发展时期有不同的培训需求，不同层次、不同岗位的学员的培训需求也存在着较大的差别。培训教师首先要了解企业发展现状、发展趋势，确立企业现实发展对员工的岗位技能需要；其次要分析企业岗位设置、技能要求；再次是分析学员知识层次、技能水平、工作态度；最后要了解学员工作实际中存在的问题，以及希望通过培训解决哪些问题。通过这些研究来确立培训需求。

3. 确定培训课程目标

培训课程的目标是员工培训应达到的标准。它根据培训的目的，结合需求分析的情况形成培训课程目标。培训课程目标必须有以下三个特点：具体化、数量化、可衡量。国内企业培训项目大多有几门相关的不同的培训课程，各门课程内容有交叉和重复，又各有侧重点。培训教师在授课前要充分与培训项目主管沟通，与其他培训师沟通，确定与其他课程的关系，并确定课程培训目标。一门课程是属于基础理论，还是用于技能提升、开阔思路，是主课还是辅助课程，不同层级的培训课程所要求的内容、形式不一样。培训师不能根据自己的喜好、意愿决定授课内容、方式，而要依据课程的不同层级及课程目标来确定。课程设计要求既有特色，又不脱离培训项目核心，互相衔接、相辅相成。

4. 进行课程整体设计

课程整体设计是针对某一专题或某一类人的培训需求所开发的课程架构。进行课程整体设计的任务包括确定费用、划分课程单元、安排课程进度及选定培训场所等。其中，内容的策划是培训课程设计的关键。第一，一个好的课程设计要有丰富的课程内容，使学员在有限的时间内学到更多的知识，掌握更多的信息，重技巧、轻内容，过于强调气氛，单纯取悦于学员的培训是不负责任的，很难满足企业、员工对培训的需求；第二，课程内容应强调实用性，紧密联系学员工作实际，通过培训能够解决学员实际工作中经常遇到的问题，使学习过程和工作过程相互促进，形成一个良性循环；第三，课程内容能够针对学员的知识层次，是学员渴望学到的、掌握的，也是学员能够学到的、掌握的；第四，课程内容符合成人的认知规律、学习特点，按照由易到难，由小组活动到个人活动的顺序安排知识、技能、态度的学习；第五，案例的选择要真实生动。成人有丰富的经历，其中有不少经历使他们对某些道理深信不疑。

5．进行课程单元设计

课程单元设计是在进行课程整体设计的基础上，具体确定每一单元的授课内容、授课方法和授课材料的过程。课程单元设计的优劣直接影响培训效果的好坏和受训者对课程的评估。在培训开展过程中，作为相对独立的课程单元不应在时间上被分割开。课程单元设计应紧跟现代科学技术的发展。现在大多数是利用多媒体技术进行教学，具有生动、形象、直观、明确等特点，较之传统的教学方式有很明显的优势。

6．阶段性评价与修订

在完成课程的单元设计后，需要对需求分析、课程目标、整体设计和单元设计进行阶段性评价和修订，以为课程培训的实施奠定基础。

7．实施培训课程

即使设计了好的培训课程，也并不意味着培训就能成功。如果在培训实施阶段缺乏适当的准备工作，也是很难达成培训目标的。实施的准备工作主要包括培训方法的选择、培训场所的选定、培训技巧的利用及适当地进行课程控制等方面。在实施培训过程中，掌握必要的培训技巧有利于取得事半功倍的效果。

8．进行课程总体评价

培训课程评估是在课程实施完毕后对课程全过程进行的总结和判断，重点在于确定培训是否达到了预期的目标，以及受训者对培训效果的满意程度。

4.3.2　企业培训课程实施

在开发培训课程之前，组织应该初步确定以下六个相关事项（见表 4.1），以确保培训课程开发的顺利开展。六大事项包括课程名称、课程目的、课程开发周期、课程开发人员、课程开发经费及研究结果。

表 4.1　课程确定的六大事项

课程确定事项	事项说明
课程名称	根据掌握的信息，考虑课程所要开发的内容，描述课程名称（如果描述课程名称困难，也可以假定课程名称）

续表

课程确定事项	事项说明
课程目的	课程目的是描述对课程预期的一般结果，与课程目标不同，课程目的是不可衡量的，一般从学习对象、组织要求、学习内容及学习结果四个方面进行描述
课程开发周期	指的是课程开发完成所用的时间，即记录课程开发的起始日和结束日，初步计算所用时间
课程开发人员	课程开发人员指的是与本课程开发相关的成员，确定课程开发人员的作用和姓名
课程开发经费	预计开发课程所需要的经费
研究结果	分析上述各项内容，简要总结其结果，最后结论以"可能、不可能、保留"整理课程开发情况

确定课程相关事项实例

（1）课程目的描述实例

下面以某公司课程开发的课程目的描述为例进行说明。

① 学习对象：本课程的参加受训者，即听课的对象是谁。

② 组织要求：是指申请培训课程部门的目标要求。

③ 学习内容：培训课程中应该涉及的主要学习内容。

④ 学习结果：学习后所期望得到的结果。

（2）课程开发人员实例

下面以某公司课程开发人员的具体实例进行说明（见表 4.2）。

表 4.2　某公司课程开发人员一览表

作　用	简　称	主要任务
课程开发负责人	CDM	最终负责资源与人员的管理及课程开发的输出管理
课程开发者	CD	管理课程开发的流程
讲授设计者	ID	设计新课程的讲授目标、内容、方法等内容
现场内容专家	CE	提供与课程相关的业务知识和经验
媒体专家	ME	开发适用于新课程的传播媒体
评价专家	EE	评价新课题及其内容
外部顾问	EC	提供专业内容和经验

注：

① 通常课程开发者会成为在课程设计方面拥有专业知识的讲授设计者；

② 媒体专家和评价专家通常是公司外聘专家，当聘请公司外专家有困难时，由讲授设计者担负媒体专家和评价专家的责任；

③ 可根据课程的特点选拔课程开发负责人。

4.3.3 员工培训与开发课程评价

课程目标是培训课程对受训者在知识与技能、过程与方法、情感态度与价值观等方面的培养上期望达到的程度或标准，也就是培训结束后受训者应达到的预期水平。在课程设计中，课程目标的作用十分重要，因为它不仅是选择课程内容的依据，还是课程实施与评价的基本出发点。

1. 课程目标的特点

（1）课程目标构成

一个完整的课程目标包括行为主体、行为动词、行为条件和执行标准四个要素，简称 ABCD。

A（Actor）：行为主体，即受训者。

B（Behavior）：行为动词，即执行的行为。

C（Condition）：执行的前提条件。

D（Degree）：执行标准，即用可测定的程度描述执行标准。

（2）制定课程目标的原则

课程目标是培训结束时或结束后一段时间内组织可以观察到的并以一定方式可以衡量的具体的、合理的行为表现。它关注的是受训者学到了什么，而不是培训师教授了什么。因此在制定课程目标时应遵循 SMART 原则（见表 4.3）。

表 4.3　制定课程目标的 SMART 原则

原　　则	说　　明
S（Specific）	明确的、特定的：即用具体的语言清楚地说明要达到的行为标准
M（Measurable）	可衡量性：即应该有明确的数据作为衡量达到目标的依据
A（Achievable）	可以达到的：要根据学员的素质、经历等情况，以实际工作要求为指导，设计切合实际、可达到的目标
R（Realistic）	实际的：即在目前条件下是否可行、可操作
T（Time）	有时限的：即目标是有时间限制的，没有时间限制的目标没有办法考核，或考核的结果不公正

2. 描述课程目标的技巧

（1）课程目标的类型

根据目标生成的时间划分课程目标，可分为行为目标、展开性目标和表现性目标。

① 行为目标。行为目标是一种具体的、可观察的学习目标，即受训者通过学习后能做什么的一种明确、具体的表述。它以行为描述课程目标，把课程目标分为具体的学习行为，把受训者行为分解为更细的行为。

② 开展性目标。开展性目标是根据课程的实际进展提出的相应目标，而不是事先设定的目标。它主要考虑的是学习活动的过程，而不像行为目标那样重视结果。它关注的是受训者的兴趣、能力的差异，强调目标的适应性、生成性。

③ 表现性目标。表现性目标强调的是讲师和受训者在课堂中的自主性、创造性，是唤起性的，不是规定性的。它主要强调的是受训者的创新精神、批判思维，适合以受训者活动为主的课程。

根据课程内容可以将课程目标划分为认知目标、情感目标和技能目标。各目标还可分为若干层次（见表 4.4）。

表 4.4 课程目标一览表

目标类型	层　次	定　义
认知目标	知识	能识别和再现学过的知识和有关材料
	理解	能掌握所学的知识，抓住事物的实质
	应用	利用所学的知识，应用到新的情景
	分析	分解所学的知识，找出构成的要素
	综合	能把各个元素或部分组成新的整体
	评价	根据一定标准对事物进行判断
情感目标	接受	愿意注意特殊的现象或刺激
	反应	自愿地对刺激进行回应
	价值判断	对特殊的对象、现象或行为形成自己的价值观
	信奉	一直按照内发的、稳定的价值体系行事
技能目标	模仿	在他人的指导下，能够运用简单的技能
	操作	经过反复练习，能独立地完成一项工作
	熟练	能准确、自主地完成一项技能或任务
	创作	具备了创造新动作、技能的能力

（2）描述课程目标的三要素

在描述课程目标时，必须对受训者在每一项从属的知识、技能和态度的学习后应达到的行为状态做出具体明确的表述，再将这些表述进行类别化和层次化处理。课程目标的描述包括受训者的行动、执行的条件及执行的标准三方面的内容。课程目标的样式见如 4.5 所示。

表 4.5　课程目标的样式

划　　分	目标内容	描述目标
受训者的预期行动		
执行条件		
执行标准		

① 受训者的预期行动。在对受训者的预期行动进行描述时，应注意行为动向的运用。不同类型的课程目标应该采用不同的行为动词。表 4.6 列出了一些认知性目标的行为动词，表 4.7 列出了一些动作性目标的行为动词，表 4.8 描述了一些定义性目标的行为动词，表 4.9 描述了在设计目标过程中应采用和避免的一些行为动词。

表 4.6　一些认知性目标的行为动词

对学员的期待水平	选择最恰当的动词，描述所期待的学员的行为		
• 知识/理解 记忆并认识事实	• 分类 • 说明	• 定义 • 掌握	• 举例 • 连接
• 应用 把所学的知识应用到新情境中	• 选择 • 作用	• 计算 • 执行	• 组装 • 预见
• 分析 以资料为基础进行分析和分解	• 分析 • 区分	• 分类 • 区别	• 比较 • 试验
• 综合 把已分析的要素综合成新的结构或组织	• 排列 • 讨论 • 设定 • 组织	• 结合 • 公式化 • 摘要 • 收集	• 构成 • 一般化 • 写出 • 关联

表 4.7 一些动作性目标的行为动词

对学员的期待水平	选择最恰当的动词，描述所期待的学员的行为
• 动作的描述	• 调整 • 排列 • 组装 • 移动 • 替代 • 表现 • 执行 • 均衡 • 形成 • 计划 • 说话 • 移动 • 连接 • 制动 • 摆姿势 • 提示 • 产出 • 用身姿表现

表 4.8 一些定义性目标的行为动词

对学员的期待水平	选择最恰当的动词，描述所期待的学员的行为
• 接纳及反应 对事件或活动倾注关心并给予响应	• 应答 • 注意 • 醒悟 • 喜欢 • 接纳 • 记录 • 敏感 • 倾听 • 反应 • 完成
• 价值化 提出实施见解	• 接纳 • 假定 • 采取 • 显示 • 参与 • 影响 • 决定 • 增加
• 组织化 接纳别人的价值后下结论，站在对方的立场上或拥护他人的观点	• 联合 • 决心 • 形成 • 寻找 • 相关联 • 选定 • 判断
• 特征化 当特定的价值、信念与行为相一致时，把那种价值观念作为个人特征	• 实施 • 交换 • 开发 • 改正 • 行动 • 实现

表 4.9 在设计目标过程中应采用和避免的一些行为动词

应采用的行为动词		应避免的行为动词	
选 择	对 比	喜 欢	决 定
指 出	评 级	信 赖	明 白
定 义	显 示	亲 密	概念化
描 述	告 知	在……方面增加知识	
省 略	翻 译	对……增加理解	

② 执行条件。描述课程目标时，应该对受训者进行该项工作所需要的条件进行详细的说明（见表 4.10）。

表 4.10　对执行条件的部分说明

条件的形态	说　　明
图表/图形	图表，图纸、照片、地图和资料等
实　物	计算器、机械类，测量仪器和工具等
数　据	数据、公式和术语等
实际人物	扮演顾客的学员、扮演负责人的讲师等

③ 执行标准。在描述课程目标时，应该对达成绩效的标准进行详细的说明（见表 4.11）。

表 4.11　对部分标准的说明

标准形态	说　　明
速　　度	秒、分、时、日等
数　　量	如"全部""至少 10 个""10 个中的 9 个"等
百分比	100%，99%，85%等
样　　式	检查清单、产品测定工具等
选择解决方案	最适合、最低费用、最大利益等
比　　较	与专家相比、与投票相比、与小组成员相比等
判　　断	10 次中 9 次与专家意见一致
意　　见	更积极、意志坚定、有反应地、综合地、没有反对等

4.3.4　课程阶段性修订

1．课程阶段性修订的范围

课程修订可以分为主要修订和次要修订。

（1）主要修订

主要修订指课程需要重新设计，课程整体内容和单元内容需要大范围重组、更新、替换及课程目标变更，课程整体格式和编排需要变更等。

（2）次要修订

次要修订指课程形式、排版的小幅调整，页码顺序的调整，内容上的微调等。就使用频率而言，在课程阶段性评价过程中，次要修订的使用频率要远高于主要修订。综合而言，培训阶段性评估的修订范围如下：培训需求的删减、补充、调整，课程目标的修正、删减、完善，课程整体设计和单元设计内容、形式、方法、材料、时间等的调整、完善和删减。

2. 修订结果的评价标准

课程修订结果的评价标准，如图 4.7 所示。

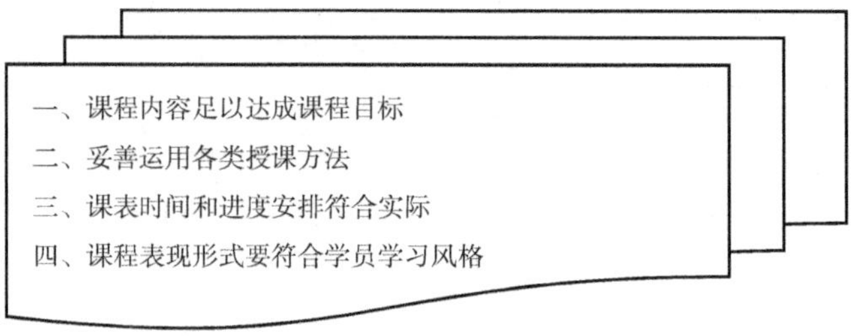

图 4.7 修订结果的评价标准

4.4 员工培训课程开发实例

湖南航天信息有限公司成立于 2000 年，是航天信息股份有限公司与湖南航天管理局共同出资组建的高新技术企业。公司注册资金 1 000 万元人民币，现有资产 6 600 多万元，固定资产 2 000 多万元，员工 300 人。公司集计算机及其相关产品的研发、销售、服务于一体，目前的主营业务是“金税工程”——增值税防伪税控开票子系统专用设备的销售、安装调试、技术培训及技术服务。公司累计培训增值税防伪税控开票子系统操作员 45 000 人次，安装推广增值税防伪税控开票子系统 35 000 套，并培训各级税务机关操作员近千名，为湖南省金税工程的推广实施和运行维护发挥了重要作用，是湖南税务信息领域的龙头企业。公司已在全省 14 个市（州）建立了 32 个各级技术服务部、站，形成了遍及湖南全省的省、市（州）、县（市）三级技术服务体系，可以保证为广大客户提供及时、高效、优质的产品和服务。

自 2006 年提出“致力于中小企业信息化建设”的战略目标以来，公司深化改革、开拓进取，积极调整与转变经营、管理思路，创新业务经营管理模式，逐步形成了以防伪税控为核心的涵盖系统集成、远程教育、软件开发等多类别、多领域的信息服务经营模式。经过两年的不懈努力，公司在 2008 年实现销售过亿，利润过千万的骄人业绩，获得了总部公司及广大客户的一致好评。公司培训主要分为员工内部培训和外部客户培训两大类：员工内部培训包括新员工入职培训、员工素质提高培训及日常业务培训；外部客户培训包括客户服务培训和产业化培训。经过多年来的发展，公司培训工作形成了自己的特点：①培训类别多样，培训涵盖员工内部培训、客户服务培训及产业化培训；②培训设施齐全，在全省共拥有 14 个多媒体培训教室，配备覆盖全省的视频会议系统、金税工程系列产品模拟操作软件系统及网络考试系统；③培训人员队伍完备，公司拥有 1 名培训主管负责全公司的培训管理、策划、实施工作，14 名培训教师负责市（州）的培训管理及实施工作。

4.4.1　公司技术人员培训课程需求分析及目标确立

1．企业组织需求分析

企业组织的战略发展目标是致力于中小企业信息化建设。随着公司业务的不断拓展及客户服务需求的提高，公司对技术人员的技术水平、服务水平及综合素质要求越来越高。经过对公司经营环境的 SWOT 分析，公司期望技术人员课程培训达到的目标有：认同公司企业文化、遵守公司各项规章制度；熟练掌握公司传统税控产品及新业务产品的销售、安装、维护所需的知识、技能及工作态度；熟悉与运用公司服务规范，展开各项服务工作；维系客户关系。

2．员工分析

公司技术人员队伍现有 150 人，主要从事技术服务岗位，年龄结构为 18~30 岁，学历层次为大专、本科，专业为计算机相关，通过面谈及员工培训需求问卷调查，从调查分析相关数据统计（见图 4.8）及主观回答来看，员工对培训课程设置、内容及师资状况的关心较为明显，技术人员期望更多贴近工作实际的培训，并且希望通过培训达到的目标有：熟练掌握公司产品的维护知识及技能；掌握公司的产品特点及销售技巧；掌握与客户进行沟通的技巧；进一步增加计算机硬件、网络、软件开发方面的知识及管理方面的知识。

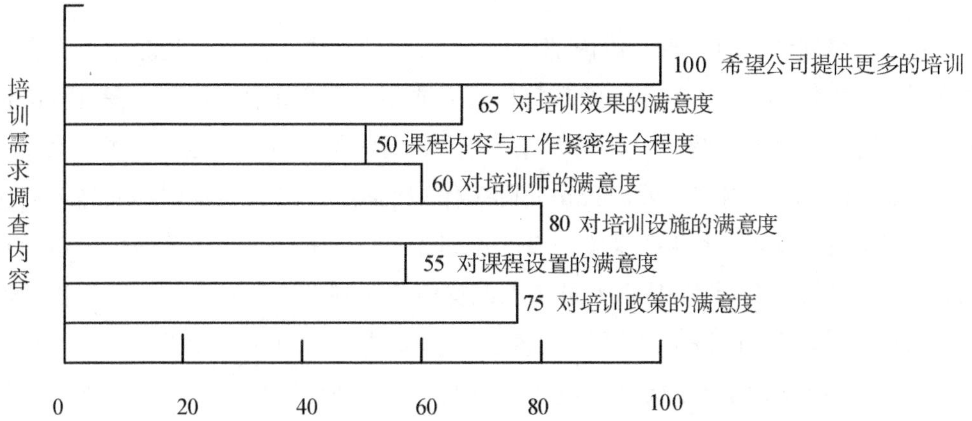

图 4.8　公司技术人员培训情况调查统计

3．课程培训目标的确立

通过对公司组织、员工的培训目标分析，并将组织目标、个体目标与实际情况做比较分析，初步确立技术人员培训课程的总体目标为：认同公司企业文化，遵守公司规章制度；掌握公司销售的各类产品的售后维护服务知识、技能；熟悉与运用公司服务规范开展各类服务工作；掌握与客户沟通的技巧，维系客户关系，达成产品销售。技术人员课程体系设计（见表 4.12）。

表 4.12 技术人员课程体系设计

课程类别	课程名称	课时安排	主要授课方法
基础课程	公司介绍	1	播放录像、讲授
	企业文化	1	讲授、参观
	公司人事管理制度	1	讲授、问答
	公司服务体系规范	2	讲授
专业岗位课程	防伪税控开票子系统	4	讲授、演示、实践操作
	远程抄报税子系统	2	讲授、演示、实践操作
	常见技术问题汇总	1	讲 授
素质提高课程	计算机硬件、软件维护	2	讲授、模拟操作
	计算机网络及系统集成	2	讲授、现场操作
	如何与客户沟通	1	讲授、讨论
	产品营销	1	讲授、讨论
	团队建设与管理	1	讲授、讨论

4.4.2 公司技术人员培训课程设计及开发

技术人员培训课程组织形式以内部培训为主，采取集中面授及远程教学相结合的方式进行。培训主讲老师由熟悉业务的部门负责人或项目经理担任。培训课程资源由培训管理人员、培训主讲老师及员工共同设计、开发，具体包括授课计划、文本教案、电子教材及考核方法。课程内容主要由公司实际工作案例构成。员工培训课程实施策略包括员工通过网络自主学习、班级授课学习及小组讨论学习三种方式，各策略可由培训师结合实际情况单独或综合运用。技术人员培训课程由公司基础课程及岗位专业课程两部分组成，基础课程是指公司每个员工进入公司后都必须接触及了解的课程，如公司企业文化类、制度类、规范类课程；岗位专业课程则指员工为适应工作岗位而必须深入了解的岗位知识、技能。这样的课程设置有利于员工根据自己的实际工作需要选择自己所要学习的课程，具有较强的灵活性、针对性和可操作性。

4.4.3　公司技术人员培训课程实施及评价

课程培训管理人员及培训师应根据技术人员的岗位工作特点创建有效的授课情境，具体可通过培训场地布置、工作中的问题及现场模拟情景等方式来激发员工的学习兴趣，引发与员工原有知识的联系。技术人员培训以现场教学及网络远程教学为主，结合案例教学、小组讨论、角色模拟方式进行。在课程实施中，培训师需要引导技术人员将自己的经验、心得体会积极运用于教学讨论中，帮助员工分析问题、解决问题，由浅入深、逐步深入。此外，培训师还应及时调整课程节奏，依据员工不同的知识、技能水平合理划分学习小组（一般 5 个人为一组）。技术人员培训课程效果评估共涉及四个层面：课程实施后，以面谈或问卷调查的形式分析员工对课程内容、培训师、培训设施环境等方面的整体印象；以笔试或实践操作检验员工对所学知识、技能及工作态度的掌握程度；培训完成一段时间后，访谈员工的上级领导、同事、客户，了解员工是否将课程中所学的知识、技能及工作态度良好地运用于实际工作中；通过对员工的工作业绩（包括服务满意度、销售额）、公司总体工作效率的比较分析，获得公司的培训投资效益。

4.4.4　应用实际效果分析

对技术人员的课程体系的设计，基本确定了技术人员做好本职工作所需掌握的基础知识及专业技能知识，有利于根据工作发展需要增添相关课程。通过技术人员的软件产品培训，员工的销售技巧和销售业绩得到了不同程度的提高，尽管销售额受公司销售激励政策、销售淡旺季、宣传政策等因素的影响。技术人员软件产品销售培训结果汇总如表 4.13 所示。

表 4.13　技术人员软件产品销售培训结果汇总

评估层次	相关评估数据	评估结果
反映层	调查人数为 20 人，很满意、满意的为 85%，不满意的为 15%	满意的主要原因：销售课程案例符合实际，具有一定针对性；课程组织生动 不满意的主要原因：时间不应该安排在晚上
学习层	考试人数为 20 人，90 分以上 3 人，80~90 分 16 人，80 分以下 1 人	大部分人能较好地掌握相关知识技能
行为层	跟踪人数 5 人，3 人能很好地运用知识并达成销售，2 人知识掌握较好，但销售不理想	达成销售的人员的销售对象都是与员工密切的老客户；未达成销售的人员对象是老客户，但仍未达成销售，故沟通技巧需要提高

续表

评估层次	相关评估数据	评估结果
结果层	本月软件销售额较上月增长5%，同比增长25%	通过对员工的电话访谈，软件产品销售业绩提升很大程度上得益于培训，公司的销售激励政策也起到了很大作用

【本章小结】

本章对企业培训课程的基本概念、特点、一般原则及常见开发模式进行了全面的综合阐述。结合公司培训实际，在研究国内外课程开发理论依据及开发模式的基础上重构了企业培训课程开发模型，并概述了该开发模型的一般步骤及主要内容，该课程开发模型成功地将企业培训的现有资源、培训课程设计理论思想整合，具有整体性、针对性和实用性的特点，符合企业培训实际要求，为企业今后培训工作的进一步完善提供了理论借鉴与实践参考。

【思考与练习】

1. 什么是员工培训与开发的课程设计？其意义何在？
2. 为什么说设计科学合理的员工培训与开发课程可以提升员工技能水平？
3. 员工培训与开发课程设计的基本流程有哪些？
4. 不同的组织角色需要设计哪些不同的员工培训与开发课程形式？

【案例分析】

快活林快餐公司培训课程计划

快活林快餐公司开办了不足三年，生意发展得很快，从开业时的两家店面，到现在已发展成由 11 家分店组成的连锁网络了。不过，公司分管人员培训的张副总经理却发现，直接寄到公司和由消费者协会转来的顾客投诉信越来越多，上个季度竟达 80 多封。这引起了他的不安和关注。

这些投诉并没啥大问题，大多是鸡毛蒜皮，如抱怨菜及主食的品种、味道、卫生不好，价格太贵等，但更多的是投诉服务员的服务质量的。不仅指出态度欠热情、上菜太慢、卫生打扫不彻底、语言不文明且业务知识差，顾客有关食品的问题，如菜的原料价格、烹制程序等一问三不知、还有的抱怨店规不合理，服务员听了不予接受，反而粗暴反驳；再如发现饭菜不太熟，拒绝退换，强调已经动过了，等等。

张副总分析，服务员业务素质差、知识不足、态度不好，也不能全怪他们，因为生意扩展快，大量招入新员工，草草进行一天半天岗前集训，有的甚至未经培训就上岗干活了，当然影响服务质量。

服务员是两班制的。张副总指示人事科杨科长拟订一个计划，对全体服务员进行两周业余培训，每天三小时，开设的课程既有公共关系实践、烹饪知识与技巧、本店特色菜肴、营养学常识、餐馆服务员操作技巧训练等务实的硬性课程，也有公司文化、敬业精神等务虚的软性课程。张副总还准备亲自去讲公司文化课，并指示杨科长制定服务态度奖励细则并予以宣布，培训效果显著，以后连续两季度，投诉信分别减至 32 封和 25 封。

资料来源：http://www.doc88.com/p-6072038202620.html.

讨论题

1. 你认为这项培训计划设计得如何？你有何内容增删的建议？（提示：培训计划设计的注意事项。）

2. 你觉得这次培训起主要作用的是哪些内容？（提示：培训的影响因素分析。）

3. 请列出一份课程提纲。你会采用什么样的教学方法？为什么？（提示：结合案例与本章员工培训课程开发实例进行分析讨论。）

【本章实训】

打造高效员工培训课程

材料一：A 公司规定公司每年的培训经费为公司毛利的 2%，并将其是否使用到位作为考核人力资源部的一项指标。2006 年年初，公司估计全年的毛利为 2 000 万元，因此其培训费用预算为 40 万元。公司人力资源部根据员工的状况及其职业生涯规划要求制订了相应的培训计划。但到 10 月底，公司经营状况非常好，毛利已达 2 300 万元，预计全年毛利在 2 700 万元左右。公司总经理指示人力资源部将培训费用调整为 54 万元。但由于人力资源部在做培训计划时只按照 40 万元进行考虑，加上已经是 11 月了，因此人力资源部不知如何使用多出来的 14 万元培训经费。为了应付考核指标，人力资源部经理就把这一任务交给了负责培训工作的小李。由于时间紧张，小李就到网上浏览培训广告，凡是与本公司业务有关联的一律报名，然后要求各部门必须派人参加培训。由于年底工作任务比较重，各部门在派人参加培训时都将非关键岗位上的人员派出去，而这些人员虽然觉得课上得不错，但由于和自己的工作关联不大，所以都不是太重视。到 12 月 25 日，小李终于用完了增加的 14 万元培训经费。

材料二：B 君是某市服装制造企业总公司的人力资源总监。该企业是一家大型民营企业，除了总公司，还有下属 5 个分厂。在 2007 年 3 月，总公司计划开设一家与外资合营的新企业。外方负责提供生产设备和技术人员，中方负责配备管理人员和操作工人。新企业大约需要工人 500 名，各类管理人员 80 名。总公司对于这次合资办厂寄予厚望，人力资源总监承诺一定全力以赴做好新企业的人员招聘和培训工作。这次新企业所需操作工人全部从外部招聘，所有管理人员从总公司及其他 5 个分厂选聘。总公司总经理要求 A 君在 3 个月内制订一份详细的员工培训计划。A 君深知这一工作的分量。虽然他从事了多年的员工培训工作，但是，如此大规模的员工培训工作他是第一次负责。而且，这次培训有很高的要求：一是操作工人要熟练使用先进的生产设备；二是管理人员要掌握现代化的管理理念和管理方法，其中管理技能、创新决策能力是培训的重点。

材料三：M 公司于 2000 年开始进行全面质量管理培训，以培训一批具有丰富经验的专业技术人才，改进企业产品质量，打造企业产品在制造、服务等各方面的核心优势。M 公司在培训过程中随时收集大家非常关心的信息，如学员的感受是怎样的？培训是否达到了所设定的目标？其效果如何？通过培训，学员是否掌握了所学的知识？其所学知识是否已经转化成了能力？培训的投资回报率是多少？并根据所收集信息开展培训评估。经过几年的发展和完善，经培训评估表明，培训已显示出巨大的功效。全面质量管理专业人才通过带领团队解决公司内部的质量，生产率甚为可观，为 M 公司带来了丰硕的成果和回报率。

材料四：F 公司是一家生产经济耐用的家用轿车轮胎企业，现有车间工人 50 人，月产量 3 200 条，产品单价为 300 元/条。由于该企业新成立不久，全部车间工人都是新招的，没有经过系统的培训，生产经营活动中存在着诸多问题。第一，每月生产的轮胎有 2%由于质量太差而被退货；第二，车间生产作业环境管理不好，如通风性差，工人经常汗流浃背；第三，事故发生率高于行业平均水平。工人不满情绪严重，常出现不服从车间主管指挥的现象，缺勤率高。为此，该公司人力资源部在 2007 年 2 月组织开展了系列培训：开展与质量问题、员工不良工作习惯有关的绩效管理和人际关系技能培训；提高管理人员管理能力的培训项目，该项目在 2007 年 4 月底完成，直接培训成本为 80 000 元，间接成本为 45 000 元。经过 1 个月的实践，到 5 月底，该企业的产品质量得到了明显的改善，月产量的不合格率降为 1%；月产量增加了 200 条。

资料来源：https://doc.wendoc.com/b12c58fd615b2c1828ae6ee02.html.

讨论题

1. A 公司的培训工作有何可取之处？存在哪些问题？（提示：结合本案例和本章内容进行分析。）

2. 员工培训课程的质量对一个企业的生产效率有何重要意义？（提示：结合案例进行具体分析。）

3. 你认为一个优质的员工培训课程应该包括哪些内容？（提示：培训课程内容的设计。）

第 5 章 员工培训与开发规划制定

学习目标

1. 了解员工培训与开发规划的三个层次，以及企业战略、人力资源战略和员工培训与开发战略的关系。

2. 熟悉员工培训与开发战略的制定和目标设定。

3. 掌握员工培训与开发规划制定的流程和方法，以及员工培训与开发年度计划和项目计划的制订，能够运用成本分析法进行员工培训与开发预算。

关键术语

ASTD 法　人力资源指标法　菲利普斯“五级六指标体系”　员工培训与开发规划
战略规划　年度规划　项目规划　年度总成本预算

引导案例

大通曼哈顿银行的员工培训与开发规划

坐落于纽约市中心的大通曼哈顿银行是一个培养和选拔职业商业银行员工的摇篮，它在人事管理和员工培训方面颇有不凡之处。

大通曼哈顿银行设专门的培训机构，人事管理部门下属的 1~5 个培训处都有足够的人员负责培训工作，主要任务之一就是根据银行领导或董事会的要求，组织员工撰写个人年度培训计划，然后组织落实各种培训工作，如他们的职工教育技能培训可分月进行，趣味性培训每周两次，完成了银行的各种培训规划。

年度培训规划是大通曼哈顿银行每年必做的一项工作，银行要求全体员工每年要做一个自我培训规划。如某员工的自我培训规划：1—2 月，对银行内部的基本环境和结构做一次调查；2—3 月，对自身不足之处和对银行的不满之处做一个系统的总结；3—7 月，主要对自己的不足之处加以改善；7—12 月，对银行的不足之处提出更好的建议。大通曼哈顿银行的培训规划，是在员工提出的新一年自我培训规划的基础上，由总行制定，再由员工选择，如微机、写作、银行新业务等，然后交员工所在部门审核并报上级部门，最后由培训主管部门汇总、实施的。

从上面的案例可以看出，员工培训与开发规划制定是一个复杂的系统工程，制定之前有许多需要考虑的因素，这些因素直接影响培训规划的质量和效果，本章就来专门讲述员工培训与开发规划的制定。

资料来源：李德伟. 人力资源员工培训与开发技术[M]. 北京：科学技术文献出版社，2006:82.

5.1　员工培训与开发战略规划制定

企业员工培训与开发规划按时间跨度来分类，包括中长期规划、年度规划和项目规划，表 5.1 分析了这三类规划的层次、主要内容和作用，本节主要对员工培训与开发战略规划的制定进行详细的介绍。

表 5.1　员工培训与开发规划的三个层次

规划的类型	规划的层次	内容和作用
中长期规划（3~5 年）	战略层次	陈述企业未来 3~5 年员工培训与开发的使命、愿景和战略，为企业层面员工培训与开发活动提供方向性的指导
年度规划	运营层次	说明企业年度员工培训与开发活动的策略及优先级、资源的分配和成果的衡量，为员工培训与开发部门提供运作性框架
项目规划	操作层次	规定员工培训与开发项目的具体细节，如目标、项目设计、项目实施、项目评估，为项目执行者提供操作性指南

5.1.1　企业战略、人力资源战略和员工培训与开发战略的关系

作为企业人力资源职能的组成部分之一，员工培训与开发活动必须始终围绕企业总体人力资源战略，制定自己的使命、愿景和战略，因此，制定员工培训与开发规划首先

必须从理解企业人力资源战略开始，而人力资源战略又必然追溯到企业战略，由此路径制定的员工培训与开发战略契合了企业经营对人员知识和技能的要求，体现了员工培训与开发规划与人力资源规划和企业规划的一致性。图 5.1 说明了三者之间的战略递进和支撑关系。

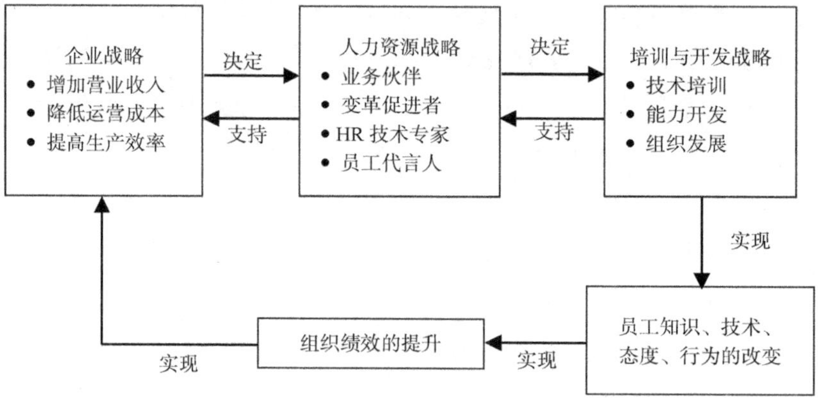

图 5.1 企业战略、人力资源战略和员工培训与开发战略的关系

5.1.2 员工培训与开发的使命、愿景和价值观

作为企业的战略支持活动，员工培训与开发应该陈述自身的使命、愿景和价值观（见表 5.2）。

表 5.2 员工培训与开发的使命、愿景和价值观

	内 容	举 例
使命	陈述员工培训与开发职能对组织和成员的价值所在，用来获得利益相关者对员工培训与开发的理解和支持，体现该职能对存在和发展的诉求	"我们致力于组织发展和员工成长"
愿景	指明员工培训与开发职能的发展目标，用来激励员工培训与开发人员对未来的渴望和追求，体现该职能对专业化水平的诉求	"在未来三年内使员工个人发展计划的覆盖率达到 100%，实施率达到 90%"
价值观	规定员工培训与开发职能关于"是"和"非"的判断标准，用来规范员工培训与开发人员的职业操守，体现该职能在商业伦理方面的诉求	"专业、激情、学习和敬业"

5.1.3　员工培训与开发战略的制定

员工培训与开发战略是企业人力资源战略的延伸，是在人力资源活动框架指导下确定员工培训与开发活动“做什么”，对所有需要做的事进行分析，并确定哪些成功的事需要继续保留（Sustaining Success）、哪些无效的事需要完全放弃（Turnaround）、哪些有问题的事需要适当调整（Realignment）、哪些新的事需要全新开始（Start-up），在此基础上形成员工培训与开发战略。这一过程可以借助员工培训与开发战略制定工作表来完成，简称 STARS 模型（见表 5.3），图 5.2 是某企业的员工培训与开发战略举例。

表 5.3　员工培训与开发战略制定工作表（STARS 模型）

人力资源活动	员工培训与开发战略	战略选择			
		继续保留	完全放弃	适当调整	全新开始
业务伙伴					
变革促进者					
人事技术专家					
员工代言人					

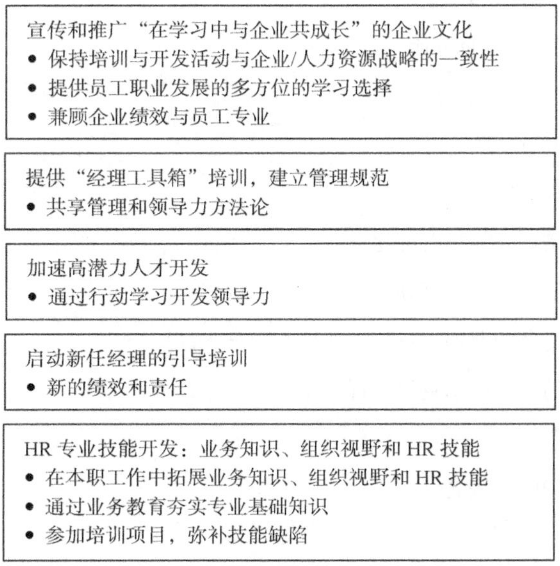

图 5.2　员工培训与开发战略举例

5.1.4　员工培训与开发目标的制定

员工培训与开发目标的制定是将需求分析所得的结论转化为培训专业语言，为培训项目设计人员在进行项目开发时提供指南，同时为将来对员工培训与开发效果评估提供依据。需要制定的目标主要有两大类：总体目标和具体项目目标。

1．总体目标的制定

总体目标是指组织层面上的员工培训与开发目标设定，可采用指标法，如 ASTD 法和人力资源指标法。

（1）ASTD 法

美国员工培训与开发协会（ASTD）是全球最具影响力的培训行业协会，通过对全美企业员工培训与开发信息的收集和分析，它每年会发布员工培训与开发指标（见表 5.4），这些指标反映了组织层面的员工培训与开发情况，既可以作为组织内部纵向比较的依据，也可以明确组织与行业平均水平或标杆企业的差距。

表 5.4 ASTD 员工培训与开发指标

1. 企业的培训总费用
2. 每个受训员工支出的培训总费用
3. 技术培训费用占培训总费用的百分比
4. 报销的学费占培训总费用的百分比
5. 其他费用占培训总费用的百分比
6. 培训总费用占企业总报酬的百分比
7. 实际受训员工占应受训员工的百分比
8. 应受训员工与培训师的比率
9. 每个应受训员工的总培训时间
10. 课堂培训时间占总培训时间的百分比
11. 技术学习时间占总培训时间的百分比
12. 支付给外部培训供应商的费用占总培训费用的百分比
13. 全职和兼职培训师的薪酬占总费用的百分比
14. 对预期效果的回报率
15. 以知识或技能为基础的薪酬支付
16. 员工发展计划
17. 技能证书
18. 员工胜任力档案

资料来源：理查德·斯旺森，爱尔伍德·霍尔顿，等. 人力资源开发[M]. 北京：清华大学出版社，2008.

（2）人力资源指标法

该方法是基于平衡计分卡的应用，利用关键指标来衡量企业范围内员工培训与开发的水平及其效率。在具体使用时，评估者应根据企业具体情况，采用尽可能多的指标来反映员工培训与开发的全貌。表 5.5 是人力资源指标法，可供企业在设定员工培训与开发总体目标时参考使用。

表 5.5　人力资源指标法

BECKER,B.,HUSELID,M.A.ULRICH,D（2001）

- 高绩效工作体系
  - ◆ 后备人才比率
  - ◆ 每个员工的胜任力开发费用
  - ◆ 列入发展计划的员工百分比
- 人力资源员工培训与开发效率
  - ◆ 每个受训者的小时成本
  - ◆ 安全生产的培训和宣传活动次数
  - ◆ 每年的培训天数和培训项目数量
  - ◆ 参加培训的员工人数和百分比
  - ◆ 列入开发计划的员工百分比
  - ◆ 得到恰当的培训和发展机会的员工百分比
  - ◆ 每年在培训项目中采用新资料的百分比
  - ◆ 培训费用占薪酬的百分比
  - ◆ 新员工适应工作所需的时间
- 人力资源的绩效驱动因素
  - ◆ 组织学习的程度
  - ◆ 员工获得工作所需信息和知识的便利程度
  - ◆ 人力资源部门对领导力开发和提升的贡献
  - ◆ 具有职位提升可能性的员工百分比
  - ◆ 员工中拥有现职工作岗位和现职外工作经历的百分比
  - ◆ 开发计划的实现程度
  - ◆ 外部雇用人员的成功比例

续表

ULRICH,ZENGER,ANDSMALLWOOD（1999）
• 综合性指标 ◆ 员工培训与开发费用占总费用的百分比 ◆ 员工在猎头公司中的声誉 ◆ 在本职业的从业年限 ◆ 提出新想法（含想法的实施）的员工比例 ◆ 职位储备的比例：关键职位中可供填补的后备人才百分比 ◆ 整体人才储备率：可以转移到关键职位的员工人数 ◆ 个人接受关键职位授予的比例 • 胜任力指标 ◆ 垂直维度：每个层次上的员工具有工作所需的知识和技能 ◆ 水平维度：在需要时员工胜任部门间转换工作 ◆ 外部维度：企业内部的胜任力能够满足外部价值链的需要 ◆ 全球维度：组织成员的胜任力能够参与全球范围内的竞争
KAPLAN AND NORTON（1996）
• 学习与成长——员工能力 ◆ 员工满意度 ◆ 员工保留率 ◆ 员工生产率 ◆ 战略性技能 ◆ 培训水平 ◆ 技能的作用

资料来源：理查德·斯旺森，爱尔伍德·霍尔顿，等. 人力资源开发[M]. 北京：清华大学出版社，2008.

需要注意的是，并不是说上述方法和指标适合所有的企业用来制定员工培训与开发目标，也不是说某一企业的员工培训与开发活动必须采用以上所有指标，不同产业和不同发展阶段的企业，目标的选择和制定应该有针对性，契合组织的目标和战略，面面俱到的目标会没有重点，反而使人失去方向，更谈不上对目标实现评估的有效性和价值所在。

2．具体项目目标的制定

采用菲利普斯“五级六指标体系”设定员工培训与开发项目的目标，表 5.6 为评估目标的级别及其关注点提供了一个工作表。

表 5.6　评估目标的级别及其关注点

评估目标的级别	目标的关注点
一级 对培训的反应/满意度	规定培训实施后，学员对培训的满意度和给予的反应程度
二级 学习结果	规定学员应该从培训中获得的知识和所需技能的提高程度
三级 培训的应用/实施	规定培训结束后，在学到的知识和技能被应用到工作环境中时，必须实现怎样的行为变化
四级 培训的业务影响	规定培训结束后，业务指标将发生怎样的变化和改善
五级 培训的投资回报率	规定比较成本和收益，实施培训项目所带来的投资回报率
无形收益	规定无法转化成货币价值的四级指标作为无形收益

资料来源：杰克・J. 菲利普斯，等. 如何评估培训效果[M]. 北京：北京大学出版社，2007.

（1）反应/满意度目标的制定

作为最基础的目标，一级评估目标反映了学员对项目的喜爱程度，体现了是否有在培训中建立双赢关系，这对取得更高级别的培训效果至关重要。因此，学员对培训活动的反应应该是正面的，至少不应该是负面的。

（2）学习结果目标的制定

学习结果目标既能够帮助学员明确学习的内容和成绩要求，又为评估学习效果设定了标准。表 5.7 是学习目标的设定。

表 5.7　学习目标的设定

衡量知识和技能的掌握程度
最好的学习目标： • 描述可观察到的和可衡量的行为 • 以结果为导向，描述清楚、具体 • 具体说明学员在培训之后的应知、应会和应做 • 包含三个元素 ① 行为——在培训结束时，学员将能够做什么 ② 条件——在什么情况下学员才能完成任务 ③ 标准——有效地完成任务必须达到的程度或水平

续表

衡量知识和技能的掌握程度
三种类型的学习目标： • 认知——熟悉术语、概念和流程 • 知识——对概念和流程的理解 • 行为——技能的展现水平（至少具备基本水平） 举例： ① 能够辨别和理解领导力开发模型和理论 ② 在给定的十个客户访问场景中，以 100%的正确率启动客户拜访程序（应用正确的步骤）

资料来源：杰克·J. 菲利普斯，等. 如何评估培训效果[M]. 北京：北京大学出版社，2007.

（3）应用/实施目标的制定

应用/实施目标是学习结果目标的延伸，它们反映的是从培训中学到的知识和技能在实际工作中的应用，同时为评估员工在工作中的行为变化和绩效改变提供了标准。表 5.8 是应用/实施目标的设定。

表 5.8 应用/实施目标的设定

衡量知识和技能在工作中的应用程度
最好的应用/实施目标： • 描述可观察到的和可衡量的行为 • 以结果为导向，描述清楚、具体 • 具体说明学员在培训之后应该做出哪些改变（行为和绩效） • 包含三个元素 ① 行为——在培训结束后的一个具体跟踪时间周期内，学员做出了哪些改变，或取得了哪些成果 ② 条件——在什么情况下学员才能完成任务 ③ 标准——有效地完成任务必须达到的程度或水平 两种类型的应用/实施目标： • 基于知识层面的目标：对概念、流程的一般理解 • 基于行为层面的目标：技能的展现水平（至少具备基本水平） 需要回答的主要问题： • 在工作中将应用什么样的新知识？ • 应用技能的频率是怎样的？ • 将完成什么样的新任务？ • 将采取什么样的新措施？ • 将采取什么样的新行动？

续表

衡量知识和技能在工作中的应用程度
• 将实施什么样的新程序？ • 将实施什么样的新方针？ 举例： ① 在每个客户访问场景中，正确应用开启拜访的步骤 ② 确定小组成员中谁在客户拜访过程中缺乏信心，以在应用过程中为他们提供辅导

资料来源：杰克·J. 菲利普斯，等. 如何评估培训效果[M]. 北京：北京大学出版社，2007.

（4）业务影响目标的制定

业务影响目标是所有利益相关者对培训“成果”的期望所在，是衡量学员是否将培训中所学的知识和技能应用到实际工作中，从而带来行为和绩效变化的关键步骤，也是对学习结果（二级目标）和应用/实施（三级目标）的进一步验证。表 5.9 是业务影响目标的设定。

表 5.9　业务影响目标的设定

衡量应用知识和技能对业务产生的影响
最好的业务影响目标： • 衡量指标必须与培训中所教授的知识和技能相关 • 描述的衡量指标容易收集 • 以结果为导向，描述清楚、具体 • 详细说明培训结束后，学员在业务部门中应取得怎样的成果 四种有硬性数据的业务影响目标： • 产出 • 质量 • 成本 • 时间 三种普通的带有软性数据的业务影响目标： • 客户服务（响应速度、准时交货、完好性等） • 工作环境（员工保留、员工抱怨、不公平待遇等） • 工作习惯（怠工、缺勤、违反安全条例等） 举例： ① 在一年内，将员工流失率从 25%降低到 18% ② 在 6 个月内，将缺勤率从周平均 8% 降低到 3%

资料来源：杰克·J. 菲利普斯，等. 如何评估培训效果[M]. 北京：北京大学出版社，2007.

（5）投资回报率目标的制定

培训投资回报率（ROI）这个概念相对于企业一般投资回报率来说还是一个新鲜事物，具体计算办法是：将培训获得的价值（培训净收益）与投入的资源（培训总成本）做比较。

$$\text{ROI}=\frac{\text{培训净收益}}{\text{培训总成本}}\times 100\%$$

5.2 员工培训与开发年度计划制订

年度规划是根据员工培训与开发战略确定本年度员工培训与开发的项目大类、子项目、参加人员、时间和地点及企业层面的员工培训与开发效果评估方案。

1. 年度员工培训与开发规划

年度员工培训与开发规划一般要制定年度规划表，员工培训与开发年度规划表一般以项目类别来分类，包含项目类别、项目序列、课程名称、参加人员和时间表。表 5.10 是年度规划工作表。

表 5.10 年度规划工作表

类别	序列	课程名称	参加人员			时间											
			普通员工	专业人才	核心人才	一月	二月	三月	四月	五月	六月	七月	八月	九月	十月	十一月	十二月
管理及领导力发展																	
通用技能开发																	

续表

类别	序列	课程名称	参加人员			时间											
			普通员工	专业人才	核心人才	一月	二月	三月	四月	五月	六月	七月	八月	九月	十月	十一月	十二月
新员工培训																	

2．年度员工培训与开发效果评估方案

在组织层面对企业员工培训与开发总体效果进行评价时，主要采用指标法，包括 ASTD 法、人力资源指标法、经济附加值（EVA）法和知识资本法。ASTD 法和人力资源指标法业已成熟，得到了广泛的应用；而 EVA 法和知识资本法在实际应用时由于其理论的复杂性和数据收集的苛刻要求，仍然处于理论成果阶段，要成为可操作性技术尚需假以时日。

（详见第 6 章中 6.3 节员工培训与开发效果评估技术的相关内容。）

5.3　员工培训与开发项目规划制定

1．员工培训与开发项目规划

在员工培训与开发项目规划中制定的项目规划表一般包含项目名称、项目时长、每期容纳人数、时间表、项目进展、目标人数、目标覆盖率、项目负责人、项目预算和人力成本预算。表 5.11 是项目规划工作表。

表 5.11　项目规划工作表

项目名称	项目时长	每期人数	时间表													项目进展	项目人数	目标覆盖率%	培训师/组织者	项目预算	人力成本预算
			第一季度			第二季度			第三季度			第四季度			小计						
			1	2	3	4	5	6	7	8	9	10	11	12							

2．员工培训与开发项目效果评估方案

员工培训与开发活动的评估可以从微观和宏观两个层次展开，其中，员工培训与开发项目效果的评估活动一般从微观层次展开。微观层次的项目评估模型有柯氏评估模型，菲利普斯“五级六指标”模型，斯旺森-霍尔顿“结果评价体系”模型，高尔文 CIPP 模型和沃尔 CIRO 模型，其中以菲利普斯“五级六指标”模型最具有实际操作性。

5.4　员工培训与开发预算制定

员工培训与开发成本是企业的主要人力成本之一，要对其实施有效使用和控制，就必须进行科学的预算。员工培训与开发成本预算由两部分组成：年度总成本预算和项目成本预算。

5.4.1　年度总成本预算

员工培训与开发年度总成本预算一般采用两种方法： 固定比率法和项目预算汇总法。固定比率法是从整体到部分的分解，由企业财务部门负责；成本预算汇总法则是由下而上的整合，由培训部门负责。

1. 固定比率法

根据企业所在行业的性质，参照行业标准或平均水平和企业标准，在一定基数的基础上以固定的比率进行员工培训与开发成本预算。表 5.12 是年度预算的固定比率法计算方法。

表 5.12　年度预算的固定比率法计算方法

计算公式： 年度培训总预算=预算基数×固定比率
预算基数： • 年度销售收入预测 • 年度员工总薪酬成本
固定比率： • 行业标准 • 企业历史数据 • 企业预算比率 • 咨询专家建议
举例： 某企业以 2010 年的销售收入 3 500 000 000 元为基数，取行业平均数 0.12%为固定比率，则该企业 2010 年度培训预算的计算如下： 年度培训总预算 ＝3 500 000 000×0.12%＝4 200 000（元）

2. 项目预算汇总法

项目预算汇总法可以用数学公式表示为：

$$C = C_0 + \sum_{K=1}^{n} C_n$$

其中：C 表示年度培训总成本预算；C_0 表示培训部门的固定成本预算；C_n 表示第 n 个项目的成本预算。

项目预算汇总法就是将年度计划的所有单个培训项目的预算相加，相对于固定比率法，这种方法原理简单，但在实际操作中对系统性和全面性要求较高，且较难得到每个项目准确、可靠的预算。

需要注意的是：固定比率法是从整体到部分的分解，由企业财务部门负责，方法简单易行但预算不够精确；项目预算汇总法则是由下而上的整合，由培训部门负责，预算比较精确但操作起来很烦琐。在操作时应根据企业的具体情况，如企业的性质、规模、发展阶段等因素灵活运用，规模较小没有专门培训部门的企业适合采用固定比率法；以常规培训为主的企业适合采用项目预算汇总法；而大型企业应当将两种方法结合运用。

5.4.2 项目成本预算

项目预算首先要对培训过程每一阶段发生的成本进行分类，再对每一阶段的不同成本类型进行细分后汇总，保证成本预算的数据合理、全面和可靠。

1. 成本的分类

在确定培训成本时，为了将所有与培训相关的成本都包含在内，需要对成本进行科学的分类，通过分类可以确保成本预算的系统性和全面性。表 5.13 是根据培训的不同阶段进行成本分类的培训成本预算分类表。

表 5.13 培训成本预算分类表

成本项目	项目直接成本	间接分摊成本
需求评估		√
设计和开发		√
采购		√
实施	√	
• 薪酬/福利——培训人员	√	
• 薪酬/福利——协调人员	√	
• 培训材料费用	√	
• 差旅/住宿/餐饮	√	
• 设备	√	
• 学员的薪酬/福利	√	
• 培训日常管理成本	√	
培训效果评估		√
日常管理费用/员工培训与开发		√

资料来源：杰克·J. 菲利普斯，等.如何评估培训效果[M]. 北京：北京大学出版社，2007.

2. 总成本计算工作表

表 5.14 是在计算需求分析成本、项目开发成本、实施成本和项目评估成本的基础上进行汇总求得培训总成本预算的培训总成本计算表。

表 5.14　培训总成本计算表

培训项目：　　　　　　　　　　　　　　　　日期：

成本分类	细　分	项目小计
◆ 需求分析成本 • 培训人员的薪资和福利（人数×平均薪资×员工福利因数×项目所占的小时数） • 餐饮、差旅和住宿费用 • 文具费用 • 打印与复印费用 • 外部服务费 • 设备费用 • 注册费用 • 其他杂费 • 需求分析成本总计		
◆ 项目开发成本 • 培训人员的薪资和福利（人数×平均薪资×员工福利因数×项目所占的小时数） • 餐饮、差旅和住宿费用 • 文具费用 • 培训材料费用 影像和音响材料 光盘/磁带 幻灯片/投影 软件 手册和材料 其他 • 打印与复印 • 外部服务费 • 设备费用 • 注册费用 • 其他杂费 • 项目开发成本总计		

续表

成本分类	细　分	项目小计
◆ 实施成本		
• 学员成本		
• 学员的薪资和福利（人数×平均薪资×员工福利因数×参加培训所占的小时数或天数）		
• 餐饮、差旅和住宿（人数×平均日消费×培训天数）		
• 学员替换成本		
• 生产损失（解释根据）		
• 培训材料		
• 讲师费用		
薪酬和福利		
餐饮、差旅和住宿		
外部服务		
• 设施费用（远程学习、传统课堂、实验室和其他）		
场地租赁		
设施费用		
• 设备费用分摊		
• 其他杂费		
• 实施成本总计		
◆ 项目评估成本		
• 培训人员的薪资和福利（人数×平均薪资×员工福利因数×项目所占的小时数）		
• 餐饮、差旅和住宿费用		
• 文具费用		
• 打印与复印		
• 外部服务费		
• 设备费用		
• 其他杂费		
• 项目评估成本总计		
• 培训部门一般费用分摊		
• 培训项目成本总计		

资料来源：杰克 · J. 菲利普斯，等. 如何评估培训效果[M]. 北京：北京大学出版社，2007.

【本章小结】

本章介绍了关于员工培训与开发规划制定的理论和方法，主要包括员工培训与开发战略、年度、项目规划的制定及员工培训与开发的预算制定。员工培训与开发战略、年度、项目规划是依据时间跨度来分类的，制定员工培训与开发战略规划首先必须从理解企业人力资源战略开始；而年度规划是根据员工培训与开发战略规划确定的，项目规划是在年度规划的指引下进行的操作层次的规划；项目规划需要规定员工培训与开发项目的具体细节，如目标、项目设计、项目实施、项目评估、为项目执行者提供操作性指南等。员工培训与开发预算就是对培训项目进行成本—收益的分析，主要是通过成本分析法进行员工培训与开发预算，本章主要是从年度总成本预算和项目成本预算两方面进行介绍的。

【思考与练习】

1. 试分析企业战略、人力资源战略和员工培训与开发战略的关系。
2. 如何进行员工培训与开发战略的制定和目标设定？
3. 试分析比较员工培训与开发规划的三个层次的区别与内在联系。
4. 如何进行员工培训与开发预算的制定？

【案例分析】

蓝天实业有限公司年度培训计划制订

1. 公司概况

蓝天实业有限公司（以下简称“蓝天”）大型国有企业，是华东地区重要的汽车零部件制造基地和现代汽车服务贸易基地，它的主要业务分为零部件和服务贸易两大板块。零部件板块产品涉及模具及装备、铸锻毛坯、底盘相关系统（传动系统、动力系统、制动系统、转向系统、悬挂系统等）、电子仪表及饰件配件。服务贸易板块业务主要包括物流配送、物资贸易、汽车贸易、进出口贸易、汽车服务、房地产开发业务等。总资产 31 亿元，2011 年销售收入 50 亿元，出口创汇 8 000 万美元。公司拥有控股、参股等各类企业 22 家，占地面积 138 万平方米，拥有员工 9 000 多名。

2. 公司制订年度培训计划的目的

随着中国经济的飞速发展，公司的运营体制管理模式和生产设施都相应地发生了巨大的变化。在整个汽车零部件和相关服务贸易行业充满机遇与挑战的现实情况下，管理人员意识到培训工作对实现公司“三年跨入百亿企业行列”的发展战略至关重要。蓝天秉承“人才资源是第一资源”的理念，通过科学、理智的思考与分析，充分利用自身优势，合理配置内部资源，解决公司短期内“培训谁”“培训什么”和“如何培训”三大问题，大力宣传蓝天的战略使命和目标，加速文化融合和蓝天愿景、核心价值观的传播，增强蓝天内部的凝聚力和向心力，为企业不断提升竞争力、实现可持续发展提供人力资源的支持和保障。

3. 培训需求分析

（1）培训需求战略层次的分析

根据企业五年发展战略规划和人力资源规划的分析，未来五年企业的外部人力资源环境是，一般人力资源供给充足，骨干人才成为竞争焦点，而公司内部中高级经理人队伍、技术与管理骨干队伍、高级技术工人队伍的数量偏少、年龄偏大、学历偏低，尚不能满足企业发展的需要，企业急需建设一支忠诚且富有效率、稳定且年轻的骨干员工队伍。

（2）培训需求组织层次和个人层次的分析

根据公司“三年跨入百亿企业行列”的目标和2011年的人力资源培训目标，为充分有效地利用培训资源，突出以人为本，体现个人与企业共同成长发展的培训理念，蓝天利用重点团队分析法，在现职高管和后备干部中各挑选10人，进行头脑风暴，结合公司的要求，最终归纳为：对现职高管的培训要重点突出——企业文化、品牌、价值观教育；“人人成为经营者”管理模式；合资合作理念、危机意识、大局意识、管理哲学、领导艺术等高管能力提升；国家战略及鼓励政策解读。后备干部的培训要突出重点——党性修养、政治理论；公司发展战略与要求；领导艺术与领导方法；非财务人员的财务知识；创新思维及管理技巧。

同时主要通过发放培训需求调查表和企业培训中心的培训课程目录，对专业技术人员和高技能人员进行培训需求调查；通过部室和下属企业人力资源人员根据2011年度的员工绩效考评和岗位说明书的要求，在进行员工胜任能力分析的基础上，对需要培训的人员提出培训要求，经过6周时间的数据收集归类和汇总，根据二八法则将质量管理、现场管理、数控设备编程与维修、调整、精益生产、人力资源作为公司专业技能培训的重点。

4. 实施培训计划

（1）确定培训目标

结合蓝天 2012 年的经营工作计划，根据现职高管 2011 年考评、自然减员、本人意愿（含离职流动）、撤资退出、合资合作趋势确定高管及后备人才培训的数量，蓝天决定优化后备干部人才库，建立一支 80 名左右的年轻后备干部队伍、培养一支 120 名左右的中年高级专业技术人才团队，选拔培训一支 200 名左右高学历的高技能人才队伍。2012 年在更新现职高管管理理念、夯实年轻后备理论基础、拓展专业技术人员水平、提高高技能人员实战能力的同时，理顺经营管理、专业技术、高技能人员等 3 大序列的职务发展通道，在推动企业高速成长的同时，为每个有志于自身发展的员工，提供一个可充分实现自身价值的广阔空间。

（2）确定培训对象

经营管理培训对象：全体现职高管、后备干部及各部室和下属企业的部分经理、车间主任、班组长。

专业技术培训对象：从各部室和下属企业选拔的年龄在 45 岁以下的专业技术人员和部分优秀的青年大学生。

技能培训对象：从各下属企业选拔的年龄在 45 岁以下中专以上学历的一线骨干。

（3）培训形式

① 高管及后备干部的培训方式。高管及后备干部的培训以理论培训与实岗锻炼相结合，主要分岗位见习、岗位助理、岗位资质取证、岗位实践、对口交流、理论培训、轮岗锻炼素质提升（理论）、挂职锻炼九个阶段。理论培训以半脱产为主，少数赴香港和国外的培训为短期脱产培训。实岗锻炼主要以全职参与为主，其中，对口交流是指困难企业干部到优势企业或同层次企业去学习；轮岗锻炼指干部在企业、公司、集团内担任相同或不同的同级别职务；挂职锻炼（培训）指在明确晋升意向后，对干部进行岗位实习考察。

②专业技术、高技能人员的培训方式。专业技术人员的培训以半脱产理论培训与对口交流和轮岗锻炼为主；高技能人员培训以半脱产理论培训与实习操作为主要培训形式。

（4）培训组织协调

公司经营管理类课程、专业技术类课程和技能培训类课程由公司相关部门牵头，培训中心负责组织、协调、实施各项理论培训；职业资格认证由培训中心牵头，各部室、下属单位协助实施；岗位见习、岗位助理、对口交流、轮岗锻炼、挂职锻炼，由人力资源部牵头、组织、协调、实施。

（5）培训考评

各类理论培训以理论考核（笔试）结合本企业管理（项目）改进方案（论文）进行培训效果考评，其中管理（项目）改进方案交企业主管领导监督方案的推进落实，并最终由企业根据方案的可行性和有效性做出评价。结合学员出勤率、课堂气氛和培训信息反馈表对培训课程的设置、内容、教师和培训组织协调进行评估，在数据汇总分类后，利用帕累托分析，找出最突出的项目予以持续改进。实岗锻炼一般以 6~12 个月为一个周期，均安排企业相关领导作为带教老师进行指导，以工作业绩考察为主，结合本人总结和带教老师评价，对培训效果进行评估，其结果纳入培训学员和带教老师的年度绩效考核。

高技能人员实习操作，主要是应用所学知识提高生产效率及技能，以对其参加培训前后完成工作任务数量和质量的对比为考核要点。

（6）培训预算

由公司人力资源部牵头，组成有培训中心、财务人员、培训师、企业代表参加的预算编制小组，在进行市场调研和横向沟通的基础上，考虑各部室和下属企业的经费能力（教育培训经费按工资总额 2.5%划拨），合理规避费用风险，编制培训费用预算，并经公司人力资源部和财务部审核。

（7）培训审核批准及计划调整

公司年度培训计划必须经公司总经理办公会审批通过才可以实施，人力资源管理部门根据企业的短期目标和长期目标制订或修正培训计划，将培训计划与企业发展目标一一对应，必要时对年度计划进行调整。

培训计划完成率和人均培训课时作为主要指标纳入人力资源部和培训中心的年度绩效考核。

资料来源：洪宁. 企业年度培训计划制定[J]. 企业管理，2012（11）：56-60.

讨论题

1. 蓝天的年度培训计划制订对你有什么启示？（提示：结合所学内容，合理作答。）

2. 如果你是某零售企业的人力资源经理，公司要求你制定一份企业员工培训与开发年度规划，你会如何做？（提示：结合本章内容及案例作答。）

【本章实训】

某电信有限公司营销中心培训规划

1．培训目的

为适应日趋激烈的市场竞争形势，更好地履行营销中心的职能，逐步建立完善的营销体系并树立良好的企业形象，需要加强营销人员服从领导、听从指挥的意识，需要规范营销人员的行为，故特举办此次培训。

2．培训主题

上下结合，齐心协力，开拓进取，共同进步。

3．培训形式

以军事化训练贯穿整个培训过程，采用全脱产形式。

4．主办部门和培训对象

人力资源部主办，相关部门协办。培训对象为营销中心全体员工。

5．培训内容和目标

（1）军训。为了形成服从领导、听从指挥、统一行动、协调一致的团队作风。

（2）公司发展过程及现状。第一，公司组织、生产、营销等业务的发展过程，使学员对公司发展有一个整体的概念。第二，公司管理、人才、生产、技术、营销等现状，具体包括：①概括公司文化，使学员了解公司经营管理现状；②质量管理和质量保证体系，使学员了解为什么要建立 ISO9001 质量管理和质量保证体系，建立该体系有什么作用，了解公司的质量方针和含义，以及从质量检验的角度来讲，公司如何保证产品质量；③制造资源管理系统（MRPII），使学员了解引进这一系统的目的、作用和系统的基本运行原理。

（3）公司的产品形成过程及产品现状。①了解公司产品的生产过程和特点。②公司现有产品的种类、主要配置和工作范围。

（4）公司产品的主要特点。①认识产品，了解产品各部分的名称及作用；②公司产品使用操作；③公司产品与同类产品的比较分析，了解公司的优势所在；④监控系统实现过程及主要功能；⑤公司在进行结构和工艺设计时，是如何为顾客考虑的。

（5）经济合同法。了解如何与合作方谈判并签订合同，以及签订合同时的注意事项。

（6）营销技巧。①营销简述，了解从推销到营销的转变过程和营销体系的建立程序及其主要组成部分；②对待不同客户的方法，学会与不同的客户打交道；③ 销售人员行为规范；④公司销售案例，对公司产品的销售对象进行分类，了解不同类型客户的不同特点及如何对待客户的实际案例。

（7）营销人员的行为规范。了解公司关于营销人员的管理制度、销售待遇等。

6．培训的步骤、时间、地点和责任人

表 5.15 是营销中心营销培训的规划一览表。

表 5.15　营销中心营销培训的规划一览表

<table>
<tr><th>步骤</th><th colspan="2">时　间</th><th>地　点</th><th colspan="2">培训内容</th><th>责任人</th></tr>
<tr><td>1</td><td rowspan="11">2月23日</td><td>8:00—8:10</td><td>电教室</td><td colspan="2">动员</td><td>总裁</td></tr>
<tr><td rowspan="2">2</td><td>8:10—11:30</td><td>小学广场</td><td colspan="2">军训</td><td>保安公司教官</td></tr>
<tr><td>11:30—12:00</td><td colspan="4">午餐</td></tr>
<tr><td>3</td><td>12:00—14:00</td><td rowspan="5">电教室</td><td colspan="2">经济合同法</td><td>法律顾问</td></tr>
<tr><td rowspan="5">4</td><td rowspan="4">14:00—16:30</td><td rowspan="4">公司发展过程及现状</td><td>发展过程及现状</td><td rowspan="3">储运计划部经理</td></tr>
<tr><td>制造资源管理系统</td></tr>
<tr><td>产品的制造过程和现状</td></tr>
<tr><td>ISO9001 质量管理和质量保证体系</td><td>质量部经理</td></tr>
<tr><td>16:30—17:00</td><td colspan="4">晚餐</td></tr>
<tr><td>5</td><td>17:00—18:00</td><td rowspan="3">电教室</td><td colspan="2">性格及能力测试</td><td>人力资源部专员</td></tr>
<tr><td>6</td><td>18:00—19:00</td><td colspan="2">合同评审</td><td>营销办公室主任</td></tr>
<tr><td rowspan="2">7</td><td rowspan="8">2月24日</td><td>8:00—11:00</td><td rowspan="4">公司产品的主要特点</td><td>结构、操作</td><td>技术支持工程师</td></tr>
<tr><td>11:00—11:30</td><td></td><td colspan="2">午餐</td></tr>
<tr><td>8</td><td>11:30—13:30</td><td rowspan="3">电教室</td><td>监控系统实现过程及主要功能</td><td>结构设计工程师</td></tr>
<tr><td>9</td><td>13:30—14:30</td><td>结构、工艺设计是如何为顾客考虑的</td><td>工艺设计工程师</td></tr>
<tr><td rowspan="2">10</td><td>14:30—16:30</td><td rowspan="4">营销技巧</td><td>营销简述</td><td>外聘专家</td></tr>
<tr><td>16:30—17:00</td><td></td><td colspan="2">晚餐</td></tr>
<tr><td>11</td><td>17:00—18:00</td><td rowspan="2">电教室</td><td>对待不同客户的方法</td><td rowspan="2">看光盘</td></tr>
<tr><td>12</td><td>18:00—19:30</td><td>营销技巧</td></tr>
</table>

续表

<table>
<tr><th>步骤</th><th colspan="2">时　间</th><th>地　点</th><th colspan="2">培训内容</th><th>责任人</th></tr>
<tr><td>13</td><td rowspan="8">2 月
25 日</td><td>8:00—10:00</td><td rowspan="2"></td><td colspan="2">公司营销案例</td><td>各营销副总监</td></tr>
<tr><td rowspan="2">14</td><td>10:00—11:00</td><td colspan="2">销售人员行为规范</td><td>营销办公室主任</td></tr>
<tr><td>11:00—11:30</td><td colspan="4">午餐</td></tr>
<tr><td>15</td><td>11:30—12:30</td><td rowspan="3">电教室</td><td colspan="2">公司产品与同类产品的比较分析</td><td rowspan="2">技术支持工程师</td></tr>
<tr><td>16</td><td>12:30—15:00</td><td colspan="2">公司产品使用操作</td></tr>
<tr><td rowspan="2">17</td><td>15:00—16:30</td><td colspan="2">讨论答疑</td><td>所有主持人</td></tr>
<tr><td>16:30—17:00</td><td colspan="4">晚餐</td></tr>
<tr><td>18</td><td>17:00—19:00</td><td>食堂大厅</td><td colspan="2">闭卷考试</td><td rowspan="3">人力资源专员</td></tr>
<tr><td>19</td><td colspan="2">3 月 1 日前</td><td></td><td rowspan="2">作业</td><td>将信息表、营销信息调查表交到人力资源部</td></tr>
<tr><td>20</td><td colspan="2">5 月 1 日前</td><td></td><td>将客户调查表交到人力资源部</td></tr>
</table>

7．要求及注意事项

（1）要求营销中心所有人员均参加此次培训，不参加培训或此次考试不合格者不能上岗。第二次培训考试依然不合格者，公司将解除与其的聘用关系。培训活动一般不能请假、迟到，请假按平日的两倍扣工资，迟到一次（包括课间休息后再上课）按旷工半天计算。因工作需要确实不能参加培训者，需得到总经理的书面批准。

（2）在培训过程中（上课、军训时）禁止吸烟，禁止使用手机。因业务需要不能关手机，应将手机贴上姓名交给人力资源部统一管理。

（3）在整个培训过程中，均要服从推举出的队长的指挥，如违反纪律，队长有权根据违纪程度的轻重给予警告、检查或解除培训的处罚。

（4）培训师上课前，队长喊“起立”，学员站立向培训师行注目礼。培训师说“请坐”后，学员坐下开始上课。课间休息不履行上述仪式。

（5）本次培训的考试分成课堂闭卷考试和作业考试两种形式。课堂闭卷考试满分为 100 分；作业考试（营销信息调查表和客户调查表）占总考核分数的 20%，考核总分满 60 分为及格。

（6）做作业时，不许相互交换意见，不许抄袭。违反者总考核分视为不及格。

8．本次培训应达到的目标

（1）逐步强化员工的组织观念。

（2）完善员工履历调查。

（3）了解员工的社交能力。

（4）使员工详细了解公司的管理、产品、技术情况，掌握有关营销的知识、技能、和法规要求。

（5）使员工掌握合同的签订程序。

（6）完成建立营销体系的基础工作。

资料来源：徐丽娟. 员工培训与发展[M]. 上海：华东理工大学出版社，2008.

讨论题

1. 试分析该电信有限公司营销中心在培训规划中存在的问题有哪些？可以做哪些修改？（提示：参见员工培训与开发规划的三个层次的相关内容。）

2. 该公司的培训规划有哪些可取之处？谈谈在进行员工培训与开发规划制定时需要注意哪些方面。（提示：在本章内容的基础上，可适当发挥，合理即可。）

第 6 章
员工培训与开发实施与评估

学习目标

1. 了解员工培训与开发实施的三个阶段。

2. 熟悉员工培训与开发效果评估的内涵。

3. 熟悉员工培训与开发效果评估的流程，以及员工培训与开发效果评估报告的结构和内容。

4. 掌握菲利普斯“五级六指标”模型在员工培训与开发效果评估中的具体的应用。

关键术语

柯氏评估模型　菲利普斯“五级六指标”模型　结果评价体系　培训效果评估流程

引导案例

某连锁店的培训效果分析

某大型连锁店为了增加销售额，对销售人员进行了销售技巧培训，以提高销售人员与客户进行信息沟通的技巧。项目由外部咨询公司设计和实施，内容包括 2 天的技能培训，1 天后续跟踪培训（由学员实践所学技能），3 周的技能在工作中的应用，然后讲述各自实践的情况，探讨克服实施障碍的方法。48 个学员来自 3 个分店的电子部门，每部门各 18 人。

该项目效果评估的主要思路是：从另 3 个分店的电子部门各选 1 组作为对照组，

对照组在商店规模、地点和客流量方面与培训组相同；采用有对照组的后测方案；监测记录每人、每周的平均销售额；通过对培训组和对照组的周销售额的比较，了解培训的实际效果。

在培训的后期，由培训师主持，通过角色扮演等方法了解学员对15种销售技巧和6种影响客户的步骤的熟悉、选择和运用的情况。在培训结束时，由培训师负责，通过问卷的形式了解学员对培训项目的评价和建议。其中对项目的质量、用途和收获评价为4.2分，满分是5分。

在培训后3周，培训师主持召开了以学员为对象的后续研讨会，了解技能在工作中应用的频率和效果及与客户打交道中的主要障碍。在培训后3个月，由培训师协调员实施了对学员的问卷调查，其内容也是关于销售技巧的应用和与客户沟通的障碍。最后是投资回报收益率分析，即ROI分析。

资料来源：http://wenku.baidu.com/view/2717e56b58fafab069dc020b.html.

从以上案例中，我们看到了该连锁店对销售培训评估的主要思路和做法，那么，什么是员工培训与开发的效果评估？都有哪些方法？本章将对员工培训与开发效果评估的内容做相关介绍。

员工培训与开发效果评估是员工培训与开发流程的最后一步，因而人们也就很容易把这一步看作员工培训与开发完成后才需要实施的环节，其实不然。如果员工培训与开发需求分析指明了“为什么做”和“做什么”的方向，员工培训与开发设计和实施阶段解决了“做到什么程度”“怎么做”的问题，那么，评估阶段就是对当初的假设（员工培训与开发的出发点）进行验证，对项目实施的过程进行跟踪，对项目产生的成果进行测量，回答“做得怎么样”这一问题。因此，效果的评估应贯穿于员工培训与开发活动的整个循环中，而不是等到项目结束时才来启动这项工作。

6.1 员工培训与开发的实施

员工培训与开发的组织实施是指根据企业发展和员工个人发展的需要，将培训规划具体化并予以执行的过程。由于已有良好的培训规划，具体的培训贵在落实。真正在培训实施过程中要注意的就是一些技术细节，主要目的是让受训者始终对培训保持很高的积极性和配合精神，尽可能地实现教与学的互动，使培训取得良好的效果。员工培训与开发实施模型如图6.1所示。

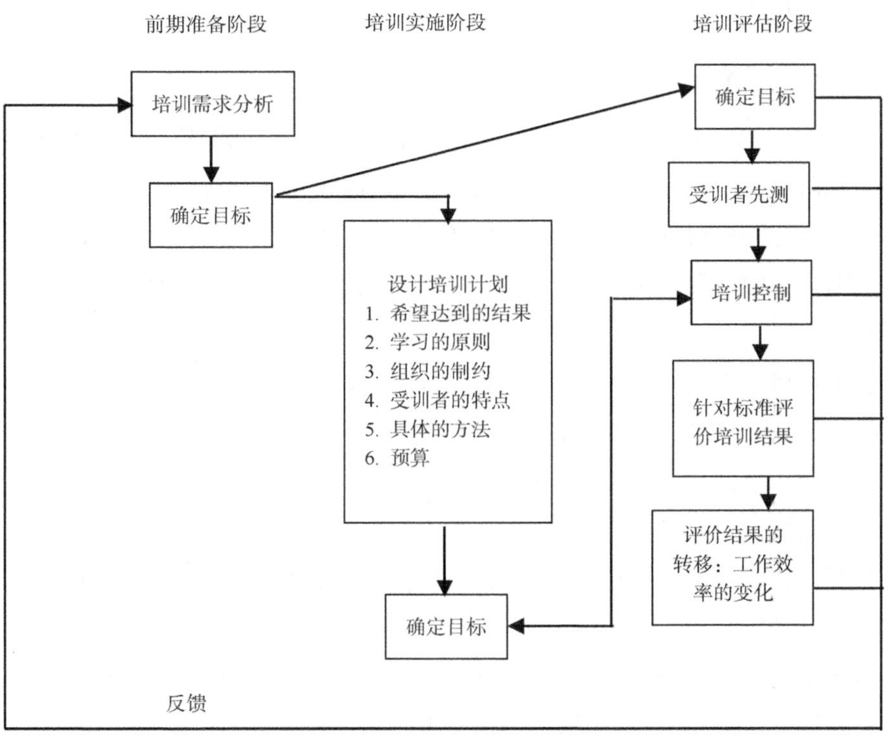

图 6.1　员工培训与开发实施模型

6.1.1　前期准备阶段

1．确立培训项目工作小组

培训的实施首先要确立培训项目工作小组，以确立负责人或责任人，整个培训项目由其指挥。这样整个培训工作的开展才能整齐划一地有序进行。而培训的组织成员没有严格的界定，既可以是人力资源部主管培训的工作人员，也可以是其他部门的人员，甚至可以是企业的高层领导。但在整个培训实施过程中，都要接受项目负责人的指挥。工作小组成立后，还须进行明确分工并界定责任，使培训的每个工作环节都落实到人。

2．培训宣传

一个很好的培训项目被设计出来后，若企业其他部门对其不甚了解，就难以得到他们很好的配合，从而影响培训的效果。因为他们没有与培训部门进行很好的沟通，无法派送合适的培训对象去参加培训，而培训对象的正确选择对培训十分关键。如果培训对象不能真正理解这个培训项目的意义所在，其学习的动力就会不足，不能对培训产生兴趣，甚至产生抵触情绪。所以，在实施培训之前要与各部门主管及员工进行双向交流，取得建议，获得支持。

3. 培训前准备

培训的实施，须投入人、财、物、时间、信息等诸多方面的资源，这都要在培训前做好充分的准备。在培训分析与规划阶段，已对培训的实施进行了可行性分析，因此，资源的准备一般都是可行的，只是是否准备周全有待确定。主要有以下几个方面。

① 根据培训的项目目标确立实施方案，包括项目的形式、学制、内容、程序、课程及教师。

② 制定项目进度表，确定授课日程。授课日程或顺序的安排应按照各学习单元之间的相互关系与难易程度来确定讲授顺序和课时。

③ 再次确认培训师，并与培训师进行沟通，确认培训重点与讲授方式、风格。协助培训师准备教科书和参考资料，编写教学大纲。

④ 布置培训场地。不同培训项目对场地有不同的要求，应根据培训的内容要求来选择和布置培训场地。

⑤ 准备培训设施。例如，投影仪、电视机、屏幕、放像机、摄像机、幻灯机、黑板、白板、纸笔，等等。一些特殊的培训还需特殊的设备。

⑥ 准备培训经费。

⑦ 发放培训时间通知，并追踪确认，使每个学员都确知时间、地点、基本内容与培训目的及要求。

6.1.2 培训实施阶段

做好培训计划后，便需要讨论培训的具体实施问题了。对于培训课程的执行，主要依照计划进行就可。但在培训过程中，须进行及时的反馈，即在过程中反馈，培训工作者随时了解培训动态，掌握学员的反应，并根据受训者的要求，进行适时调整，以保证培训效果。另外，关系到培训效益的另一个关键环节就是对培训的控制。

目前，大多数企业对培训过程的某些环节有所控制，但不完善。总体来说，培训过程应从以下几个方面进行控制。

1. 对受训者受训资格的控制

这要根据培训计划和培训需求来进行，而且须结合员工所在职岗的性质与要求。受训资格不是由领导来确定的，而是通过培训需求定位的目标对象来确定的。尤其在培训经费有限且关注培训效益的情况下，更应准确控制受训对象范围，让钱花在刀刃上。

2. 对培训经费的控制

培训经费划拨出来后，应根据本年度的培训计划进行分配。并且对培训经费开支实行专人控制与管理，以做到专款专用。控制培训经费最有效的手段就是计算人均培训费用，其公式为:

$$C/T=(\mathrm{CC}+\mathrm{TR}+S+\mathrm{RC}+T\&L+\mathrm{TS}+\mathrm{PS}+\mathrm{OH})/\mathrm{PT}$$

其中：C/T 为每个受训者的费用；CC 为咨询费；TR 为培训场所租金；S 为培训用品费用；RC 为点心和饮料支出；$T\&L$ 为受训者和培训者的旅行和住宿费；TS 为培训师工资和福利；PS 为受训者工资和福利；OH 为受训部门的经费开支；PT 为受训者人数。

3. 师资的控制

要对师资的任职资格、教学水平或能力、教育效果进行控制。由于部分培训师需要外聘，特别是一些培训专家，其受聘价格不低，因此师资费用还需严格控制，否则容易超支。

4. 对培训效果的控制

对于培训效果的实现，在培训实施过程中也须加以把控，设置一些保证培训效果的控制环节。例如，为了提高学员对培训的重视程度，在培训结束后要设置“训末考核”，以考查学员的学习情况，而且在培训开始时就告知受训者。这从学习态度方面对培训效果进行了控制。另外，对培训师的教学效果控制，也可以采用在培训过程中发放教学质量的调查问卷，以督促培训师认真授课，保证授课质量。

6.1.3　培训评估阶段

培训的效果评价是对培训效果的总结和检验。它是本次培训结束的标志，通过总结评价，可以找出培训的不足，总结经验与教训。同时，它可以发现新的培训需求，是下一轮培训的重要依据。我们已认识到效果评估对整个培训系统极其重要，并通过指标体系的建立分析了系统效果评价应予以考虑的因素，使评价有的放矢。同样针对每一培训项目的运行子系统，评估环节也十分必要。项目的负责人能够通过评估考核的结果来全面认识完成的培训工作，有目的地进行纠正和改进，同时可以总结工作中一些成功的亮点，以继续保持和发扬。鉴于前面已对培训评估进行了大量阐述，这里仅从操作层面加以补充，希望能使培训工作人员更加有效地开展培训工作。

培训项目评估虽然发生在培训工作的最后阶段，但在设计培训计划的时候就需考虑。

企业一般从以下几个方面进行培训效果评估：分析培训效果是否达到预期目标，评估培训的价值，分析培训活动中需要改进的地方，分析受训对象的选择缺陷，回顾和改进培训项目。培训的效果评估可在培训即将结束的时候，也可以在培训结束后通过信息反馈和分析来进行。

1．清楚培训评估的目的

在组织培训评估之前，评估者首先要确定评估的目的。目的清楚以后，才会在恰当的时机用恰当的方法进行有效的信息收集。培训评估的目的与企业培训的目的是一致的，评估也正是为了了解企业培训目标的实现程度。一般企业对培训项目的评估有这样几个目的。

（1）了解培训的效果与效率

培训是否起到了作用？无论是对培训的组织部门，还是受训的工作单位或投资培训的决策层，这都是一个需要清楚了解的问题。培训的价值要用效果与效率两个指标来评价。培训效果是指通过培训，企业获得多大社会和物质效益，这可通过柯氏评估模型来分层评估，了解受训者在行为和工作绩效上取得了多大的改善。而培训的效率是指考评培训工作者的工作效率，现在越来越多的企业开始重视对培训效率的基准化测量。

（2）改进培训的质量

作为培训负责部门应全面掌握并控制培训的质量，对不合格的培训，要及时找到失误的地方进行纠正。本着不断改进培训质量的原则，把培训工作越办越好。

（3）了解受训者的接受程度

这也是培训评估的目的之一。了解受训者对所授知识、技能、态度的接受和更新能力，以及培训成果在工作中的应用程度。另外，受训者对整个培训项目的直接感受，也是评估的重要内容，是获取反馈信息的直接来源。

2．培训评估的层次选择

一般企业都采用 D.L.柯克帕特里的四层次评估模型（柯氏评估模型）对培训效果加以分析，包括反应、学习、行为、结果。每个层次的评估难度都在不断增加。限于企业的精力和财力，大多数企业的培训在做完一级评估或二级评估后就鸣金收兵了。但是权威人士认为，想要评估工作为培训的改进提供有效信息，就需进行三至四层评估。深层评估的优点是可暴露培训内容在工作中的运用障碍。如果仅仅采用一、二层评估，所获得的数据是非常有限的，它们虽可用于判断培训条件是否有助于学习及受训者对学习内容的掌握程度，但反应和学习成果无法说明学习成果是否发生了转化，即所学到的技能、知识、态度、思维方法是否转移或运用到工作中，以及转化多少都不得而知。但若要每项培训都采用深层评估，也不现实。采用哪种层次的评估最为有效呢？这取决于培训目标。如目标是了解与经营业务相关的结果，那就应进行深层的绩效成果评估。只有将培训目标与评估活动结合起来，才能达到最佳的评估效果。

3．评估活动的开展

培训的评估工作分为五个步骤：选择评估者、确定评估目标与标准、受训者测试、收集反馈信息、评价培训效果及转化。

（1）选择评估者

评估者的正确选择对整个评估工作而言十分关键。很多企业的效果测评的信度与效度不高，在很大程度上在于评估者自身。作为一名裁判，其自身首先要对所评判的事物非常熟悉，否则就成了外行评价内行，可信度会大打折扣。而且评估者须具备公正严谨的品质，对评估持有客观公平的工作态度。在实际评估中，可根据评估内容来确定评估者。

（2）确定评估目标与标准

评估的目标需要在培训评估实施之前确定下来，它是整个评估工作的方向指引。同样，标准与目标息息相关，只有确立了目标才能确定评估标准，通过标准的确定，使目标得以具体化。评估标准的选择要以目标为基础，并使其与培训计划相匹配，当然也必须具有可操作性。

（3）受训者测试

受训者测试包括先测与后测。先测指让受训者在培训之前进行一次相关的测试，以了解受训者原有的水平，这有利于引导培训的侧重点，也为正确的培训效果评价打下基础；而后测指在培训结束后用同先测一样的方式进行测试，以与先测结果比较来判断培训的直接效果。

（4）收集反馈信息

也就是受训者、受训部门及领导层对培训的意见反馈，这些意见也是对培训工作的直观评价，但在短时间内还不能测试出培训的转化效果。在反馈信息收集时，要善于观察，抓住培训目标的大方向，并与受训者及时交流，了解真实情况。

（5）评价培训效果及转化

评价培训效果首先要针对一定的评价标准，根据评价收集的信息与数据，进行量化分析，运用指标体系和多种分析方法进行评价。一般我们从知识、技能、态度和业绩变化四个方面来度量。对于知识和技能的变化可通过培训的先、后测来进行比较，而态度变化则需工作环境的影响，受训者很可能因工作环境的积极或消极影响改变培训结束后的态度。对于培训后业绩变化则需在受训者回到岗位一段时间后测试，因业绩的体现不像知识与技能那样会立竿见影。对于培训的效果转化测试则是一项综合性测试，它须结合前面的测试评价，同时须考虑多项因素的影响，如培训结果对受训者在升迁、奖惩方面的刺激程度，所引用的指标也多具可测量性，因此必须借助指标体系来完成。

6.2 员工培训与开发效果评估概述

6.2.1 员工培训与开发效果评估的基本内涵

员工培训与开发效果指的是培训开发活动给培训对象、学员主管、培训组织部门和培训的投资方带来的正面效应，培训与培训效果之间没有必然的联系。员工培训与开发效果评估指的是针对一个具体的培训项目，培训的投资方或组织方等，通过系统地收集和分析资料，对培训效果的价值及其价值程度及培训质量好坏等做出判断，其目的在于指导今后的培训决策和培训活动。进行培训效果评估具有多方面的意义，受益方也是多方面的。

员工培训与开发效果评估是运用科学的理论和技术对员工培训与开发活动的需求分析、项目设计、项目执行和实际成果进行系统的考察和评价，是对整个员工培训与开发活动过程和结果的评估。通过这一评估，可以达到以下目的：

① 判定员工培训与开发是否达到目标；

② 找出项目中的优点和不足之处，并做出相应的改进；

③ 确定谁应该参加并真正能够从员工培训与开发中受益；

④ 收集信息用来推广员工培训与开发；

⑤ 权衡员工培训与开发的成本和收益；

⑥ 为管理层决策提供信息和数据；

⑦ 增强员工培训与开发部门在企业中的信用和地位，争取广泛的支持；

⑧ 赢得员工培训与开发部门生存和发展所必需的资源。

在企业员工培训与开发活动中，难点之一是构建一个有效的评价体系。这一体系既针对高层管理人员或项目发起人，了解其对员工培训与开发的需求是否得到满足及满足程度，并对资源的有效性进行评估；又要面向员工培训与开发管理人员或部门，评判员工培训与开发是否达到预期效果，并证明自己部门的成果对企业的价值。由于员工培训与开发干预对组织的战略支持作用越来越大，组织对全面建立员工培训与开发效果评估体系的要求也越来越强烈。但现实情况是，在员工培训与开发的需求分析、项目设计、项目实施和效果评估四个环节中，效果评估环节最不理想，这可以从对员工培训与开发效果评估认识上的“假象”与“现实”中找到原因（见表 6.1）。只有打破认识上的误区，认清现实，员工培训与开发管理人员才能建立一个完善的评估体系，使其既能满足管理层的战略需要，又能证明自身或部门的经济价值。

表 6.1　员工培训与开发效果评估认识上的“假象”与“现实”

假　　象	现　　实
没有合适的方法衡量员工培训与开发的成果	评估模型和技术已经成熟且很普及
不知道什么时候收集和收集什么信息	随时收集与目标相关的信息，不要等到项目结束后再去收集
对所有项目都要计算投资回报率	投资回报率只是效果评估的一部分，并不是所有项目都要做投资回报率评估
测量和评价只在财务和生产领域有效	正是因为其他部门早就做了，如果员工培训与开发部门再不这样做，员工培训与开发活动的价值将会降得更低
CEO 都没有要求评估，我们为什么还要进行评估	高层管理人员不需要评估可能是暂时的，他们可能明天就要，而且未来的高层管理人员可能需要
太多因素会对效果评估造成影响，难以把握	可以通过相应的方法来分解这些因素，这也是效果评估的价值之一
评估可能引发批评	这是不主动进行评估的主观原因，要评估就要做好接受批评的准备，不接受批评将会招致更多的批评
不需要证明员工培训与开发存在的价值，我们有良好的历史记录	“酒香也怕巷子深”，有成果就不怕别人批评，同时是很好的宣传
评估学习目标是否达到就行了	企业的员工培训与开发不同于普通学校的基础教育，其目的是引导行为和经济效益的变化
评估花费的成本很高	评估可以低成本进行；项目预算中必须分配给评估步骤资金；评估本身也可以产生效益

6.2.2　员工培训与开发活动有效性的含义

要对员工培训与开发效果进行评估，首先必须解决的问题是，如何定义员工培训与开发的效果，即回答“什么是员工培训与开发活动的有效性”的问题，这样又衍生出以下三个问题：

① 有效性的含义是什么？它与效率的含义相同吗？

② 如何测量有效性？

③ 判定有效性的目的是什么？也就是说，如果某一项目被判定有效或无效，结果会怎么样？

有效性是一个相对的概念。有效性通常是在相对于某一目标或一系列目标对项目的完成情况进行测量后，对项目达到目标的程度做出的判定。首先，有效性与被评估项目的目标直接相关。因此，项目中要测量的目标必须具体明确，否则项目的评估就失去了方向和标准。例如，某一项员工培训与开发很好地达到了提高学员的技能和不超过项目预算的目标，但是没有达到提升客户满意度的目标。到底要评估什么呢？这个问题必须在设定目标时就确定下来。其次，选择评估方法和技术对测量的可信度和有效度至关重要。不同的方法，其测量的侧重点不一样，如有的方法适宜用于测量行为改变，有的方法更注重财务分析，因此，需要根据评估目标选择相应的方法和技术。最后，由谁对测量结果进行评估也是对项目有效性判定的重要影响因素，评估人从不同的利益点出发可能做出完全不同的判定。如一线经理认为，内部培训项目达到了提升销售人员销售技巧的目标，但财务人员认为内部培训师的总体成本明显超过外部培训的项目开支。

简单地说，要解释员工培训与开发活动的有效性，就必须从四个方面入手，也就是回答四个问题：为什么评估？评估什么？谁来评估？如何评估？

根据对这四个问题的综合回答，对员工培训与开发活动的有效性就可以形成一个准确而完整的概念。

6.2.3 员工培训与开发效果评估的两个层面和三个阶段

1. 员工培训与开发效果评估的两个层面

传统的员工培训与开发效果评估是不全面的，需要进一步完善。传统的员工培训与开发效果评估主要是针对项目的评估，属于微观层面的评估，评估对具体项目的诊断非常有用，清楚地显示了每一个项目的成果和不足；但是很难反映组织整体员工培训与开发活动的情况，因此需要进行宏观层面的评估。指标法就是针对组织整体员工培训与开发活动进行宏观层面的评估方法。对企业来讲，指标法简单且易于执行，多种指标结合在一起能够全面地反映关于员工培训与开发活动的一个完整画面，就像开汽车时仅看某一个信号是不够的，需要查看仪表板上的多个信号指示才能保证驾驶安全。

微观层面的员工培训与开发效果评估方法主要有以柯氏评估模型为代表的经典模型，以及菲利普斯“五级六指标”模型和斯旺森-霍尔顿结果评价体系。

宏观层面的员工培训与开发活动效果评估指标法主要包括 ASTD 法、财务指标法、知识资本法和人力资源指标法。

2．员工培训与开发效果评估的三个阶段

员工培训与开发效果评估如果按照时间顺序来进行，则可以划分为三个阶段：培训前、培训中和培训后（见表 6.2）。

表 6.2　员工培训与开发效果评估的三个阶段

评估阶段	评估内容
培训前	• 对学员知识、技术、能力和行为的摸底 • 选择准确的培训起点，包括确认差距，选择评估方法
培训中	• 对项目实施过程的监控，包括培训师评估，培训内容评估和培训后勤评估。 • 了解学员掌握新知识和技能的情况及其对培训师的反应和要求 • 对培训内容、培训环境和培训师做相应的调整
培训后	• 员工培训与开发后评估的重点是对业绩提升的跟踪 • 包括项目结束后的即时评估、项目结束后的中期评估和项目结束后的长期评估 • 项目结束后的即时评估集中在反应层面。了解学员对整个活动的评价和建议，同时可能涉及学习层面的知识掌握情况，通过考核手段，了解学员在知识方面改善的程度 • 项目结束后的中期评估侧重于对学习和行为两个层次的评估，在学员回到工作岗位上一段时间后，通过观察其行为是否改变进行评估。在这一阶段，如果在短时间内能够产生绩效结果，也可以对其加以评估 • 项目结束后的长期评估是对员工培训与开发活动所产生的经济绩效的评估。评估员工培训与开发活动对企业绩效结果的贡献需要一定的时间周期，有时会是相当长的周期

6.3　员工培训与开发效果评估技术

6.3.1　员工培训与开发效果评估的流程

员工培训与开发效果评估流程一般由 8 个步骤组成（见图 6.2）。

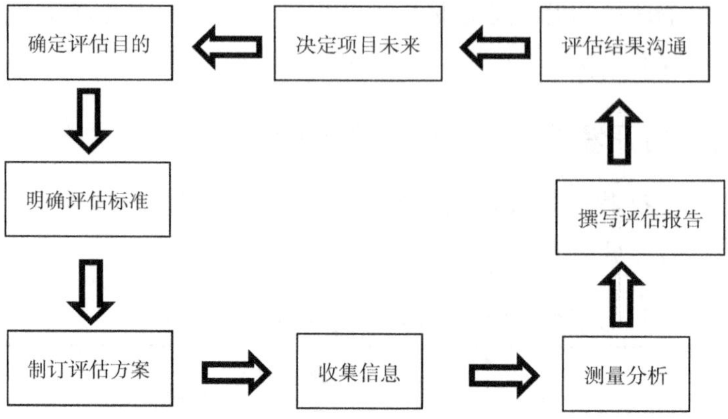

图 6.2 员工培训与开发效果评估流程

1. 确定评估目的

在开始项目评估时，首先要明确“为什么要评估”，也就是明确评估的目的，这是评估的方向性问题，对评估什么、评估的标准、评估技术、谁来评估、什么时候评估都具有指导性和决定性的意义。例如，管理层要了解“以客户为中心的销售培训项目”是否能够提高销售人员的销售技巧，销售人员访问客户的行为就是评估的内容，评估的标准就是期望的行为，评估技术可以采用观察法，评估人为销售人员的直接上司，评估的时间是销售人员访问客户的时间；如果管理层要了解通过同样的培训项目是否提高销售利润，相应地，评估的内容就变成销售利润率，评估的标准变成利润增长率评估技术变成财务报表分析，评估人成了财务人员，评估的时间变成月度、季度或年度。

2. 明确评估标准

评估标准是将员工培训与开发活动的目标具体化为可测量的指标，是用来测量员工培训与开发过程和成果的参考系。指标的来源有四种：行业的标杆数据、历史的经验记录、计划的期望状态和咨询专家的建议。指标的形成过程一般经过由上而下分解，再经过由下而上反馈，达成一个共同的指标。指标一经明确，应立即公之于众，成为培训活动的指南。

3. 制订评估方案

评估方案的制订包括四个方面：评估技术（模型）的选择、评估人员的筛选、评估对象的确定和评估时间/地点。

（1）评估模型的选择

柯氏评估模型奠定了培训效果评估的理论基础，在此基础上发展起来的评估模型各有千秋，以菲利普斯“五级六指标”模型和斯旺森-霍尔顿结果评价体系最具有普遍性和适用性。可以根据评估目的和目标，采用相应的模型对反应层、学习层、行为层和结果层进行部分或全面的评估。

（2）评估人员的筛选

传统意义上的评估者角色一般由培训师或培训管理人员承担，这种操作简便易行，但存在严重的缺陷，只能对员工培训与开发效果的第一层（反应）和第二层（学习）进行评估，无法推进到第三层（行为），更不用说第四层（结果）的评估。因此，要实现全方位多层次的评估，就必须将所有的员工培训与开发利益相关者列为评估候选人。员工培训与开发利益相关者一般包括五个方面：项目发起人（高层管理人员）、培训部门负责人、培训师、学员的直接上司及学员本身。但是在实际操作中需要注意，并不是每一个项目或每一个指标的评估都需要上述所有候选人同时参加，应该根据具体需要选择相应的人员。

（3）评估对象的确定

效果评估是对员工培训与开发整个过程和结果的考察和评价，因此其评估对象应包括目标、流程和结果、相应的关键事件和人员。如目标包括阶段目标的实现程度、流程的有效性、结果与目标的偏差、关键事件发生的条件和频率、人员的反应和表现，等等。

（4）评估的时间/地点

对需要即时评估的内容，如连续性很强的知识性内容需要随时进行，否则会影响后续流程的有效性；而有些评估需要阶段性地进行，如综合学习项目的子项目就需要分阶段评估，而对大多数与经济指标相关的效果评估，则必须在项目结束后的半年甚至更长时间后实施。至于评估的时间/地点，可以因地制宜，以方便灵活为准则。

4．收集信息

信息收集的主要来源有员工培训与开发需求分析报告、员工培训与开发计划、培训课程反馈表、知识测试答卷、角色扮演记录、学员行动计划等与员工培训与开发过程和结果相关的资料。此外，还可以采用问卷、采访、现场观察等其他方法收集所需要的信息。

5．测量分析

在这一步骤中，评估者对收集到的原始资料，如需求分析报告、项目计划、课程反馈表、知识测试答卷、角色扮演记录、学员行动计划，以及通过问卷、访谈、现场观察等其他方法收集到的信息进行统计、分析，并将结果与评估标准对照做出相应评价，得出员工培训与开发活动的目的是否达到及达到的程度的结论。

6. 撰写评估报告

员工培训与开发评估的过程和结果必须用正式的形式表现出来以便于沟通和作为决策的依据，因此撰写评估报告既是对评估活动的正式总结，也是对后续沟通和决策做好文档资料的准备。

7. 评估结果沟通

员工培训与开发效果的利益相关者们有理由，也有权利知道员工培训与开发活动的评估结果，员工培训与开发活动评估结果的沟通至关重要。

① 企业高层管理人员或培训项目发起人需要知道项目的成本和收益情况，并以此来决定是否继续支持项目的实施；

② 学员的直接上司需要知道学员在知识、技术和能力等方面的提升情况，为培训的成果转化创造条件；

③ 学员需要将自己的学习情况与过去进行对比，与平均水平对比，与期望标准进行对比，以了解自己的进步和不足，为继续学习找到方向；

④ 培训师需要了解培训课程的设计、实施及培训环境对培训效果的影响，能够对项目的不足做出进一步的改进，取得更好的效果；

⑤ 培训管理人员需要掌握整个员工培训与开发流程和结果的综合评估效果，通过跨部门的沟通协调，使员工培训与开发活动融入企业的经营管理中。

8. 决定项目未来

本步骤既是某一项目效果评估的终点，更是整个员工培训与开发效果评估循环中的一个新的起点。根据评估结果采取的后续措施有：保留并继续实施评估效果好的项目；对某些环节有缺陷的项目进行改进；暂停甚至取消评估效果差的问题项目。

6.3.2 员工培训与开发效果评估模型

如前所述，对员工培训与开发活动的评估可以从微观和宏观两个层次展开。微观层次对某一项目进行考察和分析，采用柯氏评估模型；宏观层次对企业关键绩效指标实施监控和反馈，采用特定的指标法。表 6.3 列出了效果评估的层次、对象和模型。

表 6.3 效果评估的层次、对象和模型

评估层次	评估对象	评估模型
微观层次	员工培训与开发	• 柯氏评估模型 • 菲利普斯“五级六指标”模型

续表

评估层次	评估对象	评估模型
微观层次	员工培训与开发	• 斯旺森-霍尔顿“结果评价体系” • 高尔文 CIPP 模型 • 沃尔 CIRO 模型
宏观层次	企业关键绩效因素	• ASTD 法 • 人力资源指标法 • 经济增加值（EVA）法 • 知识资本法

1．培训项目效果评估模型

微观层次的项目评估模型有柯氏评估模型、菲利普斯“五级六指标”模型、斯旺森-霍尔顿结果评价体系、高尔文 CIPP 模型和沃尔 CIRO 模型。

柯氏对培训效果评估的贡献是里程碑式的，其四层次评估模型最为经典，影响广泛而深远。该模型为评估员工培训与开发效果奠定了理论基础，为后人的研究和发展提供了路径和框架。后来的研究者，特别是菲利普斯和斯旺森-霍尔顿的研究继承和发展了柯氏的理论框架，为员工培训与开发评估提供了科学的方法论和操作性工具。

（1）柯氏评估模型

柯氏指出：员工培训与开发效果的评估应该从反应、学习、行为和结果四个方面展开，并构成一定的层次（见表 6.4）。

表 6.4　柯氏评估模型

评估层次	评估内容描述
反应	学员对员工培训与开发的意见和建议的即时反馈，通过发放随堂问卷获得信息
学习	学员从员工培训与开发中得到的收获，借助笔试、案例研究、角色模拟进行测试
行为	学员在培训后发生的行为改变，通过调查、访谈和征集 360 度反馈获得信息
结果	组织绩效的提升及员工培训与开发的投资回报率（ROI），追踪和监控关键绩效指标

① 反应。

“学员喜欢员工培训与开发吗？”“觉得培训对他/她会有有用吗？”

在反应层面，这两个主要的问题反映了学员对项目及其有效性的直观感受。积极的反应将会鼓励和吸引学员的参与。但是，一旦学员不喜欢项目本身或怀疑培训的有效性，其参与度就会降低，培训后回到工作中也不会运用学到的知识和技能，更有甚者，学员的消极反应还会影响到其他人对项目的参与。虽然说一个项目的受欢迎程度并不代表该项目对企业的作用大小，但是通常情况下，企业还是希望员工培训与开发首先能够得到员工的认可，因为不受欢迎的项目即使在理论上很有用，但由于在执行中受到抵制，结果会大打折扣，收效甚微。

反应层次的信息只涉及参与者的感受，在本质上是一种满意度调查，实施起来比较容易。因此，反应层次的评估最常用，也最基础，培训项目没有任何理由缺失这一最基础的评估。

反应层次的信息具有两方面的作用：一是帮助培训师或项目协调人员了解学员的感受，对课程或项目的设计及执行做出即时和相应的改进；二是可以加强员工培训与开发在组织内部的宣传和推广。

② 学习。

“学员通过培训项目掌握‘应知’和‘应会’的内容了吗？”

这是员工培训与开发必须评估的重要指标之一。通常采用的评估方法有笔试、工作情景模拟、角色扮演、案例研究等。学习层次评估结果能够使学员获得对自己学习状况的反馈，了解自己的进步和不足，增强学习的兴趣和进一步学习的目的性；同时，培训师通过评估不仅能够了解自己教授了什么，而且可以知道学员学会了多少，通过相应的调整和改进，使后续培训更有针对性，取得理想的效果。

③ 行为。

“学员在回到工作岗位后有实际运用员工培训与开发中学到的知识和技能吗？”

行为改变是学习发生的标志，是衡量员工培训与开发效果的必不可少的重要指标。如果学员在实际工作中没有运用培训中所学到的知识和技能，学习成果就无法转化为工作成果，员工培训与开发活动也就到此为止了，再谈员工培训与开发对个人和组织的有效性将是自欺欺人、毫无意义的。评估行为变化比较好的方法有 360 度反馈、工作现场观察和行动计划跟踪法。需要注意两点：首先，行为层次评估的时间周期与反应层次和学习层次不同，前面两个层次是即时性的评估，发生在培训进行的合适时间点，但行为层次的评估需要一定的时间周期，一般在培训结束 3~6 个月后进行，最长不超过 12 个月。其次，行为层次的评估者也与前两个层次有所不同，前两个层次的评估者角色由培训师或项目协调人承担，到了行为层次的评估，评估者角色主要由学员的直接上司承担。

“知易行难”，行动是连接知识、技能与绩效的桥梁。没有行动，学习成果就无法转化成绩效结果。因此，行为层次的评估是检验员工培训与开发活动是否真正融合到企业运营中的关键一步，以此为依据，创造学习成果转化的有利条件，让理想的行为改变成为提升绩效的必由之路。

④ 结果。

“员工培训与开发活动提升组织的有效性了吗？”“员工培训与开发是提高了组织的生产率、利润率，还是客户满意度？”

这些问题都是对员工培训与开发绩效成果的有效衡量指标，也是企业中大多数经理人员对员工培训与开发最为本质的关注点。考虑到影响企业和员工绩效的多种因素，对员工培训与开发活动绩效成果的评估越发显得富有挑战，而这恰恰是显示员工培训与开发活动对企业战略价值所在的关键之处。

绩效成果的评估要注重定量数据的收集和分析，还要注意另外两个问题：一是评价要有足够的时间周期，有时甚至需要较长的周期，如领导人才的开发，以保证学习成果转化所需要的时间。二是突出高层管理人员在评估中的作用，绩效成果的评价需要客观定量化的数据，但数据并不是评估的全部，高层管理人员从全局的视角出发，对数据的理解更具有战略意义。

柯氏评估模型为员工培训与开发效果评估奠定了方向性基础，解决了“做什么”和“为什么做”的问题，但没有进一步指明“怎么做”的具体技术和方法，这就造成了培训专业人员即使通晓四层次模型，在实际应用时却颇感为难的局面。特别是，四个层次的优先级和重要性顺序如何决定？是不是层次越高越好？没有达到第四层次是不是评估就不完整？这些问题使四层次模型只能停留在框架阶段，无法指导效果评估的具体实施。因此，在柯氏评估模型的基础上，菲利普斯和斯旺森-霍尔顿展开进一步的研究，分别开发出两种具有代表性的效果评估的技术模型：“五级六指标”模型和结果评价体系。

（2）菲利普斯“五级六指标”模型

表 6.5 描述了该模型的评估级别及相关数据的种类、数据的重点和数据的用途。

表 6.5　菲利普斯“五级六指标”模型

评估级别及相关数据的种类	数据的重点	数据的用途
第一级：反应/满意度，行动计划	培训项目、培训人员和评估结果将如何得到应用	• 衡量相关人员对培训项目的主观看法，主要是学员对培训项目和对培训人员的反应和满意度 • 也可以衡量另一个维度：学员参加培训后所制订的行动计划，即学员如何实施新的要求、项目或流程，或者他们将如何运用新知识和新技能 • 有关反应的信息可用来改善培训的内容、设计和实施流程

续表

评估级别及相关数据的种类	数据的重点	数据的用途
第一级：反应/满意度，行动计划	培训项目、培训人员和评估结果将如何得到应用	• 制订行动计划的过程有助于促成培训成果向工作环境的转移 • 有关行动计划的信息可以用来决定将来评估的重点，并用来对比实际结果和当初的计划
第二级：学习结果	重点在学员及有利于学习的支持性机制	• 衡量学员在多大程度上掌握了培训的内容：所期望的态度、知识、技术、流程等 • 对学习的衡量要比获得有关反应的信息难，要采用客观的衡量方法，衡量指标要能够量化 • 衡量获得的信息以用来判断学员对学习内容的理解和吸收程度 • 衡量获得的信息，可以用来改进培训项目的内容设计和实施流程
第三级：应用与实施	重点在学员、工作环境和有助于学习内容得以应用的支持性机制	• 衡量学员在工作中行为的变化，包括培训中所学知识和技术在实际工作中的应用 • 评估信息可以提供有关培训内容在工作环境中是否得到应用及应用的频率和效果 • 探寻培训内容有效的条件，如果有效，考虑如何在其他环境条件下重复应用 • 探寻阻碍培训内容应用有效性的原因，以有针对性地对培训项目加以改进，或者促进其他培训项目的发起和实施
第四级：对业务的影响	重点在培训对组织绩效所产生的影响	• 评估目的在于确定培训对于改进组织绩效所产生的影响或效果，并与组织的期望值进行对比 • 评估产生的客观数据，包括成本的节省、产出的增加、时间的节省或质量的改进等 • 评估产生的主观数据，包括顾客的满意度增加、员工的敬业度提高、顾客的保留率提高、对顾客的反应时间缩短等

续表

评估级别及相关数据的种类	数据的重点	数据的用途
第四级：对业务的影响	重点在培训对组织绩效所产生的影响	• 获得业务影响效果信息的方式有：培训前和培训后分别收集数据，对通过培训引起的业务绩效的改进情况（或没有改进）进行分析，将培训的结果和适当的业务指标联系起来
第五级：投资回报率（ROI）	重点在于培训所产生的用货币形式来体现的收益	• 本级评估关注的是相对于培训成本，培训产生的业务效果所带来的用货币形式体现的价值，并进一步计算投资回报率 • 投资回报率可以用投资回报的价值或成本收益的比率（百分比）来表示 • 投资回报率衡量了培训项目对实现组织目标贡献的大小，显示培训项目的真正价值 • 由培训产生的业务指标的改进所带来的投资回报率不一定都是正值
无形收益	重点在于用非货币形式体现的因素来衡量培训的价值	• 无形收益数据是指不能或不应该转换成货币价值的数据 • 无形收益数据与数据的重要性无关，它是指数据缺乏客观性，无法转化成用货币形式来体现价值；或者有时将某些数据转化成货币形式来体现价值的代价太高 • 无形数据常常是培训所产生的正面影响的体现，但无法用货币形式来衡量其价值的大小 • 在培训所产生的业务效果无法用货币形式来衡量时，它就无法与培训成本相比较，也就无法确定其投资回报率，因此，无形收益必须以非货币形式另列一类 • 有时管理层和利益相关者满足于无形收益数据的获得 • 培训对业务效果产生影响的主观数据一般属于无形收益，如顾客满意度、员工敬业度、顾客保留率、员工保留率等 • 培训对业务流程产生影响的主观数据也属于无形收益，如组织承诺的增加、团队合作的改进、顾客服务的改善、冲突的减少、压力的减轻等

菲利普斯对员工培训与开发效果评估的贡献主要体现在以下几个方面：

① 在柯氏评估模型的基础上将第四层次进一步量化形成了第五个层次（第五级）的评估概念，即投资回报率，将员工培训与开发活动的结果转变成货币价值；

② 创建了无形收益作为第六类指标，使定性化的主观信息成为评估的必要组成部分；

③ 明确提出了在制定效果评估策略时，应首先确定评估的级别（层次），并据此收集相关的数据资料，包括“硬数据”和“软数据”两个方面；

④ 员工培训与开发评估并不一定需要覆盖全部的级别，应根据评估目的进行部分或全部的评估；

⑤ 设计了效果评估的“十步骤”来指导评估活动的具体实施（见图 6.3）。

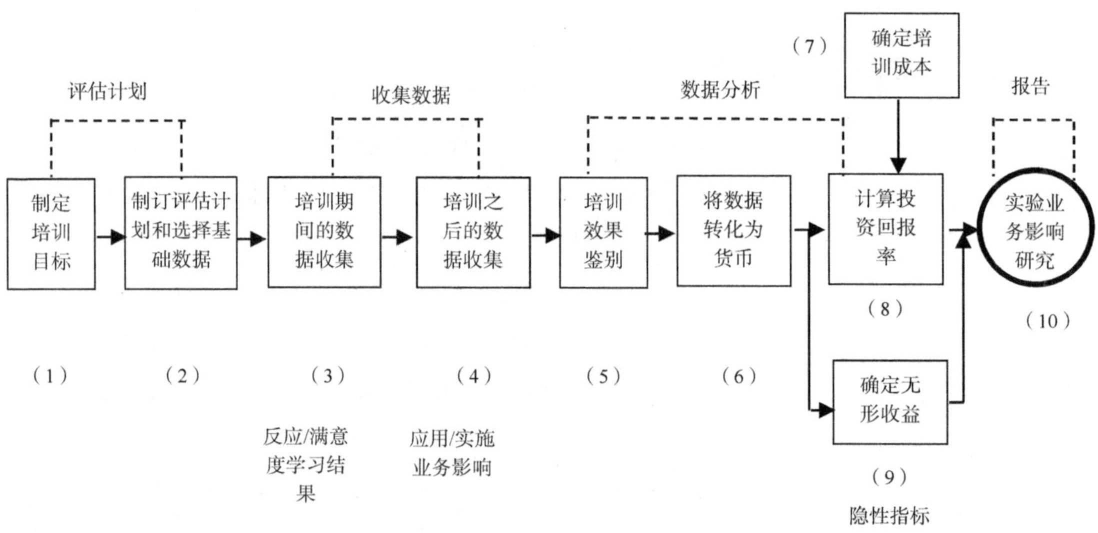

图 6.3 菲利普斯效果评估的“十步骤”

（3）斯旺森-霍尔顿结果评价体系法

斯旺森和霍尔顿创立的结果评价体系试图给员工培训与开发专业人员在进行效果评价时提供一个系统的、理论上的工作流程指南（见表 6.6）。

表 6.6　结果评价体系工作流程指南

项目名称：

制表人：　　　　　　　　　　　　日期：

批准人：　　　　　　　　　　　　日期：

1	2	3	4	5
预期效果 从三个效果领域及每个领域的两个选项中选择	数据收集时间 选择与项目或干预有关的时间	对比 如果没有使用前后对比，选择： 周期——格 7 标准——格 8 规范——格 9	数据分析计划 确定对比哪些数据，评估 A–F 的各个效果领域	执行细节 强调测量方法、时间和执行情况

	干预前		干预期间		干预后						
	1	2	3	4	5	6	7	8	9		
绩效效果											
A. 系统											
B. 财务											
学习效果											
C. 知识											
D. 技能											
认知效果											
E. 学员											
F. 利益相关者											

结果评价体系由三个方面的结果组成，每个方面又可以分解成两个具体要素。

① 绩效结果。

- 系统结果——“与组织使命相关”的产出，即以产品和服务的形式给顾客带来价值。
- 财务结果——产品或服务转化成货币形式。

② 学习结果。

- 技能结果——从事某一专门工作时所需要的特定行为改进。
- 知识结果——在学习或实践中获得的智力成果。

③ 认知结果。

- 来自利益相关方的认知——项目发起人及所有期望从项目中获得收益的人对项目的认知。
- 来自学员的认知——项目的直接参与者对项目的认知。

斯旺森和霍尔顿的结果评价体系对柯氏评估模型的发展体现在两个方面。一方面将柯氏评估模型的四层次简化为三个层次，并将每一层次具体到相应的两个驱动因素，从而使评估的目标明确具体，具有操作性；另一方面提出了从培训评估（training evaluation）到结果评价（results assessment）发展的理念。作为组织绩效管理的工具，培训结果评价必须说明培训对组织绩效的贡献，进一步强调了员工培训与开发活动是基于组织绩效的管理活动。

6.4 员工培训与开发效果评估报告

表 6.7 是培训项目评估报告的结构和核心内容。

表 6.7 培训项目评估报告的结构和核心内容

项 目	核心内容	描 述
一般信息	背景信息	通过对项目需求分析的概括来说明评估的基础及重要的结论和意义，提供培训项目的大纲
	评估目的	对照预先设定的目标，评价培训项目所带来的贡献大小，而不是判断培训投资是否合理或培训是否有必要继续存在
评估方法	评估的级别	根据培训的需求和目的，确定哪一级评估适合需要评估的项目，争取进行第五级评估。在无法将培训成果转化成货币价值时，至少应提供第四级业务影响因素的改进作为无形收益
	投资回报率流程	系统和严谨的五个步骤，要求将业务影响因素转换成货币价值，同时项目成本分析要包括所有的成本

续表

项　　目	核心内容	描　　述
评估方法	数据收集	数据的分类：硬数据和软数据。培训前、培训期间和培训后数据的收集
	鉴别培训效果	至少采用两种方法对培训效果做出鉴别
	将数据转化为货币价值	从最精确的转换策略向最不精确的策略依次进行选择，可选择多个策略，并考虑数据的可获得性和便利性
数据转换及分析	财务数据	由硬数据转换而来的货币价值的有形收益
	非财务数据	无法转换成货币价值的无形收益
项目成本	成本阶段和分类矩阵	四个阶段：需求分析、项目设计、项目实施和项目评估 成本矩阵：两个大类十六个小类
结果	一般信息 总体反馈 目标的实现状况	
	结果 1：反应/满意度，行动计划	数据来源、数据统计和分析、结论
	结果 2：学习成果	数据来源、数据统计和分析、结论
	结果 3：应用与实施	数据来源、数据统计和分析、结论
	结果 4：对业务的影响	数据来源、数据统计和分析、结论
	结果 5：投资回报率	数据来源、数据统计和分析、结论
	结果 6：无形收益	数据来源、数据统计和分析、结论
障碍与促进因素	障碍	对培训项目产生负面影响的因素
	促进因素	对培训项目产生积极影响的因素
结论与建议	结论	提供基于所有结果的结论，简要说明得到每个结果的方法
	建议	就培训项目提供一个建议清单，并就每一条建议给予简要解释
附录	补充资料	原始资料及相关图表，如调查问卷、访谈记录、绩效档案、行业标准、技术模型等

6.5 员工培训与开发效果评估应用

菲利普斯“五级六指标”模型在员工培训与开发效果评估中的具体的应用，即以结果为导向的评估框架如图 6.4 所示。

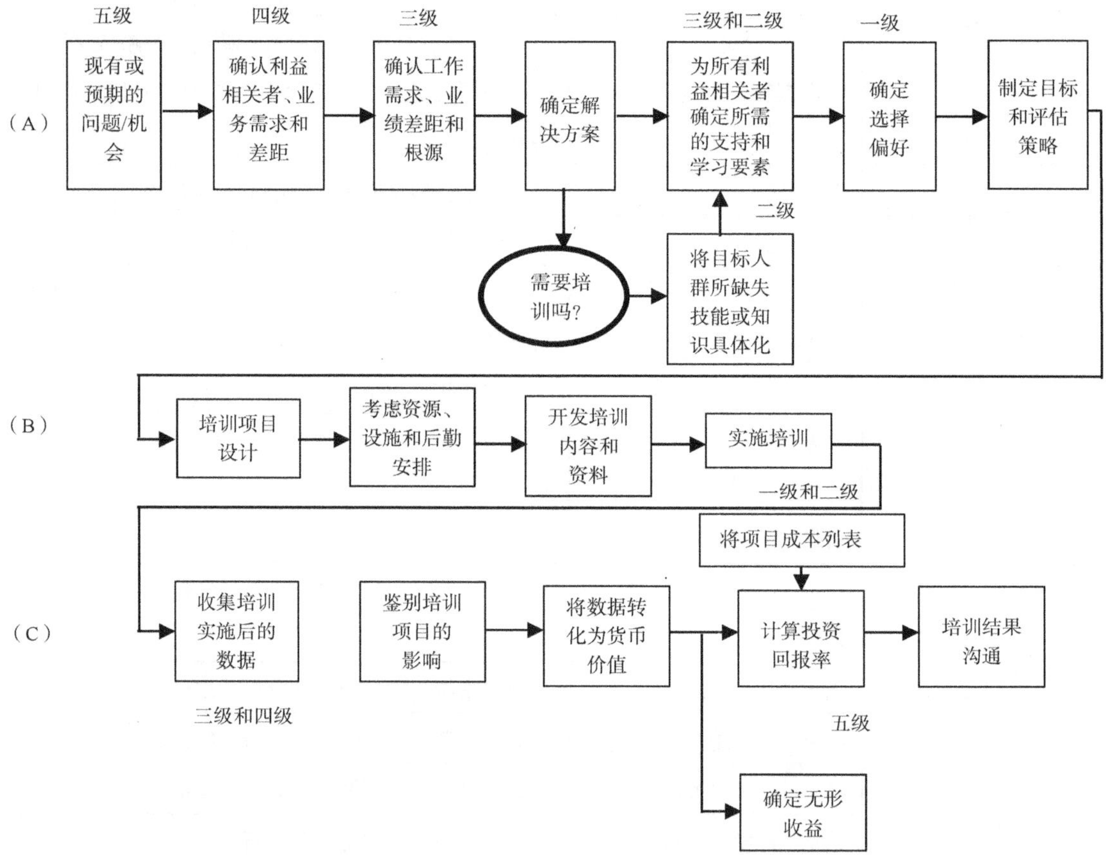

图 6.4 以结果为导向的评估框架

6.5.1 设定培训目标——确定效果评估的基础

1. 以结果为导向确定员工培训与开发效果评估的框架

确定以结果为导向的效果评估框架是“五级六指标”流程的第一步，目的在于确定培训项目的效果领域和具体业务指标，并为每一指标设定目标期望值，使培训目标与组织目标高度契合。图 6.4 揭示了效果评估贯穿于整个培训过程的作用点：

阶段 A：对组织、任务和个人层次上的培训需求加以确认，更重要的是对是否满足每一需求的评价进行分级，根据培训需求的层次决定相应的效果评估等级，制订评估策略和计划。

阶段 B：从培训方案设计到实施培训方案，在此过程中要进行一级（满意度/反应，行动计划）和二级（学习结果）评估，并且根据评估策略和计划收集相应的数据供更高级别的评估使用。

阶段 C：对项目的跟踪评估。在设定的时间周期内进行三级（应用/实施），四级（业务影响），五级（投资回报率）和/或无形收益的评估。

2．制定每一级培训效果评估的目标

有关每一级目标设定的详细内容参见本书第 5 章中的 5.3 节。

6.5.2　确定评估计划和基础数据

评估计划包括数据收集计划和分析计划，而数据必须包括客观的可衡量数据和主观的描述性数据。

1．基础数据的分类

数据可以分为硬数据和软数据两类，举例分别如表 6.8 和表 6.9 所示。

表 6.8　硬数据举例

产　出	成　本	时　间	质　量
生产的单件产品数	预算变化	设备停机时间	废料的比率
制造完成的重量	单位成本	加班时间	废品率
组装的零件数	可变成本	出货时间周期	客户拒收率
回收的货款	固定成本	项目完工时间	顾客投诉率
出售的零件数	一般管理成本	监管的时间	订单出错率
完成的表格数	运营成本	新员工的试用期	返工率
放出的贷款额	成本减少	培训时间	缺料率
库存周转率	项目成本	会议日程	与标准的偏差
来访的病人数	项目成本节约	维修时间	生产故障率
处理完的申请数	事故成本	工作中断时间	事故数量

表 6.9 软数据举例

工作习惯	感觉/态度	新技能	进步/改善	工作氛围
缺勤	工作主动性	倾听的技能	工作效率提高	不公平待遇数量
怠工	工作态度	阅读速度	提薪的次数	员工抱怨
超额休息	工作责任心	做决定的次数	参加培训次数	工作满意度
违反规定	积极的工作行为	解决的问题	业绩考评等级	员工流失
沟通障碍	员工敬业度	避免的冲突		诉讼案件
		心理咨询问题		

2. 数据收集计划

表 6.10 是以销售培训为例的数据收集计划。

表 6.10 以销售培训为例的数据收集计划

项目： 互动式销售技巧培训 责任人：

日期：

级别	广义的项目目标	衡量指标	数据收集技术	数据来源	时间	责任人
一	反应/满意度 • 肯定性反应 • 建议改进的内容 • 要采取的行动	• 在 1~5 数值范围内，质量、实用性、培训目标完成状况的平均值至少要达到 4.2 • 行动计划的提交率达到 100%	反应问卷	学员	第二天结束 第三天结束	培训师
二	学习结果 • 获得的技能 • 技能的选用	模拟角色演练场景，演示正确选用 15 个销售技巧和影响客户的 6 个步骤	技巧练习	学员	培训中	培训师
三	培训内容应用/实施 • 使用技能的程度 • 使用技能的频率 • 确认障碍	• 报告技巧得到应用的频率和程度 • 报告在访问客户过程和获取订单时遇到的障碍	调查问卷 培训结束后跟进	学员	培训后 3 个月 培训后 3 个星期	培训协调员 培训师

续表

级别	广义的项目目标	衡量指标	数据收集技术	数据来源	时间	责任人
四	培训对业务的影响 • 销售增长	每周的销售额	绩效监控	销售报表	培训后 3 个月	学员的直接上司
五	投资回报率（ROI）至少达到 25% 备注：					

3. 投资回报率分析计划

表 6.11 是以销售培训为例的投资回报率分析计划。

表 6.11　以销售培训为例的投资回报率分析计划

项目：互动式销售技巧培训　　　　　　　　　　　　责任人：

日期：

数据	鉴别培训项目/流程效果的方法	将数据转变成货币价值的方法	成本分类	无形收益	最终报告的目标受众	应用中出现的其他影响因素或问题	备注
每个销售人员的销售额	对照控制组进行分析	利用毛利率直接转换	• 讲课费用 • 培训材料费 • 餐费/茶点费 • 培训场地费 • 学员的工资/福利 • 培训协调费	• 客户满意度 • 员工敬业度	• 学员 • 销售部门经理 • 零售店经理 • 区域及总部主管 • 培训部相关人员	没有和控制组人员沟通	在培训中必须注意工作的覆盖面

6.5.3 培训期间的数据收集

1．第一级评估的数据收集：反应/满意度，行动计划

（1）标准的第一级评估数据由八个部分组成：第一部分收集有关培训内容方面的信息；第二部分检验培训方法和使用材料的有效性；第三部分了解学习环境和培训管理的信息；第四部分侧重于培训人员的技能和效果；第五部分是对学员行动承诺的要求；第六部分是学员对培训做出整体的评价。另外还有两个附加部分分别用来寻求对当前项目改进的机会及对培训项目进行宣传的信息（见表 6.12）。

表 6.12 第一级评估标准格式

培训评估表（第一级）

培训项目名称： 日期：

培训项目编号： 地点：

以下描述与本次培训的某些具体内容相关。请标明你对每项描述的同意程度，并在需要时给出意见。

❶	❷	❸	❹	❺
非常不同意	不同意	无所谓	同意	非常同意

	❶	❷	❸	❹	❺
I. 内容					
1. 教学目标解释清晰明了	○	○	○	○	○
2. 已达到培训设定的教学目标	○	○	○	○	○
3. 我理解本课程中的材料和主题	○	○	○	○	○
4. 培训内容与我的工作相关（如果不同意，请说明原因）	○	○	○	○	○

请留下你的意见：

续表

II. 方法——以下活动/材料有助于我理解培训的内容和达成所设定的培训目标					
5. 在培训前收到了预习的材料	○	○	○	○	○
6. 学员手册	○	○	○	○	○
7. 课堂讨论	○	○	○	○	○
8. 联系和/或阅读材料/活动	○	○	○	○	○
9. 音像材料（挂图，录像等）	○	○	○	○	○

请留下你的意见：

III. 培训环境					
10. 教室环境适合本次培训	○	○	○	○	○

请留下你的意见：

培训师姓名	#1					#2					#3			
	❶	❷	❸	❹	❺	❶	❷	❸	❹	❺	❶	❷	❸	❹
IV. 培训师														
11. 对培训内容表现出相当的知识水平	○	○	○	○	○	○	○	○	○	○	○	○	○	○
12. 表达清晰，有助于我的理解	○	○	○	○	○	○	○	○	○	○	○	○	○	○
13. 鼓励学员参与活动及讨论	○	○	○	○	○	○	○	○	○	○	○	○	○	○
14. 对问题给予恰当的回答	○	○	○	○	○	○	○	○	○	○	○	○	○	○
15. 有效地控制小组学习的热情	○	○	○	○	○	○	○	○	○	○	○	○	○	○
16. 使讨论/活动始终围绕培训所设定的目标	○	○	○	○	○	○	○	○	○	○	○	○	○	○

续表

请留下你的意见：										
V. 行动计划										
17. 结合本次培训取得的成果，你将会在之后的工作中有怎样的行动？										
VI. 培训的总体评分										
1=完全无法接受 ……………… 10=非常优秀	❶	❷	❸	❹	❺	❻	❼	❽	❾	❿
18. 我对本次培训的综合评分	○	○	○	○	○	○	○	○	○	○
请留下你的意见：										
有哪些阻碍因素使你无法将所学的内容加以应用？										
哪些人最适合学习本次培训内容？你会推荐谁参加同样的培训？										
请告诉我们，你认为哪些信息有助于本次培训的改进。										
感谢你花时间告诉我们自己的学习体会和建议。										

（2）对于时间长度超过一天的培训项目，在每天培训结束时应当实施问卷调查，以及时地对当天培训的内容和效果取得反馈，同时对接下来的内容进行相应的调整。表6.13是每日培训反馈表。

表 6. 13　每日培训反馈表

每日的反馈
1. 今天的培训内容还有哪些令我感到困惑和/或不清楚？
2. 培训的哪些内容最有用？
3. 如果能够……将会对我更有帮助。

续表

4. 培训的节奏 ☐ 正合适　　☐ 太慢　　☐ 太快
5. 学员的参与度 ☐ 不够　　☐ 太多　　☐ 正合适
6. 以下三个方面对我非常重要，我希望在明天的培训中讲授：
7. 评论或建议

2. 第二级评估的数据收集：学习结果

（1）选择性地对学习结果进行评价

在实际操作中，并不是所有培训项目都要实施第二级评估，比如说，对于时间很短的培训和简单告知性的培训，采用第一级评估比较合理，不必进行第二级评估。但有的培训项目的培训的成果，如关键技能必须转化成工作行为，或者学习结果与任职资格相关，第二级评估就是不可缺少的。因此，在实施培训项目评估时，应根据培训项目的性质、培训的重要性、评估所需时间和资源来决定是否有必要实施第二级评估，并选择做到何种程度（见表 6.14）。

表 6. 14　选择第二级评估及其程度

评估的前提条件	对测试的考虑	如果适用，请选择
A. 学习目标描述得不清楚	在考虑是否需要测试学习结果之前建立/重新设计学习目标	
B. 学习目标表明不需要掌握该内容	应该只测试学习目标要求的相应级别，务必让培训项目资助人和一线经理明白，掌握该内容不是培训项目的要求，可能还需要更多和/或其他培训	
C. 学习目标要求实现技能的应用	采用基于行为的测试	
D. 培训项目资助人或客户要求实施学习结果的评估	决定什么类型的证据可以接受，采用适当的方式来实施	
E. 学员是否达到培训目标中所设定的最低标准	采用标准参照测试	

续表

评估的前提条件	对测试的考虑	如果适用，请选择
F. 培训项目与提供证书及执照的过程相关	采用标准参照和行为测试方法	
G. 有必要再现非常接近真实生活的场景，此时安全被认为是重要的因素	采用模拟手段，并确保有预算保证评估的实施	
H. 重要的技能和知识必须转化到工作中去，以满足法规、利润率和客户服务的要求	采用行为测试方法	
I. 计划实施更高一级的评估	考虑最为经济适用的方法，在这种情况下，较低一级的评估并不需要很复杂	
J. 考试结果被作为晋升或职业发展的参考标准	采用客观的测试方法（书面形式的测试和行为测试），可以严格满足有效性和可靠性的要求	
K. 组织中某项政策禁止采用考试这种手段或者工会合约禁止进行考试	采用测试技术，确保以匿名的方式来检验学员的理解程度，以及在多大程度上达到了学习目标	

（2）用客观测试对学习结果进行评价

客观测试根据培训目的来设定，学员必须按照培训内容对测试题做具体和准确的回答，对应该掌握的知识和表现的行为，客观测试具有“标准”答案。因此，客观测试不能用来测试态度、感觉、创造性和解决问题的过程及其他隐性的技术或能力。在设计客观测试时必须遵循一定的原则和步骤（见表 6.15）。

表 6.15　客观测试的设计原则和步骤

说明
客观测试或者是为了测试知识，或者是为了测试行为，抑或二者皆有
• 知识性测试衡量对信息的理解程度或者对某种技能的掌握程度。知识性测试可以采用口试或书面考试的方式。对产品知识和工作流程的理解通常采用知识性测试
• 行为测试（有时指技能测试）要求学员在演示工作中需要完成的某项任务（或多项任务）时使用某种技能而表现出某种期望的行为，如销售过程中应对拒绝和使用恰当提问技巧是两个行为测试的例子
• 上述任何一种测试中，在学员接受测试时，应该提供与真实工作环境相同的资源。比如，如果在工作场所中允许使用参考资料，那么在进行书面测试和技能测试时也应该提供这些参考资料

续表

步骤一 ——检查课程目标
• 仔细检查课程目标以确保测试题反应该目标中所期望的知识和技能。测试题不应原封不动地照抄目标
步骤二 ——选择合适的测试类型
• 选择满足目标要求并适合被测试学员的测试类型。如果是基于行为的目标，测试就必须以行为为基础；而基于知识的目标也必须采用基于知识的测试题来测试 • 设计基于行为的测试题时应该包含被测试的任务、完成任务所具备的条件及合格的行为标准。应该尽可能地还原工作场景，通过使用与工作环境中相同的资源、设备、材料等来完成任务
步骤三 ——编写测试题
• 对照每个独立的学习单元编写测试题 • 参考目标来决定基于行为的测试和基于知识的测试哪一个更合适 • 基于知识的测试通常使用多项选择的方式，衡量学员对培训中信息的理解，要求从几种可能的答案中选出一个正确的答案 • 基于行为的测试应该结合与工作场景密切相关的流程，衡量学员在执行流程的过程中表现出来的动手、语言表达或分析方面的技能
步骤四 ——检查每道测试题
• 测试题必须清楚，不能有含糊不清的内容，不需要额外的解释和翻译 • 测试题的行文格式必须符合学员的阅读理解习惯 • 避免对正确答案给出任何暗示或提示 • 不要将某个问题的答案明显地写在另一个问题中 • 仔细检查内容和语法错误 • 确保测试题目能够按照培训目标要求对应该掌握的内容起到测试作用
步骤五 ——对照和记录测试题目
• 将测试题目与培训目标相匹配的情况记录下来，并且记录每个测试题的正确答案
步骤六 ——设计测试
• 决定采用测试的类型，然后按照下面的指示进行测试的设计 • 必须对每个目标进行测试 • 测试题的数量和范围应该反映出每个目标所占用的学习时间 • 测试题应该区分出合格和不合格的表现 • 测试时间的长短应该是可控的，而且应该在分配的时间内能够完成 • 测试题的形式具有一致性，切忌频繁变换问题的类型 • 不要将一道测试题分割在两个页面上 • 将测试题根据学习单元分组排列

续表

• 给参加测试的人员提供清楚的说明
• 如果测试题的分数不同，应清楚地标明分数值
• 确保测试题能全面地反映培训目标中对掌握知识和技能的要求

客观测试题一般以选择题形式出现，表 6.16 是客观测试选择题的编写原则。

表 6.16 客观测试选择题的编写原则

说明
选择题适用于衡量学员对信息的理解程度。如果在培训过程中或结束时进行测试，目的是衡量在培训中讲授的信息被学员理解和接受的程度。如果是在培训之前进行的话，其意图是衡量接受培训之前学员对相关信息的认知水平。通过选择题测试，要求学员从几个可能的答案中选择一个正确的答案，可以在很大程度上衡量学员的能力，从简单的回忆和复杂的概念都能够得到测试。 选择题由两个部分组成：第一部分为“题干”，用来陈述问题；第二部分列出供选择的备选答案，在备选答案中，只有一个是正确的，其他的都是干扰项。
编写选择测试题的一般原则 • 不要让测试变成对阅读能力的测试 • 不要让某个测试题中的干扰项成为另一个测试题的正确答案或提供暗示/提示 • 如果使用缩略词或首字母简写，在它们第一次出现的时候应该给出定义或提示 • 应该一次性写出针对同一个目标评估需要的所有测试题 **编写题干的原则** • 题干应只包含一个问题，使用简单、直接和清晰的语言来描述要提出的问题 • 题干要写成问句，或不完整的句子，需要由选择的答案来使其完善 • 避免使用绝对性词汇，如“总是”“每个”“所有”等 • 如果某个字或词组必须用在所有的选项中，必须在题干中进行重点描述或说明 • 如果某个问题有多个正确答案，但是只有一个正确答案出现在被选项中时，可以采用“下列哪一个……”来设计问题 • 如果某个问题只有一个正确答案，使用“什么是……”（如“什么是拜访客户的第一步？）来陈述问题 • 确保备选答案中只有一个正确答案 • 不要使用“以上全部”或“以下都不”这类答案 • 不要在题干和正确答案的陈述上使用相似的术语和相近的语法结构，而在题干和干扰选项之间不存在这种相似性，这会是一种对正确答案的暗示 • 区分正确答案和干扰选项应该以选择造成一定难度为准，但是要注意避免在三个或四个选择中出现多于一个正确答案的可能性

续表

- 在设计干扰选项的时候，要在长度、精确性和详细程度方面与正确答案一致
- 按照逻辑关系来呈现选项：
  - ◆ 从最短的选项到最长的选项
  - ◆ 按照字母的顺序排列
  - ◆ 按照数字递增或递减的顺序排列
  - ◆ 以时间顺序或倒序排列
- 使用工作场所语言
- 最好有四个选项
- 只有当否定性的题干可以产生最佳效果或者是唯一的提问方式时，才使用否定的题干

第二级评估可以采用两种客观测试：标准参照测试和行为测试。

（1）标准参照测试

标准参照测试是一种预先设定好及格分数的客观测试方式，旨在了解学员是否达到最低标准，而不是测试学员之间的成绩排序。表 6.17 是一份标准参照测试报告。

表 6. 17　标准参照测试报告

目标 1 通过/未通过	原始分数	目标 2 标准分数	通过/未通过	原始分数	目标 3 标准分数	通过/未通过	通过的目标总数	通过的最低标准	总分
学员 1 通过	4	10	未通过	87	90	未通过	1	2/3	未通过
学员 2 未通过	12	10	通过	110	90	通过	2	2/3	通过
学员 3 通过	10	19	通过	100	90	通过	3	2/3	通过
学员 4 通过	14	10	通过	88	90	未通过	2	2/3	通过
总人数 43 人通过			3 人通过			2 人通过	8 人通过		3 人通过

（2）行为测试

行为测试是让学员展示在培训项目中学到的某种技能，应尽可能模拟技能使用的真实场景，如时间的控制、必要的材料和工具、测试的说明、相关人员的配合、评估的标准和程序等。行为测试比书面测试的成本高，但是在测试条件和真实工作条件具有很高相似性的培训项目中，行为测试是一个重要而有效的方法。表 6.18 是编写行为测试题的一般原则。

表 6.18 编写行为测试题的一般原则

说明

行为测试应该在学员为完成某项工作任务而展示的过程或步骤中进行。对过程而不是结果进行评估，可以避免这样一种情况：即使学员在过程中犯了错误，但仍然取得了正确的结果，因而认为学员采用了正确的技能，表现出了期望的行为，最终使错误的行为始终无法被发现。

行为测试可以设计成角色扮演的形式，由两个或更多的人来模拟某个工作场景，观察员在一旁观察某个学员的行为表现。

行为测试应包含以下内容

- 角色扮演的设计可以用一个目标列表或者一段简短的描述来说明，为了完成测试学员必须成功地完成哪些任务。以销售人员访问客户的角色扮演设计为例。
  - 描述角色扮演的目的和学员通过角色扮演要完成的任务
  - 描述角色扮演场景所需要的环境及氛围，事情发生的时间、地点和人物背景
  - 提供有关角色的信息（如一个客户）。这个人是谁？事情是怎样发生和发展的？他们的想法是什么？他们所关注的是：
    - 产品
    - 即将召开的会议
    - 销售代表（或客户）
    - 销售代表（或客户）所具备的知识
    - 销售代表（或客户）的需求
  - 提供指导原则，帮助参与角色扮演的学员了解如何应对和表现（比如，达成交易或克服异议）。告知行为的范围
  - 提供参加角色扮演的学员应该提出的问题
  - 提供参加角色扮演的学员应该根据主要的情景所做出的反应
  - 为评估员准备的说明材料应该包含评估员为了进行行为测试必须知道或需要做的每一个方面
    - 说明材料必须做到清楚和详细，必须列出实施测试所需要的设备和资源等物质条件
    - 必须提供一份一览表，详细说明应该对什么样的行为和步骤进行观察和评估。以销售人员访问客户的角色扮演评估为例：

需要展示的技巧	不满意	需要改进	基本达标	表现出色
使用提问的技巧				
发现隐藏的异议				
处理异议				
对产品知识的掌握				
沟通核心的促销信息				

6.5.4　培训之后的数据收集（第三级和第四级评估）

培训之后的数据收集侧重于两方面的信息收集：学习成果促进学员行为改变的程度及行为改变对业务影响因素产生的作用，包括第三和第四两个级别的评估。数据收集方法有培训后跟踪问卷调查、行动计划/改进计划、岗位观察等。表 6.19 列出了常用的数据收集方法及其适用的评估级别，其中以跟踪问卷调查和行动计划/改进计划比较常用。

表 6.19　培训后数据收集方法

数据收集方法	第三级	第四级
1. 跟踪调查表	√	√
2. 跟踪问卷调查	√	
3. 岗位观察	√	
4. 跟踪访谈	√	
5. 跟踪座谈会	√	
6. 行动计划/改进计划	√	√
7. 与培训有关的课外任务	√	√
8. 绩效合同	√	√
9. 培训项目的后续课程	√	√
10. 绩效监控	√	√

（1）跟踪问卷调查表的设计

表 6.20 是关于跟踪问卷调查表的设计，可供相关人员在实际操作中设计和修改问卷调查表时作为参考。

表 6.20　跟踪问卷调查表设计

跟踪问卷调查：有关内容一览表	
调查项目	调查问题设计
目标完成情况	在多大程度上达到目标？
行动计划的实施情况	如果落实了行动计划，它是否已经完成？
培训项目的相关性	培训项目的相关性有多大？
材料的使用情况	在工作中，材料在多大程度上是有用的？
知识/技能的强化情况	哪些技能被证明是培训所带来的？
技能的运用情况	哪些技能得到了最有效的运用？
工作变化	哪些变化是由技能的运用所带来的？

续表

调查项目	调查问题设计
改进/成果	带来了哪些业务改进成果?
所带来的经济效益（可选项）	改进带来的货币价值是多少?
置信水平（可选项）	估测的误差可能是多少?
与培训项目相关的改进情况（可选项）	培训项目所引起的改进比率是多少?
投资的预期（可选项）	培训的项目是否值得投资?
与产出指标的联系	哪些重要的指标受到影响?
其他收益	项目带来的其他收益是什么?
阻碍	在工作环境中阻碍绩效改进的因素是什么?
驱动因素	是什么推动了绩效改进成功?
管理层的支持	还需要哪些管理层的支持?
其他解决方案	还有哪些方法也可以达到相同的结果?
潜在学员的建议	还有哪些人可以从该培训中受益?
对改进的建议	在培训项目中应该对哪些内容进行改进?
其他评论	其他意见或者建议

（2）跟踪问卷调查表举例

表 6.21 是针对领导力开发课程的跟踪问卷调查表举例。

表 6.21 跟踪问卷调查表举例

针对领导力开发课程的影响的问卷调查

你目前是否承担着主管或者经理职务?　　　是 □　　　否 □

1. 下面列出了领导力开发课程的培训目标，请回忆你所完成的培训，并说明你在多大程度上达到了学习目标。请在适当的答案对应的框中打钩。

技能/行为	都没达到	很少达到	部分达到	总体达到	完全达到
A. 运用目标设定流程的 11 个步骤	□	□	□	□	□
B. 运用领导力计划流程的 12 个步骤	□	□	□	□	□
C. 认同卓越领导人的 12 项核心能力	□	□	□	□	□
D. 确信提高员工敬业度的 10 种方法	□	□	□	□	□
E. 在 5 种情况下运用“滞后判断”的概念	□	□	□	□	□
F. 将创造性地解决问题的流程运用到具体项目中	□	□	□	□	□

续表

技能/行为	都没达到	很少达到	部分达到	总体达到	完全达到
G. 认同建立良好关系的 7 种最佳方式	□	□	□	□	□
H. 在给定的工作环境下，运用四步法处理失误	□	□	□	□	□
I. 操练提高沟通效率的 6 种方法	□	□	□	□	□

2. 你是否已经将在岗行动计划作为领导力开发培训的一部分来实施？ 是 □ 否 □

如果是，请完成你的行动计划并与该问卷调查表一同提交；如果不是，请解释你没有完成该行动计划的原因

3. 请按照 1~5 的等级进行打分，对于那些与你的工作相关的培训项目来讲，“1”代表没有相关性，“3”代表有些相关，“5”代表非常相关。

	没有相关性	有些相关			非常相关
小组（课堂）讨论	1	2	3	4	5
团队任务	1	2	3	4	5
技能训练（情景模拟，角色扮演等）	1	2	3	4	5
培训内容	1	2	3	4	5
指导与建议	1	2	3	4	5
特殊项目（领导力计划、工作描述、时间规划等）	1	2	3	4	5

4. 你在培训之后是否用到了发放的书面材料？ 是 □ 否 □

请做详细说明。

5. 针对下面各种结果，请指出过去几个月里由于参加了领导力开发培训，你的改进达到了怎样的程度并在适当的答案相应的框中打钩。

结　果	没有机会运用	没有任何变化	稍有变化	中等变化	很大变化	非常显著变化
A. 组织						
1）将日常工作进行优先级排序	□	□	□	□	□	□

续表

结果	没有机会运用	没有任何变化	稍有变化	中等变化	很大变化	非常显著变化
2）运用创造性技巧	□	□	□	□	□	□
3）组织日常活动	□	□	□	□	□	□
4）在所负责的领域提高绩效标准水平	□	□	□	□	□	□
B. 工作氛围						
1）运用指导技巧	□	□	□	□	□	□
2）运用促进激励氛围的技巧	□	□	□	□	□	□
3）执行人才保留计划	□	□	□	□	□	□
4）为有价值的员工提供丰富其工作的机会	□	□	□	□	□	□
5）实施更有效的监控和监督体系	□	□	□	□	□	□
6）运用促进团队协作的技巧	□	□	□	□	□	□
C. 个人成果						
1）实现了书面沟通的改进	□	□	□	□	□	□
2）实现了口头沟通的改进	□	□	□	□	□	□
3）获得了更大的自信	□	□	□	□	□	□
4）执行了个人领导力计划	□	□	□	□	□	□

6. 请从上面的列表中选出经过培训之后你最常表现出来的 3 种行为或技能。

A.

B.

C.

7. 在参加本次培训之后，你自己或者你的工作发生了什么样的变化？（具体的行为变化，包括对员工授权的增加、与员工沟通的改进、员工参与决策的程度、问题解决能力的提高等。）

8. 在参加本次培训之后，你的组织获得了哪些收益？请确定你认为是因为参加了培训而获得的具体业务提升或改进。（请思考一下，这些改进实际上对业务指标产生了怎样的影响，这些指标包括收益的增加、出货量的增加、客户满意度的提高、员工就业度的提高、成本的降低、时间的节省等。）

续表

9. 请回忆上面所提到的具体业务成果或改进，考虑可以将你的成绩转化为货币价值的具体方法。请说明计算货币价值的基本原则。

预计的货币值（单位）

以上数据是按周、月、季度还是按年来计算的?

周 □　　月 □　　季度 □　　年 □

你做预测的基础是什么？（哪些因素对受益与节省产生了影响？你是如何得到以上数值的？）

10. 对于以上估测，你的置信水平是多少?

____%置信度（0%=不可信，100%=确定）

11. 上面的改进或成果是由于运用了领导力培训项目中所学知识与技能而带来的，这种因素所占的比例是多少?

____%作用程度（0%=没有，100%=全部）

12. 你是否认为领导力开发培训项目是公司一项很好的投资?

□ 是　　□ 否

请解释为什么：

13. 请说明，你认为领导力开发培训中所学的知识、技能和行为的运用在多大程度上对下列与你或你的工作单位中的业务指标产生积极的影响。请在适当的答案对应的方框中打钩。

业务指标	不适用	适用但无影响	稍有影响	中等影响	重大影响	非常重大影响
A. 工作结果	□	□	□	□	□	□
B. 成本控制	□	□	□	□	□	□
C. 生产率	□	□	□	□	□	□
D. 客户响应速度	□	□	□	□	□	□
E. 生产周期	□	□	□	□	□	□
F. 销售收入	□	□	□	□	□	□

续表

业务指标	不适用	适用但无影响	稍有影响	中等影响	重大影响	非常重大影响
G. 员工流失率	□	□	□	□	□	□
H. 员工缺勤率	□	□	□	□	□	□
I. 员工敬业度	□	□	□	□	□	□
J. 员工投诉率	□	□	□	□	□	□
K. 客户满意度	□	□	□	□	□	□
L. 其他（请具体说明）	□	□	□	□	□	□
请引用具体的例子，或提供详细的说明：						
14. 该培训带来的其他好处是什么？						

15. 有哪些因素阻碍了你运用领导力开发培训中所学习的技能/行为？请选择所有合适的内容（可多选）。

□ 我没有运用这些技能的机会

□ 我没有运用这些技能的时间

□ 我的工作环境不支持我运用这些技能/行为

□ 我的主管不支持这类培训项目

□ 这样的材料不适合我的工作环境

□ 其他（请具体说明）

如果你选择了上面的内容，如有可能，请给予说明：

16. 哪些因素有助于你运用从领导力开发培训中所学的知识或技能？请解释说明。

17. 如果你想更好地运用从领导力开发培训中所学的知识或技能，你还需要管理人员提供怎样的支持？

18. 你还能提出哪些方案能够与领导力开发培训项目带来同等的业务结果？

续表

19. 你是否愿意将领导力开发培训项目推荐给其他人？　　是 □　　否 □

如果不愿意，请说明为什么；如果愿意，请说明要推荐给哪一类人或从事哪些工作的人，为什么？

20. 为改进该培训项目，你有什么具体的建议？

21. 其他意见和建议。

（3）行动计划/改进计划举例

行动计划/改进计划用来确定学员在工作中将如何运用培训中学到的知识和技能来改变其行为，从而使培训获得真正的成功，是一种直截了当、简单易行的方法。表 6.22 是行动计划/改进计划用于领导力开发培训的工作表举例。

表 6.22　行动计划/改进计划工作表举例

针对 ___领导力开发___ 培训项目的行动计划

姓名： ×××　　培训师： ×××　　评估日期： 10 月 13 日

目标： 使团队在下一个 90 天内持续改进　　评估期： 7 月 13 日 — 10 月 13 日

改进测量指标： 时间节约　当前业绩： 每月出现 32 小时停工　目标业绩： 将停工时间降低到 8 小时

第一部分：一般信息	
具体计划：我要做的事	**最终结果：我要达成的成果**
1. 让团队中的人员相信我对于持续改进的态度是严肃的	1. 团队成员了解我的期望和意图
2. 让我的团队弄明白问题所在和相应的改进需求，并且要将重点放在这些问题的改进上	2. 团队成员感觉到他们有责任并已经得到充分的授权来工作
3. 为团队成员提供指导，帮助他们打破思维定式	3. 团队成员可以看到新的方法、可能性和解决方案
4. 持续采用滞后判断的原则	4. 要充分听取建议，要争取团队成员的支持，并且要想方设法证明这些建议的可能性

续表

具体计划：我要做的事	最终结果：我要达成的成果
5. 运用处理错误的 5 步法则 6. 指导我的团队在做出决定之前了解情况并做出判断 7. 寻求各种方法激发团队成员的责任感和参与意识 8. 观察团队成员对我的行为与做法所做出的反应。记录时间节约、质量改进、产量提高、成本节约和其他方面的改进情况。对结果进行客观的衡量，为团队成员提供信息反馈，并认可他们的贡献	5. 对于承担风险、主动学习的做法给予支持 6. 团队成员要通过解决问题而不是补救过失的方式来减少错误和返工的机会 7. 要让团队成员对自己的成就感到欢欣鼓舞 8. 我可以了解哪些措施是行之有效的，哪些是行不通的。我要使信息反馈形成闭环，这样一来，团队成员就会意识到只要他们取得成就就可以得到奖励。我可以将自己的努力用货币价值来衡量

所期望的无形收益

人们会明确地意识到我希望他们取得成就。我会对自己的成就更加满意，我的团队会运作得更高效。我的团队会为达到公司的目标做出更大的贡献，团队成员会变得更有团队意识。这也将带来员工敬业度的提高和客户服务的改善。

第二部分：结果和分析

A. 衡量的单位是什么？团队每月节约的小时数

这个衡量指标是否只反映了你的业绩情况？是 □ 否 □

如果不是，这个指标代表了多少员工的情况？ 8

B. 每个时间单位价值的（成本）是多少？ 每节约一小时 52 美元

C. 你是如何得出这个价值的？

团队成员的每小时薪酬为 40 美元，再加上 30%的奖金

40 × 30% = 12 （美元），40 + 12 = 52 （美元）

D. 与培训之前的平均水平相比较，在评估期的最后一个月内该衡量指标发生了怎样的变化？（按月计算的价值。）

对于整个团队来讲，将每个月停工的时间由原来的 32 小时减少到 8 小时。

请解释发生这种变化的基本原因，以及为了促成这样的变化，你或你的团队都采取了怎样的措施。

E. 上面的信息来的置信度是多少？（0% = 不可信，100% = 完全确定） 95%

F. 这种变化在多大程度上是由运用培训课程中所学到的技能所引起的？（0%到 100%） 75%

G. 如果衡量指标是时间节约的话，所节约的时间有多少被用在了有效的工作中？（0%到 100%）

100%

续表

实际的无形收益
由于我们在团队中采用了新的方法，他们能够更为积极主动地工作，并且齐心协力地为达到目标而工作。随着我将培训中所学到的知识和技能运用到实践中去，我的自信心得到加强，我将获得更大的成就，并对自己更有信心。

6.5.5　培训效果鉴别

1．综合考虑影响绩效的因素

带来绩效结果改进的因素是多方面，培训只是其中一个重要因素，但不可能是全部。因此在进行培训效果评估时，要主动地提出并强调这一点，才能做到效果评价具有客观性，赢得管理层和所有利益相关者对培训效果评估的认可和尊重。图 6.5 说明了其他因素对绩效结果的影响。

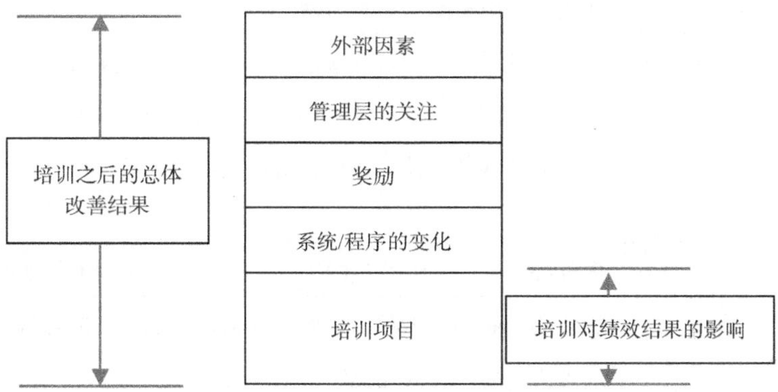

图 6.5　其他因素对绩效结果的影响

2．鉴别培训效果的策略

鉴别培训效果的策略主要有十种（见表 6.23）。

表 6.23　鉴别培训效果的策略

鉴别策略	描述和说明
控制组	控制组是一个有效的鉴别方法，如果是计划实施投资回报率研究的话，就应该考虑此策略；如果要获得精确度很高的效果鉴别，而且这一点又非常重要的话，就必须采用控制组策略

续表

鉴别策略	描述和说明
趋势线分析	用历史数据画出趋势线并延伸到未来，在实施了培训项目之后，绘制实际绩效线并与趋势线进行比较，超出的部分就可以合理地归结为培训项目实施的结果
预测方法	在趋势线分析时，如果出现另一变量对培训效果产生影响并且呈现线性关系时，就不能直接画出一条直线，而是要用线性模型（y=ax+b）来计算绩效的改进数值，剔除该因素对绩效影响的部分，才能得到培训项目带来的收益
学员提供的评价	简单而直接地从学员的推测获得绩效的改进在多大程度上是由培训项目所引起的，因为学员是行为变化和绩效改进的主体，他们的评价往往能够更好地得到管理层的信任
主管提供的评价	学员的主管对学员的绩效目标改进及学员的行为变化具直接的观察，对这些改变的影响因素非常清楚
管理层提供的评价	高级管理层可以就培训项目所引起的改进情况做出估计
客户的意见	向客户询问他们对那些使用了具体的知识和技能（培训项目的目标）有关的产品或服务有什么反应，直接关注培训项目所计划改进的那些知识和行为
专家的评价	内外部专家对培训产生的影响进行评估，它的可信度取决于专家的声誉
下属的意见	主要用于管理培训项目的效果评估，参加培训的经理人员的下属就培训后经理人员的行为变化提供反馈意见
计算其他因素的影响	有些情况下，可以先考虑其他因素对绩效改进的影响，然后得出结论说明剩余的影响都是由培训项目带来的

3. 选择培训效果鉴别策略的注意事项

选择恰当的策略来鉴别培训效果，是决定培训效果评估能否取得成功的一个关键性步骤，必须在慎重考虑下列问题的基础上做出合理的选择。

- 有可能安排控制组的活动吗?
- 有历史数据可以利用吗?
- 在投入因素与产出指标之间能建立某种数量关系吗?
- 学员是否有能力和意愿就衡量培训影响的那些指标提供推测信息?
- 学员的主管是否有能力和意愿就衡量培训影响的那些指标提供估测信息?

- 高层管理人员是否有能力和意愿就衡量培训影响的那些指标提供估测信息？
- 供应商或专家是否可以就培训的影响提供实际的估测？
- 学员的下属是否有能力就学员在工作环境中可能发生的潜在变化提供意见反馈？
- 是否可以确定非培训因素对绩效改进的影响？
- 内部或外部的客户是否能够就培训对客户决策和客户满意度的影响提供反馈信息？
- 在使用数据收集工具的过程中是否存在阻力？

6.5.6　将数据转换成货币价值

1．将数据区分为硬数据和软数据

详细内容见表 6.8 和表 6.9。

2．数据转换成货币价值的策略

有十种策略可将数据转换成货币价值（见表 6.24）。

表 6.24　数据转换成货币价值的策略

转换策略	数据举例
将结果转换为贡献	增加的生产单位或服务单位所带来的边际利润贡献，如每天多生产汽车的数量，每天接待顾客的人数等
转换质量的成本	次品率降低所带来的成本降低
转换学员的时间	员工完成工作所需时间的减少带来的每小时劳动力的成本降低
使用历史成本	参照历史数据记录作为衡量指标与当前状况进行比较，如安全培训使事故率下降带来的成本降低
使用内部和外部专家	没有历史数据做参照比较时，专家能够根据经验和假设提出可信度较高的估计
使用来自外部数据库的数据	行业研究报告和竞争对手资料，如员工离职率及成本、新员工的培训成本及收益等
使用学员提供的估计数据	主要是软数据的估计，如自信心的增强、与主管沟通次数的增加
使用替代衡量指标	在无法取得衡量指标时，可采用替代指标，如在工作满意度和员工离职率之间存在相关性，离职成本相对比较容易得到，工作满意度的变化就可以据此转换成货币价值（近似值）

续表

转换策略	数据举例
使用主管和经理提供的数据	绩效合同和绩效考评的数据
使用培训人员提供的估计数据	培训人员的经验数据或估计

3. 数据转换成货币价值的步骤

表 6.25 是数据转换成货币价值的举例。

表 6.25 数据转换成货币价值的举例

转换步骤	转换内容
改进的衡量单位	离职人数
每个衡量单位的价值（V）	140 000 元（70 000 年薪 × 200%离职成本）
绩效水平变化（ΔP）	20 个，培训每年可以留住 20 个工程师
4. 改进的价值（V × ΔP）	2 800 000 元（140 000 × 20）

6.5.7 确定培训成本

确定培训成本是计算投资回报率的最重要因素，有关成本的数据必须做到全面、精确和现实。

有关成本统计的详细内容参见本书第 5 章中的 5.4 节“员工培训与开发预算制定”。

6.5.8 计算投资回报率（第五级评估）

1. 收益成本比率（BCR）

计算公式为：

$$\text{BCR}=\frac{\text{收益}}{\text{成本}}$$

例如，如果某个培训项目的总收益为 800 000 元人民币，总成本为 250 000 元人民币，那么收益成本比率的计算过程为：

$$\text{BCR}=\frac{800\ 000}{250\ 000}=3.2$$

表示为 BCR 3.2 : 1，或者说每投入 1 元钱用于培训，得到的收益是 3.2 元。

2．投资回报率（ROI）

计算公式为：

$$ROI=\frac{净收益}{成本}\times 100\%=\underline{\qquad\qquad}\%$$

例如，如果某个培训项目的总收益为 800 000 元人民币，总成本为 250 000 元人民币，那么投资回报率的计算过程为：

$$ROI=\frac{800\ 000\ -\ 250\ 000}{250\ 000}\times 100\%\ =\ 220\%$$

表示每投入 1 元钱用于培训，在收回投资的同时，还得到了 2.2 元的净收益。

6.5.9　确定无形收益

表现为行为改变或业务影响因素的无形收益虽然无法用货币的价值表示出来，却是培训项目收益的一个重要组成部分，它的范围超过了货币收益，只不过无法转换成货币形式或转换的成本太高。无形收益通常作为培训项目评估必要的补充数据，离开无形收益的评估是不完整的。常见的无形收益形式如表 6.26 所示。

表 6.26　常见的无形收益形式

应用与实施（第三级评估）	对业务的影响（第四级评估）
• 组织承诺的加强	• 创新的增加
• 沟通的加强	• 客户满意度的提高
• 员工自信心的增强	• 社区形象的提升
• 团队协作的改善	• 投资人形象的提升
• 冲突的减少	• 更快的客户反应速度
• 合作的加强	• 员工工作年限的延长
• 决断力的提高	• 员工缺勤或迟到现象的减少
• 工作氛围的改进	• 员工流失的减少
• 客户忠诚度的提高	• 工作满意度的提高
	• 不公平待遇的减少

6.5.10 评估结果的沟通

1. 评估结果的沟通对象和沟通内容

对培训项目的不同利益相关者来说，他们所关注的培训结果不可能是完全相同的，因此在沟通评估结果时应有一定的针对性。表 6.27 是针对不同沟通对象的沟通重点。

表 6.27 针对不同沟通对象的沟通重点

沟通对象	沟通重点
高层管理人员	• 培训项目的背景、结果和建议 • 最好有投资回报率数据（第五级评估结果） • 至少提供业务影响因素的数据（第四级评估结果）
一线经理	• 培训项目的目标、项目大纲和目标达成率 • 最好有对业务影响的数据（第四级评估结果） • 至少提供培训实施/应用的数据（第三级评估结果）
学员	• 最好提供学员培训后行为改变（应用与实施）的数据（第三级评估结果） • 至少提供对培训知识和技能掌握程度的数据（第二级评估结果）
培训人员	全部评估内容和细节

2. 撰写员工培训与开发评估报告

见本章 6.4 节“员工培训与开发效果评估报告”内容。

【本章小结】

企业发展的重中之重是人力资源的质量，因此，企业都希望员工具有良好的素质和较高的能力。培训是人力资源开发的重要手段，它不仅可以为组织创造价值，而且可以为组织获得竞争优势，更有助于企业迎接各种新的挑战和进行适当的调整。培训的重要性毋庸置疑，但培训的效果如何仍有待确认评估。很多企业的培训“虎头蛇尾”，只重视培训前的准备工作，忽视培训的真正效果和实效性。因此，进行培训效果的评估是十分必要的。员工培训与开发效果评估指的是针对一个具体的培训项目，培训的投资方或组织方等，通过系统地收集和分析资料，对培训效果的价值及其价值程度、对培训质量好坏等做出判断，以更好地指导今后的培训决策和培训活动。

员工培训与开发效果评估流程由 8 个步骤组成，分别是确定评估目的、明确评估标准、制订评估方案、收集信息、测量分析、撰写评估报告、评估结果沟通和决定项目未来。另外，分别介绍了柯氏评估模型、菲利普斯“五级六指标”模型、斯旺森-霍尔顿结果评价体系在培训效果评估方面的应用。在评估之后，要完成员工培训与开发效果评估报告的撰写。为今后提高培训质量提供参考依据，赢得员工培训与开发部门生存和发展所必需的资源。

【思考与练习】

1. 员工培训与开发的实施分为哪几个阶段？
2. 员工培训与开发评估分为哪三个阶段？
3. 员工培训与开发效果评估的流程是什么？
4. 柯氏评估模型是什么？
5. 如何应用斯旺森-霍尔顿的结果评价体系？
6. 菲利普斯“五级六指标”模型在员工培训与开发效果评估中的具体的应用分为哪几个步骤？

【案例分析】

RB 制造公司的糟糕培训

RB 制造公司是一家位于华中某省的皮鞋制造公司，拥有近 400 名工人。大约在一年前，公司因产品有过多的缺陷而流失了两个较大的客户。RB 公司的领导在研究了这个问题之后，一致认为公司的基本工程技术还是很可靠的，问题出在生产线的工人身上，并且质量检查员及管理部门的疏忽大意、缺乏质量管理意识。于是公司决定通过开设一套质量管理培训课程来解决这个问题。

质量管理培训课程的授课时间被安排在工作时间之后，每周五晚上 7：00—9：00，历时 10 周。公司不付给来听课的员工额外的薪酬，员工可以自愿选择是否听课，但是公司的主管表示，如果是积极地参加培训的员工，那么在他的个人档案里会加上培训记录，以后在涉及加薪或升职时，公司将予以优先考虑。

课程由质量监控部门的李工程师主讲。主要包括各种讲座，有时还会放映有关质量管理的影片，并进行一些专题讲座，内容包括质量管理的必要性、影响质量的客观条件、质量检验标准、检查的程序和方法、抽样检查及程序控制等。公司所有对此感兴趣的员工，包括监管人员，都可以去听课。在课程刚开始时，听课人数为 60 人左右；在课程快要结束时，听课人数已经下降到 30 人左右。而且，因为课程安排在周五的晚上，所以听课人员都显得心不在焉，有一部分离家远的人员课听到一半就提前回家了。

在总结这一培训课程的时候，人力资源部经理评论说："李工程师的课讲得不错，内容充实，知识系统，而且他很幽默，使得培训引人入胜。听课人数的减少并不是他的过错。"

资料来源：https://www.examw.com/shiti/64803369/.

讨论题

1. 你认为这次培训在组织和管理上有哪些不合理的地方？
2. 如果你是 RB 公司的人力资源部经理，你会怎样安排该培训项目？

【本章实训】

麦当劳：全职业生涯培训

成立于 1955 年的麦当劳已是当今快餐业的巨无霸。麦当劳简直成了快餐或汉堡包的代名词，受到世界各地人们的欢迎。目前，麦当劳在世界 150 个国家和地区设有超过 2.8 万家连锁餐厅，每天为世界各地的人提供超过 4 000 万个美味又超值的麦当劳汉堡，以每 3 小时就增加一个店面的惊人速度在持续地扩展。

麦当劳的创始人雷・克洛克创造了令全世界震惊的麦当劳奇迹，而他历经艰辛的创业史本身也是一个奇迹，雷・克洛克的名字也成了麦当劳的代名词，令世人钦佩不已、感慨万千。雷・克洛克于 1902 年 10 月 5 日出生于芝加哥一个中低收入的家庭。1954 年，雷・克洛克在洛杉矶以东 50 公里的圣伯纳迪诺市遇见了当地一家快餐厅的老板——麦当劳兄弟麦克和迪克。两个闪耀着夺目灯光的拱门下如水的人流惊呆了雷・克洛克。麦当劳兄弟的汉堡包餐厅效率至上，服务快捷，没有浪费，干净整齐，不用碗盘，只需 15 美分，便可买到一份已经配好标准调味料的标准汉堡包。便宜、简单，质量不变。价廉却又有利可图！雷・克洛克的眼睛发亮，私下喃喃自语：这样的生意应该发展到世界各地去。

雷・克洛克在麦当劳兄弟的餐厅里待了三天，决心购买推销麦当劳餐厅的经销权。到 1960 年，雷・克洛克以 270 万美元的代价从麦当劳兄弟手中把餐厅的商标、版权、模式、金色拱门和麦当劳名称统统"据为己有"。此时，在全美麦当劳快餐厅已有 228 家。麦当劳在功成名就、羽翼丰满后，便开始进军国外市场。

你一定会惊讶，一个麦当劳餐厅经理的诞生，需花费至少数十万元的投资和接受超过 450 小时的训练。因为麦当劳强调全职业规划培训，也就是"全职业培训"。在麦当劳，从计时员工到高阶主管，结合他们的职业生涯规划，都有不同的培训计划，通过各区域的训练中心及汉堡大学进行阶梯式的培训，使得麦当劳的员工能够持续不断地学习、成长。由此不难发现，麦当劳非常重视员工的成长与生涯规划，在培训上有巨大的投资也是情理之中的事了。

麦当劳的计时员工分为服务员、训练员、员工组长与接待员几部分，这些人都是领取计时工资的，麦当劳为什么还要培育他们，给他们这么多的训练？这样做除了传递全球一致的产品与服务，更重要的是使得麦当劳的员工能够持续不断地学习、成长，成为国际型企业的优秀员工。

以经理职位为例，在麦当劳，经理不只从计时员工晋升，也有直接从实习经理培育而成的。当麦当劳在招募实习经理职级的员工时，会考察其是否具有做餐厅经理的潜能。餐厅经理培育的一连串训练计划，就是要训练实习经理可以胜任餐厅经理。此训练的内容包括：怎么样去经营一个店面，最基本的餐厅的运作有哪些，如何使顾客的经验非常顺畅，如何做好管理订货、排班，如何做个餐厅的领导，怎么样建立团队、进行企业经营，等等。

在成为经理前，主管就要接受不同阶段的培训。中层主管的职责和餐厅经理有所不同，着重在两个方面，一是顾问的技巧，二是部门的领导。除了训练、运营，还有很多其他专业职能的训练。

麦当劳的高层主管，也要在汉堡大学接受一系列的训练课程。通常，只有对于从基层到中阶主管的发展已经有某种程度的掌握的员工，才能做到高阶主管。麦当劳的高阶主管训练有三个方面：全球讨论会、外部发展讨论会及执行辅导。麦当劳 95%的管理人员要从基层员工做起。每年麦当劳北京公司要花 1 200 万元用于培训员工，包括日常培训或去美国汉堡大学学习。麦当劳在中国有 3 个培训中心，培训中心的老师都是公司有经验的营运人员。餐厅部经理职级以上的人员要到汉堡大学学习，北京 50 家连锁店已有 100 多人在汉堡大学学习过。不单去美国、日本、新加坡，部分其他国家和地区也要去。

一旦员工加入管理组，麦当劳就会为其制订一套结合国内外资源的训练计划。除了在麦当劳训练中心接受营运及管理方面的教育外，当他晋升至餐厅经理时，还能到汉堡大学深造，接受更专业、更全面的训练。在麦当劳，无论职位高低，对员工的训练永远是现在进行时，员工的成长也因而持续不断！在迈向个人成功之路方面，员工将亲身参与麦当劳独特而完整的训练课程，体验成为麦当劳经理人的特殊荣耀！

在麦当劳，培训就是要让员工得到快速的发展。很多企业的人才结构就像金字塔，越往上越小；麦当劳的人才体系则像棵圣诞树——如果员工能力足够大，就会让他上升一层，成为一个分枝，再上去又成一个分枝，员工永远都有升迁的机会。

这种全职业培训也使麦当劳的人才流失率很低，部门经理以上层次的人才基本上没有流失。麦当劳认为，要想留住人才，薪酬福利很重要，但发展机会更加重要。企业在对员工进行培训时，一定要与他的发展相结合，应当规划他在未来的一年、二年内可能到达什么位置，让员工看到发展的前景是很重要的。

在麦当劳，有超过 75%的餐厅经理，50%以上的中高阶主管，以及 1/3 以上的加盟经营者，是从计时员工开始晋升选拔的。“麦当劳的训练魔法”一直令外界好奇：究竟麦当劳是如何进行人员培训的呢。

对于如何看待员工的培训和发展的问题，麦当劳创始人雷 ·克洛克先生说了两句话，第一句是：“If we’re going to go to anywhere，we’ve got to have some talent. And going to put my money into talent.”意思是：不管我们走到哪里，我们都应该带上我们的智慧，并且不断地进行智慧投资。所以，早在 1976 年，麦当劳的创始人就已经决心要在人员的发展上做出很大的投资；另一句话是“Cash，you can get it；talent，you have to develop.”意思是：钱，你可以赚到；但是，对于智慧，必须花心思去培养。

麦当劳已认定了培训为企业带来的利益和价值。

第一，麦当劳相信，只有最好训练、最高生产力的麦当劳团队，才能够在顾客满意与员工满意方面达成企业目标。

第二，麦当劳强调在正确的时间提供正确的训练。因为训练的价值在于可使员工生产力大幅提升，同时由于麦当劳的训练也提供给加盟经营者，而加盟经营者在麦当劳系统里占有很大的一部分，所以这对加盟经营者的生产力也有很大的帮助。

第三，有效率地运用训练投资，对于麦当劳的股票投资人也会产生一定的影响效果，这也是麦当劳分给投资人一个很重要的责任。

第四，通过良好的训练，能将麦当劳的标准、价值、信息及想要做的改变一一达成，这对整个系统的永续经营相当重要。因此，麦当劳的“愿景之屋”把“人”当作一个很重要的资产。

和其他企业不同的是，麦当劳的培训是发生在真实的工作里面的，而不只是一个课程。它强调对员工意见的重视，主动地执行培训计划，并且把培训和员工的职业生涯规划结合在一起。在麦当劳香港汉堡大学的课程中，有堂课叫作“与成功有约”，目的是让高阶主管有机会分享成功经验，同时帮助未来的经营领导者成长与成功。

最后就是“衡量”。在企业的培训中，衡量培训的结果与企业的成果有没有结合是一个关键。所以，麦当劳有很好的培训需求分析，针对员工需要去设计，同时必须评估培训的成果是否能够达到组织所需要的效果。

企业的价值观会影响培训的成效。在麦当劳的员工培训结构中，有两个重要的部分：一个是职业生涯学习过程；另一个是优秀的麦当劳培训中心，也就是全球麦当劳的员工学习发展中心，包括汉堡大学。麦当劳最主要的价值观，就是“以人为本”。一种快速餐饮服务，在训练过程中如何把麦当劳“以人为本”的价值，带入每个人每一次的用餐经验？人在传递服务的过程中，如果有一些互动、有一些关怀、有一些感动，就会有更好的结果，而这也就是麦当劳“以人为本”在每一天的实际工作中的落实。延伸麦当劳最主要的价值观“以人为本”，在人员的发展上，就是要“传授终生受用的价值观与技能”。在麦当劳实现自我梦想的过程中，每个学习者会学到一生受用的价值观和技能。

麦当劳很认真地对待“反应、知识、行为、绩效” 4 个层次的评估。

第一个层次，反应。即在上课结束后，大家对于课程的反应是什么。评估表就是收集反应的一种评估方法，可以借由大家的反应调整之后的培训计划，以符合学员的需求。

每一位老师的引导技巧都会影响学员的学习，所以在每一次课程结束后，都会针对老师的讲解技巧来做评估。

第二个层次，知识。汉堡大学上课前会有入学考试，课程进行中也会有考试，主要测试大家通过培训学习，究竟保留了多少知识，以了解培训的内容是否符合组织所要实现的目标。

第三个层次，行为。汉堡大学非常重视学生的参与，会把学生的参与度量化为一个评估方法。因为通过学员的学习或者与大家的互动分享，培训者可以知道学员的知识程度，并且在每天的课程中去做调整，以符合学员的学习需求。在课程中学到的东西，能不能在回到工作岗位以后改变受训者的行为，达到更好的绩效？为了解决这个问题，在麦当劳有一个双向的调查，上课前会针对学员的职能做一些评估，再请他的老板或直属主管做评估，然后在训练 3 个月后再做一次评估；因为学员必须回去应用他所学的知识和技能，所以培训者会把职能行为前后的改变做一个比较，来衡量培训的成果。这个部分在企业对员工的培训方面非常重要，也是一般企业较难做到的，因为它所花的成本较大，而且分析起来会比较困难。但汉堡大学仍在很努力地推动这个部分。

第四个层次，绩效。课后行动计划的执行成果和绩效有一定的关系，每次上完课，学生都必须设定其行动计划，并在回去之后执行，执行之后会由其主管做鉴定，以确保培训与绩效真正结合。

资料来源：https://www.taodocs.com/p-207108461.html.

讨论题

结合文章谈谈自己对于麦当劳的培训评估在整个培训体系中的作用的认识。

第 7 章 分层的员工培训与开发

学习目标

1. 了解分层的员工培训与开发的特点。
2. 熟悉企业不同类型员工的员工培训与开发的流程。
3. 掌握企业员工培训与开发技术的设计。

关键术语

员工分层　综合素质模型　四维度模型　企业大学

引导案例

对于迪士尼来说，员工培训的首要目的是宣扬它的“企业宗教”。不管是新聘任的副总裁还是入口处售票的业余兼职短工，每一个员工都要接受企业文化训练课，以充分了解迪士尼的历史传统、成就、经营宗旨与方法、管理理念和风格。

在几天的培训中，所有新聘员工需要马上学会下列新的迪士尼语言：员工是“演员”；顾客是“客人”；一群人是“观众”；一班工作是一场“表演”；一个职位是一个“角色”；一个工作说明是一个“脚本”；一套制服是一套“表演服装”；人事部是“制作部”；上班是“上台表演”；下班是“下台休息”等。新员工培训一般安排在特别设计的、贴满创始人华特·迪士尼肖像和他最著名的角色（如米老鼠、白雪公主和七个小矮人等）张贴画的训练室里进行。经过精心挑选的培训师用认真编写的脚本和特殊语言，通过反复提问及回答的方式来强化新员工对迪士尼的认识。

资料来源：https://wenku.baidu.com/view/e8c65f261fd9ad51f01dc281e53a580217fc5061.html.

7.1　新员工培训与开发

企业分层次培训，是发展和提高企业各层次人员的工作能力和管理水平是使企业获得较高生产效率和较强竞争能力的最理想、最方便的途径，同时是各企业使用最多的一种员工培训与开发的技术。

1. 新员工培训与开发的概念

新员工培训与开发，又称岗前培训、职前教育，是一个将企业所录用的员工从局外人转变为企业人，再到职业人的过程，是员工从一个团体融入另一个团体的过程。员工逐渐熟悉、适应组织环境并开始初步规划或继续发展自己的职业生涯、定位自己的角色、发挥自己的才能。

新员工导向培训，是指为新员工提供有关公司和工作的基本背景情况的活动。这种背景信息对新员工尽快融入企业、实现角色转换和岗位认知起着导向性的作用。

2. 新员工培训与开发的流程

（1）准备工作

① 由各部门负责人提交参加培训的人员名单；

② 人力资源部制订新员工培训计划；

③ 确定培训教室和培训时间；

④ 确定培训科目和培训师；

⑤ 人力资源部提前一天通知总经理及有关部门负责人；

⑥ 准备好各类培训材料。

（2）培训安排

① 引导所有新员工在指定地点签到并参加培训；

② 请总经理与新员工见面并致欢迎辞；

③ 请有关部门的总监与员工见面并简单介绍本部门的情况；

④ 按新员工培训计划进行培训；

⑤ 请各部门领导欢迎新员工到岗；

⑥ 经部门对新员工培训考核合格后，方可正式上岗。

3. 新员工培训与开发的培训内容

在对新员工进行培训与开发的过程中，向其详细介绍公司的具体概况。例如，工作场所与设施，企业历史、使命与前景，企业的产品、服务与工作流程，企业的客户和市场竞争情况，企业的组织结构及重要人物，职位说明及职业必备的法律文件与规章制度等，新员工培训与开发见表 7.1。

表 7.1 新员工培训与开发

目的	• 使新员工在入职前对公司有一个全方位的了解，认识并认同公司的事业及企业文化，坚定自己的职业选择，理解并接受公司的共同语言和行为规范 • 使新员工明确自己的岗位职责、工作任务和工作目标，掌握工作要领、工作程序和工作方法，尽快进入岗位角色
培训时间	根据不同公司的情况，1 周到 12 个月不等（有的公司岗前培训较简单，主要是了解企业文化、明确个人岗位职责；有的公司还包含几个月的学习、工厂实习及轮岗，最后才确定岗位）
培训对象	公司所有新进员工
培训方式	• 脱岗培训：由人力资源部与知识管理部制订培训计划和方案并组织实施，采用集中授课及讨论、参观的形式 • 在岗培训：由新员工所在部门负责人对其已有的技能与工作岗位所要求的技能进行比较评估，找出差距，以确定该员工的培训方向，并指定专人实施培训指导，人力资源与知识管理部跟踪监控。可采用日常工作指导及一对一辅导的形式 • 工厂实习：主要在一些大型的生产制造类企业比较多。这类企业在新员工入职后，一般会有 3 个月左右的时间到工厂实习，以了解最基层的生产运作情况
培训教材	《员工手册》、部门《岗位指导手册》等
培训内容	• 企业概况：公司创业历史、企业现状及在行业中的地位，学习品牌与经营理念、学习企业文化，了解未来前景、组织机构、各部门的功能和业务范围、人员结构、薪资福利政策、培训制度，以及历年重大人事变动或奖惩情况介绍、团队精神介绍、沟通技能训练及新员工关心的各类问题解答等 • 员工守则：企业规章制度、奖惩条例、行为规范等 • 入职须知：入职程序及相关手续办理流程 • 财务制度：费用报销程序及相关手续办理流程，以及办公设备的申领使用 • 安全知识：消防安全知识、设备安全知识及紧急事件处理等 • 沟通渠道：员工投诉及合理化建议渠道介绍

续表

培训内容	• 实地参观：参观企业各部门及工作娱乐等公共场所 • 介绍交流：介绍公司高层领导、各部门负责人及对公司有突出贡献的骨干与新员工认识并交流恳谈 • 在岗培训：服务意识、岗位职责、业务知识与技能、业务流程、部门业务周边关系等 • 培训模式及相关课题研究
培训考核	培训考核分书面考核和应用考核两部分，脱岗培训以书面考核为主，在岗培训以应用考核为主，各占考核总成绩的 50%。书面考核考题由各位培训师提供，人力资源部与知识管理部统一印制考卷；应用考核通过观察测试等手段考查受训员工在实际工作中对培训知识或技巧的应用及业绩行为的改善，由其所在部门的领导、同事及人力资源部与知识管理部共同鉴定
效果评估	人力资源部与知识管理部通过与学员、培训师、部门培训负责人直接交流，并制作开发放一系列书面调查表来进行培训后的跟踪了解，逐步减少培训方向和内容的偏差，改进培训方式，以使培训更加富有成效并达到预期的目标
作用	• 培训能增强员工对企业的归属感和主人翁意识 • 培训能促进企业与员工、管理层与员工层的双向沟通，增强企业向心力和凝聚力，塑造优秀的企业文化 • 培训能提高员工综合素质，提高生产效率和服务水平，树立企业良好形象，增强企业盈利能力 • 适应市场变化、增强企业竞争优势，培养企业的后备力量，保持企业永续经营的生命力

4．新员工培训与开发的问题

在新员工培训与开发的过程中可能出现以下问题。

（1）新员工培训与开发缺乏系统性和规范性

① 很多企业在培训的时间安排上比较随意。如因企业营业的需要，有些企业以工作忙、人手不足为由，马上分配新进员工到相关部门开始工作，而忽略对新员工的培训，等有时间了才派新员工参加培训。这种无序的培训使培训部门产生了不必要的协调工作量，增加了培训的次数与时间成本，并且新员工没参加培训既增加了企业的用人风险性，又不利于新员工角色的迅速转换。

② 企业缺乏规范性的培训文本或讲义。为了保证培训水平，企业都应有自己的培

训资料，对新员工入职培训需要掌握的知识、技能和态度都必须设定目标进行考核，只有这样才能使培训工作有持续性，并且能避免企业的后续培训的内容重叠和资源浪费，以防新员工培训变成新员工欢迎典礼。许多企业的新员工培训与开发流于形式，主要是领导发言、代表致辞、体检聚餐。

（2）新员工培训与开发内容简单

很多企业把新员工入职培训当作一个简单的“行政步骤”，认为新员工在培训中只要了解企业的一些基本情况即可，所谓的培训也就是安排一天或两天时间，在内容安排上主要是参观企业、讲解《员工手册》与企业的一些基本规章制度等，没有针对性。有些企业的入职培训内容非常丰富，有企业文化的介绍、生产注意事项的讲解，有团队协作、沟通技巧的指导，可是员工不满意。究其原因，大多在于缺乏针对性。有些企业在进行培训时，只把口号式的观念念给员工听，大家根本不了解这些内容对自己今后开展各项工作的重要性，也无法理解这些观念在工作中的具体体现。即使有真正的文化培训，也只是局限在行为、制度的约束上，重点突出的是不准干什么，并未对企业文化的真正的核心部分进行重点展示。

（3）新员工培训与开发效果缺乏反馈和评估

很多企业在新员工培训与开发过程中，缺乏培训的互动与反馈，没有反馈，就不知道将来的培训工作该如何改进。另外，大多数企业并没有建立完善的培训效果评估体系，在培训结束后缺乏对培训效果的评估和继续跟踪，或者虽然对培训效果有评估，但测评的方法单一，效果评估工作仅仅停留在培训后的简单考试，之后不再做跟踪调查。这并不能起到评估培训效果的作用，在员工培训上的巨大投入也很难收到预期的回报。

7.2 普通在职员工培训与开发

1. 普通在职员工培训与开发的对象

普通在职员工培训与开发所涉及的对象是在企业内不担任管理职能的基层在职员工。

2. 普通在职员工培训与开发的目的

（1）晋升

以晋升为目的的员工培训与开发是指对要晋升的员工进行的知识、技能、领导能力等方面的在职培训。晋升员工培训与开发是对拟晋升人员或后备人才进行的，旨在使受训者能够胜任更高一级的岗位要求。

（2）改善绩效

以改善绩效为目的的员工培训与开发是指在绩效未达到要求、绩效下降或绩效虽符合要求但希望进一步提高绩效而进行的在职员工培训与开发。

（3）转岗

以转岗为目的的员工培训与开发是指对已被批准转岗的员工进行的旨在使其达到新岗位要求的员工培训与开发。

（4）取得岗位资格

以取得岗位资格为目的的员工培训与开发是指一些岗位对员工有一些特殊的要求，这些特殊要求并不是所有员工在一开始都掌握的，必须通过员工培训与开发才能掌握。许多岗位需要通过考试取得相应资格证才能上岗。

（5）更新知识、掌握新技能

以更新知识、掌握新技能为目的的员工培训与开发，是由于企业外部环境和内部环境的变化，员工需要不断学习新的知识和技能，如在信息化时代，企业的领导者和有关人员必须通过培训掌握计算机、网络等知识。

3．普通在职员工培训与开发的类别

无论是以哪种动机进行的在职员工培训与开发，其目的都是使员工能够胜任现在或未来的某一岗位，取得更好的绩效。针对普通在职员工的员工培训与开发，在内容上主要集中于对通用技能、专业技能和人际交往的员工培训与开发。普通在职员工培训与开发的类别如表 7.2 所示。

表 7.2　普通在职员工培训与开发的类别

类　　别	范　　围
基础技能/读写能力（通用技能）	补习/基础教育
技术（专业技能）	学徒培训 计算机培训 技术技能/知识培训 新方法/流程 安全培训 质量培训
人际交往	沟通/人际交往培训 客户关系/服务培训 营销培训 团队建设/培训

（1）通用技能员工培训与开发

通用技能员工培训与开发主要指基础技能或读写能力教育，指针对提高阅读、写作和计算技能的培训，这些技能几乎可以用于所有的工作中。在我国通用技能培训主要由各类学校完成。

（2）专业技能员工培训与开发

专用技能员工培训与开发主要包含一些新的方法、技术、专业知识、技能、安全培训、质量培训，等等。

（3）人际交往员工培训与开发

人际交往员工培训与开发主要针对个人与他人之间关系的培训，不同的岗位上对这种能力的需求不同，可有针对性地进行相应的培训。

某公司销售人员培训方案如表 7.3 所示。

表 7.3　某公司销售人员培训方案

培训目标
• 提高销售效率：能够独立完成销售，加快销售速度，降低工程成本 • 增强士气：目标不明是团队迷茫、士气低落的重要原因，因此，销售培训计划必须让受训者明确其在企业和社会中的目标 • 促进沟通：培训能使销售人员明确为企业提供顾客和市场相关信息的重要性，并且了解这些信息是如何影响企业销售业绩的 • 改善顾客关系：能帮助受训者明确建立与保持良好顾客关系的重要性 • 加强自我管理：销售人员必须规划和分配时间以取得销售的成功
培训内容
• 仪容仪表及言行举止 在人际交往中，有 80%以上的信息是借助于举止这种无声的“第二语言”来传达的。行为举止是一种不说话的“语言”，包括人的站姿、坐姿、表情及身体展示的各种动作。一个眼神、一个表情、一个微小的手势和体态都可以传递重要的信息。一个人的行为举止反映他的修养水平、受教育程度和可信任程度。在人际关系中，它是塑造良好个人形象的起点。更重要的是，它在体现个人形象的同时，也向外界彰显公司整体的文化精神 语言的礼仪不是天生就会的，优美的举止也不是天生就有的，这些都是通过长期正规的训练培养出来的。只有通过每天练习，才能养成良好的仪容仪表、举止姿态等习惯，自然地使用礼貌用语和自然地表达情感。这样培养出来的销售人员才具有亲和力 销售人员的服装要求整洁、合体、统一，服装颜色和场景要协调。上班必须化淡妆，语言专业，举止得体

续表

培训内容
• 销售技能和推销技巧的培训 一般包括推销能力（推销中的聆听技能、表达技能、时间管理等）、谈判技巧，如重点客户识别、潜在客户识别、访问前的准备工作、接近客户的方法、展示和介绍产品的方法、顾客服务、应对客户异议、达成交易和推进后续工作、市场销售预测，等等
• 产品知识 是销售人员培训中最重要的内容之一。产品是企业和顾客的纽带，销售人员必须对产品知识十分熟悉，尤其是对自己所销售的产品。学习产品知识是培训项目中必不可少的内容
• 市场知识 市场是企业和销售人员活动的基本舞台，了解市场运行的基本原理和市场营销活动的方法，是企业和销售获得成功的重要条件。销售人员掌握的市场知识应当是非常广泛的，因为销售活动涉及各种各样的个体，有十分复杂的呈现方式和内容。同时需要了解不同类型客户的采购政策、购买模式、习惯偏好和服务要求等
• 竞争知识 通过与同行或竞争对手的比较，发现企业自身的优势和劣势，提高竞争力。具体包括了解竞争对手的产品结构、价格、销售及客户政策和服务等情况，比较本企业与竞争对手在竞争中的优势和劣势等
• 企业知识 通过对本企业的充分了解，一方面可以满足客户的要求，另一方面是为了提升销售人员对企业的忠诚度，使销售人员融入本企业文化之中，从而有效地开展对顾客的服务工作，最终达到企业的整体目标。具体包括企业的历史、规模和所取得的成就；企业政策，如企业的薪酬制度、企业许可的行为和企业禁止的行为；企业规定的广告、产品付款条件、违约条件等内容

7.3　管理人员培训与开发

7.3.1　管理人员培训与开发的概念

管理人员培训与开发是指组织有意识地为管理人员（潜在的管理人员）提供学习、成长和变革的机会，其目的在于，通过培训使主要管理人员具备有效开展工作所必需的技能。

管理人员培训与开发主要由三个部分组成：管理人员教育、管理人员培训和在职工作体验。管理人员教育是指“在具有学位授予权的机构，通过正规课堂学习，掌握多个领域内的概念化的知识和技能”。管理人员培训则更倾向于提供在组织或组织内某岗位上可以直接应用的特殊技能或知识。在职工作体验是为管理人员提供自我认识、运用现有技术和能力的机会，或者提供日常活动所需的新技能或信息的一些计划或非计划的活动。

管理人员培训与开发是人力资源开发最常用的途径之一。在对管理人员进行培训与开发的众多原因之中，最常见的是开拓管理人员的思路，或者为其提供知识和技能，只有很少一部分组织认为管理人员培训与开发的目的是奖励管理人员。

7.3.2 管理人员培训与开发的内容

1. 管理人员培训与开发的指导原则

（1）从商业战略开始着手：认识到人力资源开发工作者的首要任务是战略实施，其次才是履行作为管理人员的开发者的职责。在实际工作中应该熟知组织的战略目标和业务，将这些作为明确管理人员行为和能力的起点，并且在实现战略目标的活动中寻找培训机会。

（2）在课堂学习之前进行工作体验，而不是相反：将工作经验作为开发活动的核心，课堂学习的作用是理解、审视和分享在工作中所学到的东西。此原则的假设基础是，企业可以主动控制在职工作体验，从而确保学习效率并满足组织战略的需要。

（3）抓住机会：确保管理人员培训与开发具有灵活性，并且对业务需求和组织正在面临或即将面临的问题迅速地做出反应。这包括从详细的、严格的计划转变为可以随组织需求的变化而变化的计划。

（4）为经验学习提供支持：创造一个文化氛围，在此文化气氛中加强个人对其参加管理人员开发活动的控制。

2. 管理人员综合素质模型

在设计并运行可以满足组织需要的、能够提高组织竞争力和效率的管理人员培训与开发的程序和计划之前，人力资源开发工作者必须明确所属组织内部管理人员的工作是什么（应该是什么）。正如管理人员培训与开发概念中所指出的一样，由于每个组织所面对的都是特殊的环境及特殊的挑战，所以有效的管理人员培训与开发也应该是依据组织的不同而有所变化的。在开始制订管理人员培训与开发计划之前，设计者必须了解组织（外部环境、目标、战略规划、文化、优势和劣势）及目标人群（管理人员、潜在管理人员）的特征。由此可以提出管理人员综合素质模型。

（1）管理人员综合素质模型的概念

管理人员综合素质模型是在对 12 家企业 2 000 多名管理人员访谈的基础上提出来的。此模型关注的不是管理人员所承担的角色，而是其管理能力，也就是那些能够保证有效绩效的技术和个人特质。此模型界定了六大类 21 种素质：人力资源管理、领导力、目标和行动管理、指导下属、关注他人及专业知识。其中，人力资源管理、领导力及目标和行动管理被看作管理的核心。管理人员综合素质模型中所包含的素质族和具体素质如表 7.4 所示。

表 7.4　管理人员综合素质模型中所包含的素质族和具体素质

素质族	具体素质
人力资源管理	社会化权力的使用、积极对待他人、群体管理过程、准确的自我评价
领导力	自信、口头表达能力、概念化能力、逻辑思维能力
目标和行动管理	有效的工作分配、提前行动能力、关注影响对概念使用的诊断
指导下属	使用单方权利、自发性、开发其他人
关注他人	感知的客观性、自我控制、毅力和适应性、关注亲密的关系
专业知识	记忆、专业工作领域的知识

管理人员综合素质模型是以素质为导向进行管理人员培训与开发的方法之一，目前，素质导向的方法既可作为管理人员培训与开发计划的基础，又可作为其他人员培训与开发的基础。

（2）管理人员综合素质四维度模型

四维度模型认为，管理角色有以下维度：

① 六种职能——预测和计划、员工培训与开发、广泛的沟通、影响和控制、专业/职能领域及行政。

② 四种角色——创新者、评估者、激励者、指导者。

③ 五种（关系）对象——同事、下属、主管、外部和自身。

④ 不可详列的管理风格（描述管理人员形象和行为方式的特征），包括客观性、个人影响、领导力、精力水平、奉献特征。

四维度模型提出，管理人员与各种对象（如下属）进行互动，通过具体的角色担负着一系列职能。管理人员表现角色和承担职能的方式是由他们的管理风格组成的。比如，在针对某一下属（对象）实施培训和开发职能时，管理人员也许会在培训和评价过程中指导和激励该下属。管理人员也许会通过特定的风格来实行培训开发职能。

3. 管理人员培训与开发的类型

① 学院或大学的工商管理学士或硕士（BBA 或 MBA）课程，这是目前较普遍的管理人员培训与开发的方式；

② 高级经理人教育，包括 EMBA，以及各大学、咨询公司、私人机构和行业协会所提供的短期课程。

4. 管理人员培训与开发的方式

（1）公司自己设计的员工培训与开发课程

一些公司经常自己设计一些培训课程，召开一些研讨会，并将其作为管理人员培训与开发的一种方法。这些课程的优点在于，它们是针对内部的特定问题、技能和个人特征而量身定制的。这些课程可以是强调某一项技能或问题的具体课程（如员工绩效评估或预算），也可以是一系列相关的课程（如对关键的非管理人员进行的为期两周的研讨会，主题是让他们了解公司所有部门的产品，并且使他们感受到公司面临的挑战）。

（2）企业大学

企业大学是管理人员培训与开发战略的一个重要的组成部分。企业开办大学、研究院或学院，在研究院和学院中，特定水平的管理人员被要求完成特定的课程。已经有超过 2 000 家组织有自己的公司大学，如通用电气的克劳顿维尔管理培训中心、麦当劳的汉堡大学等。

（3）在职工作体验

在职工作体验在管理人员开发中起着非常重要的作用，许多公司也开始用工作分配和工作经历作为管理人员培训与开发活动的一部分。在工作中，管理人员会获得很多实际的、深刻的感受和体验，这种体验可使管理人员培训与开发产生显著的效果。工作经历中可能的经验教训如表 7.5 所示。

表 7.5　工作经历中可能的经验教训

制定并执行议程
• 技术/专业技能
• 个人参与的所有业务
• 战略性思维
• 承担全部责任
• 建立并使用结构和控制系统

续表

处理人际关系
• 把握政治形势 • 使人们执行解决方案 • 高级经理喜欢什么，以及如何与他们共事 • 掌握谈判的策略 • 了解其他人的观点 • 处理冲突 • 指导和激励下属 • 开发其他人 • 正视下属的绩效问题 • 管理前任的老板及以前的同事
基本价值观
• 认识到自己一个人并不能处理好所有的事情 • 对管理中的人性方面保持敏感 • 基本的管理价值观
高级经理人的性格
• 在必要的时候要严厉 • 自信 • 处理超越自己控制范围的事情 • 能够在逆境中坚持 • 应付模糊不清的形势 • 使用（而非滥用）权力
自我认知
• 工作和个人生活之间的平衡 • 知道是什么真正激励你开展工作 • 个人缺陷和盲点 • 控制你的职业生涯发现并抓住机遇

一般来说，管理人员培训与开发除了常见的领导力、执行力，由于角色的转换，一般还涉及以下几个方面，如表 7.6 所示。

表 7.6　管理人员培训与开发涉及的几个方面

• 确定阶段 早期工作经历，首次担任主管工作
• 通过说服来领导 项目/特别工作组委派，职能转换
• 现场领导 从头开始，围绕着一个业务开展工作，管理较大领域范围的业务
• 在其他人有麻烦时 老板困难，个人损伤，职业生涯，改变工作，商业错误，下属绩效问题

7.4　企业分层的员工培训与开发的问题及解决方法

一直以来，企业员工培训与开发始终是企业人力资源管理过程中比较棘手的问题。在很多情况下，由于老板不够重视、员工不够努力、讲师不够优秀、课程不够理想等问题，企业员工培训与开发活动“走过场”的居多。对于企业员工培训与开发，很多管理人员认为这只是人力资源部的一项常规工作，对于员工培训与开发在组织建设中所能发挥的核心作用往往认识不清，存在形式主义和教条主义两种认识误区。

形式主义主要表现为企业在员工培训与开发的过程中只重培训的形式而不重内容，只重培训的数量而不重质量，只重场面的壮观而不重实际的效果，为培训而培训，为开发而开发，误认为只要进行了员工培训与开发，就一定会取得相应的效果。

教条主义主要表现为基本照搬其他企业的培训形式与方法，而不结合本企业的实际，不能形成有特色的培训方案体系与政策。

7.4.1　企业分层员工培训与开发的问题

1．战略目标与方向不清晰

企业的各项组织管理工作应该始终以企业经营战略目标为轴心。如果没有清晰的战略目标作为指引，包括团队建设与培训在内的各项工作就失去了方向，高层的战略意图也就无法通过培训的手段有效地传递到中低层。

2．高层管理人员重视不够

很多“一把手”习惯做甩手掌柜，认为培训只是人力资源部的工作而已。高层的重视不够，可能带来两个后果：其一，整个组织自上而下，无法形成重视培训的氛围；其二，培训所需的资源与投入得不到保障，导致培训工作的开展束手束脚。

3．中层管理人员认识偏差

由于对培训的认识存在偏差，一些部门的负责人轻视培训或认为培训是负担，是多余的，这也会影响员工参加培训的积极性与纪律性。整体中层管理人员对培训认识的不统一，会给培训的系统性与持续性带来障碍与困难。

4．人力资源部工作不得力

人力资源部工作不得力主要表现在三个方面：首先，没有将年度的培训体系与同期的组织建设战略有机结合起来；其次，在培训体系的设计上，不能将培训对象与培训教材、教师及方式有机结合，提高针对性；最后，轻视培训后的效果分析评估等工作，不能针对存在的问题进行及时的调整，提出改进措施。

7.4.2　企业分层员工培训与开发的解决方法

观念决定行动，认识问题是采取正确行动的基础和前提。而要解决问题，最重要的是要对培训在企业运营中的地位和作用有一个正确的定位。

1．企业战略良性发展的理性选择

近年来，国内各类企业的发展路径与方式可分为两类：第一类是通过捕捉机会与资源投入，形成“量”的扩张；第二类是通过经营模式的不断创新，形成“质”的提升，卓有成效地保持盈利的持续增长。从战略上讲，第一类企业将逐渐走向“红海”，而第二类企业在走向“蓝海”。从战略的高度重视培训，逐渐建立科学的培训体系，建立学习型组织，是企业战略良性发展的理性选择，也是营销组织健康成长与稳健壮大的前提和基础。

2．企业组织功能建设的基础

企业如果想要持续创造辉煌，就必须将战略思想逐渐落实到组织形态上，并依赖组织功能的长期与持续建设，才能逐渐形成竞争对手难以复制的核心竞争力。

3．企业持续创新的系统工程

员工培训与开发对于企业成长的作用是循序渐进的，因而是一项必须长期坚持的系统工程。首先，由于各企业所处的行业与发展时期不同，对培训的具体要求也不同；其次，企业的发展和队伍的成长各自在不同的阶段，所以要求整个培训体系与时俱进，从形式到内容都需要不断创新；最后，企业在外部市场、技术、政策、信息网络等方面的变化日新月异，这要求企业的培训体系能够持续地创新与发展。

7.4.3 企业分层员工培训与开发的针对性

1. 基层培训：促成“三心”

（1）人员构成与培训要点

基层人员是组成企业的基本细胞与肌体，通过培训，提高基层人员的基本能力与素质，是企业成长的基础。营销基层人员的特点是人数庞大，分布广泛，一般年龄偏小，工作经验较少且资历相对较浅。培训要点可以概括为“三心”：一是使他们清晰与明了企业的总体战略方向与经营宗旨，统一思想，逐渐形成长期服务于企业的“忠心”；二是使他们掌握与提升工作技能，提高工作效率，逐渐形成职业化的“专心”；三是严格遵守公司规章制度与纪律，增强他们工作的“责任心”。

（2）培训方式与方法

基层培训采取的方式无非有两种：第一，定期大规模的“广种博收”，主要指年度、半年度或季度举办全体或部分基层人员大会，统一思想，传播文化，提升个人技能，进行相关的大型培训；第二，日常小规模的“喷灌”与“滴灌”，主要指企业应用低成本的方式（如网络或影视资料），利用就近或当地的师资进行短周期的培训，内容主要侧重于基本的技能与技巧。

（3）实例

A 企业是行业中名列前茅的机械制造公司。在进入常州区域的市场时，市场的占有率较低，与其主要竞争对手市场份额的相对占有比例为 1∶9。由于 A 企业在常州区域的团队刚刚组建，队伍整体稚嫩，年龄偏低，基层员工技能水平低，甚至连口头表达都不尽如人意，悲观和消极的情绪弥漫在整个团队中。A 企业采取的培训方式如下：第一，组织全体人员观看影片《士兵突击》的部分精彩片段，并在观看电影后展开讨论，形成统一思想。在会前会后高唱《团结就是力量》《真心英雄》等鼓舞斗志的歌曲。第二，各办事处一般有人员 5~8 名，以驻点为单元，每天清晨提前 15 分钟上班，选择一本精炼的小故事集，每天由一人朗读 3~5 分钟的故事，其他人发言 1~2 分钟，以提高人员的口头表达能力与思考力。第三，由总部提供教材与光碟，针对业务人员、技术人员和销售辅助人员，利用晚上或周末的时间，开展每周一次的专业技能培训。第四，针对新市场，定期召开区域性的骨干会议，汇总各类信息，研究竞争策略，提炼市场拓展的语言要点与公关方案。经过 3~5 个月的持续培训，效果明显，常州区域的业绩持续上升。

2．中层培训：形成“三力”

（1）人员构成与培训要点

中层管理人员是企业的骨干部分，他们的培训效果将决定企业的成长与稳定。中层培训的要点主要是形成“三力”：一是增强组织“向心力”，是对组织文化与经营宗旨的认同；二是增强其“外功力”，主要提高他们对市场竞争与企业自身特点分析、判断、归纳与决策的能力，具体体现在业绩的持续提升与关键客户数量的突破；三是增强其“内功力”，主要提高他们对分公司或办事处内部人员与资源的管理能力，即管理与培养销售团队的综合能力。

（2）培训方式与方法

中层培训主要通过半月或每月召开的营销例会及相关活动来完成。营销例会除了分析业绩、总结教训和经验、鼓舞士气，还有两项重要的任务：一是通过培训与学习，提高管理人员的综合管理素养；二是通过沟通与交流感情，了解队伍状况，加强管理团队本身的情感与价值观的认同。

具体的培训方式包括以下三个方面：第一，长期坚持对核心理论的学习，主要是对营销类与管理类的基础理论进行长期不懈的学习；第二，集中的思想教育与引导；第三，有针对性的个别思想交流与沟通。

（3）实例一

B 公司某区域市场近期业务持续低迷，经初步分析，发现主要是管理人员的思想不够统一，对局部短期利益过于计较，无法坚定地执行集团的战略决策，管理层也缺乏凝聚力。针对上述状况，公司组织管理团队观看电影《大转折——挺进大别山》，观后组织每个人结合现实进行发言。发言内容包括：第一，对电影情节分享 2~3 点启示（阐明细节）；第二，结合启示谈谈企业现状及存在的问题；第三，结合启示，谈谈对现实工作的改进思路与建议。通过每人 15 分钟左右的发言，可以看出他们对集团战略的个人理解，也可以洞悉每个人的思维方式，进而发现每个人对集团新战略与组织文化的认同度及应变的柔性。通过此活动，既统一了大部分人的思想，又鉴别与孤立了少量持不同意见者，为下一步的组织调整明确了方向。

（4）实例二

随着华东区的业务发展，C 公司培养年轻的准中层梯队已迫在眉睫。准中层梯队年轻、冲劲足、热情高，但在区域市场的策划与办事处人员等内部管理上往往没有章法，“胡子眉毛一把抓”，无法做到发展方向感、平衡感与安全感三者的统一。为了迅速地给他们移植管理人员的“头脑”与“五脏”，连续 7 次（每半个月 1 次）进行“管理人员的七项技能”的培训。在每次培训后做三件事：一是通过小组发言与评比，评选出 3~5

名“最佳发言者”，并且给予适当的奖励，以鼓励他们深度思考、积极讨论并勇于发言；二是要求每人填写一份“培训意见表”，既评价培训师（可能是内部管理人员）的授课水平，也可对培训的方式、内容提出意见与建议，以利于培训工作与时俱进、不断改进；三是在培训后的两天内，每人必须写一份 300~500 字的启示与小结，经所在大区经理审定后报到总部人力资源部备案，以利于总部分析了解当期的培训效果。

通过上述学习，他们认识到过去那种忠于职守、任劳任怨，并且只依靠精准的专业知识与技能的工作方式是远远不够的。从而让他们在短时间内建立“卓有成效是管理的核心精髓”的理念。

3．高层培训：形成战略性思考

（1）人员构成与培训要点

营销组织的高层管理人员不仅是指营销总经理，还包括策划总监、财务总监、人力资源总监，以及各大区总监和专家顾问团队。高层管理人员自身的管理、成长与成熟，决定了营销组织整体培训的效果。

高层培训的要点是在他们心中系统地形成三种战略性思考。一是战略格局与演进思考，即作为营销高层，必须对全国乃至全球的经济生态、对本行业生态及竞争格局拥有清晰的战略视野，并对本行业面临的技术、网络与竞争模式的变化，有敏锐的直觉与感悟；二是形成战略性组织思考，这类思考是指营销高层，最终必然成为人力资源的专家与组织文化的建设者；三是形成对个人事业的思考。营销高层往往属于“肉食性动物”，由于企业成长与竞争的压力，使企业的资源与关注点会暂时过于集中在营销层面，短期的业绩压力使高层的成长很有可能向着“富贵病”的方向发展。因此，营销高层持续的事业发展与周期性的转型，将影响企业的未来发展与转型。

（2）培训方式与方法

第一，“走出去，进行周期性的大补”。“走出去”，通俗而言就是“农村干部一定要进城来”或“去比较大的城市旅旅游”，这属于战略投资，必须投入一定的时间、金钱与精力。例如，去高校读 MBA、EMBA 或总裁培训班，参加行业性或专业性的年会，去听自己感兴趣的名师讲座等。第二，“静下来，进行长期性的小补”。“静下来”是指高层管理人员必须静下心来，长期坚持系统学习，通过反复读几本好书或名著，逐渐形成在工商管理理论方面提高自己的偏好与涵养，并且定期进行总结。在十几年以前，日本各城市均有由企业家自发组织的德鲁克研究会和巴纳德研究会，围绕着一两本专著反复研读，这充分反映出日本企业家对学习与自我成长的理性思考。

（3）案例

D 企业销售总经理 MBA 毕业后，同学各奔前程，面对日常的工作压力，没有了以往每月两天的学习，他深感孤独与无助。为了能够在实践中不断反思与学习，他召集了本城市部分对继续学习感兴趣的同学，组成半定期的学习沙龙小组，人数控制在 5~8 人，贵在坚持。大家每月进行一次半天到一天的活动，主要内容有两个：第一，大家选一本共同感兴趣的工商管理名著进行研读，谈感想，每次只学习一章或一节；第二，在小组活动时，每人针对当前的管理难题，向大家提出 1~2 个现实问题，所有人都必须发言，时间控制在 5~10 分钟以内。通过讨论与交流，小组成员共同分享相关行业的知识与见解，启发每个人对业务与组织两个层面的领悟能力。经过一段时间的实践，每个人都受益匪浅，认为沙龙活动与实际工作的开展相得益彰。

【本章小结】

企业分层员工培训与开发是企业员工培训与开发的重要组成部分，在对企业各层级员工的日常培训与能力开发中起着重要作用。分层的员工培训与开发通过新员工培训与开发、普通在职员工培训与开发及管理人员培训与开发三个方面分析企业不同类型员工的培训与开发。它使企业员工培训与开发工作能够更好地开展，使员工培训与开发工作更加科学和有效。

企业分层员工培训与开发在实际开展过程中也面临着一定的困难和挑战，运用科学的办法解决企业分层员工培训与开发过程中的难题，能够更好地促进企业员工培训与开发这一人力资源管理工作的开展。

【思考与练习】

1. 简述企业分层员工培训与开发的重要性。
2. 新员工、普通在职员工与管理人员培训与开发的差异有哪些？
3. 企业分层员工培训与开发如何细分为更小的层级？
4. 设计营销类企业分层员工培训与开发的流程。

【案例分析】

SOGO 的大学生培训

听过无数的公司对大学生“眼高手低”的深恶痛绝，甚至有公司做出拒收北大、清华毕业生的极端决定，原因也是认为那里的学生“眼高手低”。其实，“眼高”不是坏事，“手低”也不是成不了好事，关键在于寻求其中的平衡。眼看又一届毕业生将开始找工作，探寻“眼高手低”中的平衡就显得更加紧迫。

1. 何谓“眼高手低”

一般来讲，“眼高手低”是说一个人好高骛远，总做超出自己能力的目标设定，不能安于自己的本职工作。这的确是求职的大忌，但在庄胜崇光集团（SOGO）看来，这个词并不只有贬义。

该公司人力资源部的负责人认为，其实“眼高”可以解释为有思想、有创新意识；“手低”也可以理解成踏实完成任务，有更实际的操作执行能力。一般的理解是大学生重前者而轻后者，实际上重后者而轻前者同样不具备竞争力。只有找到“眼高”和“手低”间的平衡，做到“有思想地完成任务”，才是一个求职者最有力的竞争武器。

SOGO成立于1998年，是一家由中方投资，和日本庄胜集团合作管理的企业，是北京首家引进“特卖场”概念的百货商场。一直都以“青春、时尚、前卫”示人的他们大规模地招入了应届毕业生。经过多轮筛选，最后留下了17人。

商场人力资源负责人对他们的评价归结起来就是“眼高手低”四个字，当然这是SOGO对这四个字的理解，即“有思想地完成任务”。在经过入职前长达两个月的培训、实习，这17个新兵的活力和踏实不断得到SOGO管理层的好评。

新入SOGO的这17名应届毕业生所学的专业可谓五花八门，但都属于经济类。在SOGO看来，经济的不同范畴与商业之间都会有一定的联系，况且，现代商业的发展也迫切需要不同的知识结构来相互支撑。学不同专业的人在一起交流，也有助于各自对知识结构的完善。

SOGO鼓励新人在培训和实习中主动地去发现商场和个人存在的问题，要求新人对发现的问题提出自己的处理办法，并且在培训总结报告中加以体现。这种快节奏让毕业生逐渐习惯了工作的压力，很快就完成了从“学生”到“职业人”的转变。

2. 对“眼高手低”的培养

小铮是17名“幸运儿”中的一员。学房地产专业的她现在在人力资源部工作，她向记者讲述了自己在SOGO的故事。7月最热的两天，小铮和另外16个人开始了军训。SOGO是想磨炼他们的意志，进而培养团队精神。

的确，他们17个人是在那两天开始变得熟悉的，这使得后来的工作方便了不少。之后几天是紧密的培训课程，主要有SOGO的背景、企业文化、公司管理制度、销售技巧、物价合同管理、礼仪等商务知识的培训。每天马不停蹄，还要按时交培训总结。

让小铮最难忘的是，SOGO 在面试和每一阶段培训结束后的座谈。她自己学的不是商业而是房地产，所以在应聘之前有些紧张，没想到她的试题居然都是房地产相关的问题，她轻车熟路地通过了面试。

SOGO 的解释是，商业是相对传统的行业，和高科技企业相比她并不需要多么专业的技能。考查应聘学生所学的专业知识，实际上就是在考查他们的学习能力，也就是考查他们是否踏实，是否能做到"手低"。

3. 对新员工的培训

整个实习过程分为三个阶段。首先是让他们熟悉商场各个部门的运作，让新人进入角色；然后把他们分散到商场的各个营业部门，熟悉商场的日常管理工作；最后把他们分散到 SOGO 的职能综合部门，熟悉更高一层的管理流程。

SOGO 的用意很明显，让毕业生体验每个职位，熟悉商场的每个流程，以便为今后更好地工作奠定基础。另外，SOGO 的管理层还多次在培训中召开座谈，与新员工交流，了解他们在培训中遇到的问题和困惑，在解决问题的同时尽最大的努力鼓励新人。这种方式用小铮的话说就是，她能感受到 SOGO 对她的重视，同样能感受到自己信心的提高。现在，小铮已经是 SOGO 人力资源部的骨干力量。

一直以来，SOGO 非常重视对年轻人能力的培养，不光是自己的职工，公司还定期联合高校组织社会实践，把实践学生置于更高的层次，让他们短期参与商场的管理，学习商场的运作模式，而不是让学生参加简单的商品促销。

目前，这 17 名应届毕业生已经在 SOGO 的各个部门开始了他们的工作，并且有中层的老员工指点他们。据了解，17 名 SOGO 新人进步神速，大都已经成为各个部门的骨干。

4. 挖掘"眼高手低"者

SOGO 选择应届毕业生就是看中了他们的激情，也就是看中了他们的思想活跃，看中了他们的"眼高"。对企业而言，它永远希望你做比它期望的更多的事，不会有任何一家公司希望员工安于现状。 这样一来，一方面工作压力会很大，另一方面表示发展空间的广阔，SOGO 不乏从普通文员很快晋升成中层领导的先例。

这 17 人全都是 SOGO 为公司管理层培养的补充力量，都有相对广阔的事业发展空间，也许就是他们自身的能够"有思想地完成任务"的能力打动了 SOGO 。

"眼高"和"手低"之间并不存在不可调和的矛盾。其实这是一个很简单的命题，关键要看求职者和招聘企业自身的处理能力。但愿眼下的毕业生和用人单位都能仔细体会一下"眼高手低"中的规律，不要再让这四个字成为求职用人的鸿沟。

随着又一个求职高峰的到来，SOGO 希望通过自身的实践忠告应届毕业生，认清自我的水平与能力，尽早找出自己与社会需求的差距，以健康的心态面对社会竞争的工作现状。

资料来源：http://wenku.baidu.com/view/12eaac1fa76e58fafab00316.html.

讨论题

1. 对于新员工，SOGO 的培训工作是怎样展开的？（提示：新员工培训的内容。）
2. 怎样使培训最大限度地为企业吸纳优秀人力资源？（提示：新员工培训的方法。）
3. 怎样通过培训提升企业中人力资源的价值？（提示：新员工培训的创新。）

【本章实训】

某公司新员工培训方案

某公司为新进员工设计了一系列培训方案如下所示。

一、新员工培训目的

1. 为新员工提供正确的、相关的公司及工作岗位信息，鼓舞新员工的士气
2. 让新员工了解公司所能提供给他的相关资源及公司对他的期望
3. 让新员工了解公司历史、政策、企业文化，提供讨论的平台
4. 减少新员工初进公司时的紧张情绪，使其更快适应公司
5. 让新员工感受到公司对他的欢迎，体会到归属感
6. 使新员工明白自己工作的职责、加强同事之间的关系
7. 培训新员工解决问题的能力及寻求帮助的方法

二、新员工培训内容

1. 入职前培训（部门经理负责）

入职前：致新员工欢迎辞（人力资源部负责）；让本部门其他员工知道新员工的到来；准备好新员工办公场所、办公用品；准备好新员工培训的部门内部资料；为新员工指定一位资深员工作为导师；准备好布置给新员工的第一项工作任务。

2. 部门岗位培训（部门经理负责）

入职后第 1 天：

① 到人力资源部报到，进行新员工须知培训（人力资源部负责）；

② 到部门报到，经理代表部门全体员工欢迎新员工的到来；

③ 介绍新员工认识本部门员工，参观世贸商城；

④ 部门结构与功能介绍、部门内的特殊规定；

⑤ 新员工工作描述、职责要求；

⑥ 讨论新员工的第一项工作任务；

⑦ 派老员工陪新员工到公司餐厅吃第一顿午餐。

入职后第 5 天：

① 一周内，部门经理与新员工进行非正式谈话，重申工作职责，讨论工作中出现的问题，回答新员工的提问；

② 对新员工一周的表现做出评估，并确定一些短期的绩效目标；

③ 设定下次绩效考核的时间。

入职后第 30 天：

部门经理与新员工面谈，讨论试用期一个月来的表现，填写评价表。

入职后第 90 天：

人力资源部经理与部门经理一起讨论新员工表现，评价是否合适现在的岗位，填写试用期考核表，并与新员工就试用期考核表现进行谈话，告知新员工公司绩效考核的要求与体系。

3. 公司整体培训（人力资源部负责——不定期）

① 公司历史与愿景，公司组织架构、主要业务；

② 公司政策与福利，公司相关程序、绩效考核；

③ 公司各部门功能介绍，公司培训计划与程序；

④ 公司整体培训资料的发放，回答新员工提出的问题。

三、新员工培训反馈与考核

1. 岗位培训反馈表（入职后一周内）
2. 公司整体培训当场评估表（培训当天）
3. 公司整体培训考核表（培训当天）
4. 新员工试用期内表现评估表（入职后 30 天）
5. 新员工试用期绩效考核表（入职后 90 天）

四、新员工培训教材

1. 各部门内训教材
2. 新员工培训须知
3. 公司整体培训教材

五、新员工培训项目实施方案

1. 首先在公司内部宣传“新员工培训方案”，通过多种形式让所有员工了解这套新员工培训系统及公司对新员工培训的重视程度

2. 每个部门推荐本部门的培训师

3. 对推荐出来的内部培训师进行培训师培训

4. 给每个部门印发“新员工培训实施方案”资料
5. 各部门从 2009 年 1 月开始实施部门新员工培训方案
6. 每一位新员工必须完成一套“新员工培训”表格
7. 根据新员工人数，公司不定期实施整体的新员工培训
8. 在整个公司内进行部门之间的部门功能培训

六、部门新员工培训所需表格

部门新员工培训所需表格有三份，如表 7.7、表 7.8、表 7.9 所示。

表 7.7　新员工部门岗位培训（入职后第一周部门填写）

<table>
<tr><td colspan="2">部门：</td><td>新员工姓名：</td></tr>
<tr><td>序号</td><td>培训内容</td><td>完成确认（负责人签名）</td></tr>
<tr><td rowspan="6">新员工部门岗位培训</td><td>让本部门其他员工知道新员工的到来
● 准备好新员工办公场所、办公用品
● 准备好新员工培训的部门内部资料
● 为新员工指定工作导师</td><td></td></tr>
<tr><td>经理代表全体部门员工欢迎新员工到来、介绍新员工认识本部门员工，参观世贸商城</td><td></td></tr>
<tr><td>部门结构与功能介绍，部门内的特殊规定</td><td></td></tr>
<tr><td>新员工工作描述、职责要求，分配新员工的第一项工作任务</td><td></td></tr>
<tr><td>指派老员工陪新员工到公司餐厅吃第一次午餐</td><td></td></tr>
<tr><td>一周内，部门经理与新员工进行非正式谈话，重申工作职责，谈论工作中出现的问题，回答新员工的问题。对新员工一周的表现做出评估，并定下次绩效考核的时间（30 天后）</td><td>谈话记录：</td></tr>
<tr><td colspan="2">部门经理签名：</td><td>日期：</td></tr>
</table>

表 7.8　新员工岗位培训反馈表（入职后新员工一周内填写）

部门：　　　　　　　　　　新员工姓名：

1. 你是否已了解部门的组织架构及部门功能？

是□　否□

2. 你是否已清晰地了解自己的工作职责及岗位描述？

是□　否□

3. 你是否已熟悉公司大楼的情况？

续表

是□　　否□

4. 你是否已认识部门里所有的同事？

是□　　否□

5. 你是否觉得部门岗位培训有效果？

是□　　否□

6. 你今后在工作中遇到问题，是否知道如何寻求帮助？

是□　　否□

7. 你是否已接受足够的部门岗位培训，并保证可以很好地完成任务？

是□　　否□

8. 在岗位培训中，可以改进的地方

9. 在今后的工作中，希望接受更多以下方面的培训

表 7.9　新员工试用期内表现评估表（入职后 30 天部门填写）

新员工姓名：　　　　　　　部门：　　　　　　　职位：

1. 你对新员工在一个月内的工作表现的总体评价：

优□　　良□　　一般□　　差□

2. 新员工对公司的适应程度：

很好□　好□　　一般□　　差□

3. 新员工的工作能力：

优□　　良□　　一般□　　差□

4. 其他评价：

部门经理签名：　　　　　　　　　　日期：

资料来源：http://wenku.baidu.com/view/15a498313968011ca300919c.html.

讨论题

1. 该公司在新员工培训方面运用了哪些方法？（提示：企业新员工培训与开发方式与方法。）

2. 新员工培训所需表格反映了企业对新员工培训的哪些需求？（提示：结合案例进行合理分析。）

3. 你认为该企业对新员工的员工培训与开发有哪些需要改进的地方？（提示：结合本章内容给出合理的改进建议。）

第 8 章 员工培训与开发成果转化

学习目标

1. 了解培训成果转化的概念。
2. 熟悉培训成果转化的相关理论。
3. 掌握提高培训成果转化的方法。

关键术语

培训成果转化　同因素理论　激励推广理论　认知转化理论

引导案例

杭州某公司培训的疑惑

11 月的一个下午，一直阴沉的天气突然转晴，杭州某公司总部持续两天的 2008 年度预算会议终于结束了。人力资源部经理张强显得有点疲惫，但他格外高兴，因为在预算会议上，公司高层一致决定提高明年员工培训的预算额度，将培训预算费用从占工资总额的 5%提高到 8%，这对于人力资源部的培训工作来说，是一个莫大的撑持和肯定。高兴之余，他又觉得压力很大。虽然公司的培训工作一如既往地开展着，也获得了很多部门和员工的称赞，但他心里明白，即使是人力资源部，对于培训给企业带来的价值和真正对员工绩效所起的作用，还缺乏十足的底气。他陷入深深的思虑当中，究竟问题出在什么地方？

相信这个困惑对于国内很多企业来说，都是普遍存在的。国内很大一部分企业觉得培训很重要，一直不遗余力地推行员工培训，他们虽然不清楚这些投入究竟能给企业带来什么效应，但心里认为培训比不培训显然要好得多。

为什么企业对待培训的态度如此模糊？究其原因，关键在于人力资源管理部门一直以来无法将单项或者系列培训课程的投入回报情况准确地呈现给企业高层。很多时候，HR 也在怀疑：这门课程究竟会带来什么价值？

如何评价该门课程带来的价值是一个非常重要的问题，这关系到培训结果最终对企业发展的影响。下面我们通过员工培训与开发成果转化的相关内容学习，来让培训开发更好地为企业服务。

资料来源：http://www.chinahrd.net/talent-development/training-management.html.

8.1 员工培训与开发成果转化概述

员工培训成果的转化主要是指受训者将在培训中所学到的知识、技能或能力及行为方式运用到实际工作中去的努力过程。培训成果的转化工作是人力资源培训系统流程的环节之一，与为企业经营目标提供合格的人力资源产品紧密相关，其目的就是改善员工的工作业绩并最终提高企业的整体绩效。因此，员工在培训中所学到的内容必须运用到实际的工作中去，这样培训才具有现实意义；否则，培训的投资对企业来说就是一种浪费。

1. 培训前的转化准备工作

培训成果转化工作事实上在培训开始之前就需要做准备了，主要从以下几方面来进行准备工作。

（1）依据目标设置理论内容

在参加培训之前，培训者要为受训者设立目标，或者让受训者自己设立目标，如果目标具体、富有挑战性，就会使受训者具有增进工作技能、改进工作绩效的强烈愿望与动机，能够提高员工对培训的兴趣程度、理解能力及努力程度，那么教学效果就会得到保证，学习效果也会比较理想。这些目标包括数量、质量、时间和成本等。

（2）转变角色

在培训开始前，要求受训者学成回公司后教授其他未参加学习的员工。这样，受训者以学员和未来培训师的双重角色参加学习，会促进其学习视角发生改变。

（3）管理人员的激励工作

在培训前，主管需要向受训者重点说明在培训以后能够得到的好处，如明确培训的目的是提高绩效，并且强调参加培训会为员工带来工作及个人职业发展等方面的益处，帮助受训者建立努力与成绩、成绩与奖励之间的依存关系，这样受训者的学习动机就会变得强烈。

2．培训中的转化准备工作

培训过程中的许多工作可以为培训结果转化做好准备，如培训方法的选择。参加培训活动意在取得智力型技能，如程序性知识、语言知识认知能力，即受训者将上述两类知识在何时及如何运用这些信息的能力转化为操作技能。为了保证受训者掌握这些学习结果，在选择培训方法时应侧重于那些有助于培训成果转化的方法，包括角色扮演、管理训练、案例分析、情景模拟、行为模仿等。培训中要讲“三习”，即上课之前要预习、上课时要练习和上课之后要实习。要使所学知识与技能易于理解、消化和被掌握，实习是不可或缺的重要手段。而只有重复实践才能使所学知识与技能转化为员工的自然反应，成为其整体技能和行为模式中的一部分，才能真正达到学习的目的。另外，在培训过程中，培训者应鼓励受训者在培训过程中运用自我调控系统，使他们掌握知识并培养工作所需要的分析问题和解决问题的能力。在培训中提高受训者内在的胜任感、自我效能感和终身学习的动力，将有助于培训成果的转化。

3．培训后的全面转化工作

培训课程的结束是成果转化的开始，是衡量培训项目成功与否的关键环节，其重要性甚至超过课程本身，因此必须全方位地进行转化工作。培训成果能否成功转化与工作环境密切相关，因此，取得相关人员的支持、营造一个良好的转化氛围是至关重要的。管理人员还应鼓励技术管理的创新，营造良好的沟通氛围，实行民主管理等，这些都会影响培训成果的转化。另外，所有部门的管理人员都应对受训者给予关注，在他们与其他部门发生联系时予以关心和帮助、宽容和谅解。直接主管积极鼓励受训者运用在培训中所学到的新技能及行为方式，为其提供所需的各种设备和资源，为他们确定目标、制订行动计划。同事对受训者运用在培训中所学到的新技能和行为方式予以支持，下属对参加受训的上级管理人员将在培训中所学习到的新的管理理念、领导风格、领导方法和行为方式运用到工作之中时要积极配合、予以支持。人力资源部提供培训前、培训中和培训后的沟通，与公司其他管理人员分享学员反馈信息，并且通过即时通信的方式向大家通告受训者的成功转化经验，进行受训者工作岗位的重新设计，在奖惩机制、晋升机制上支持受训者的培训成果转化。

8.2 员工培训与开发成果转化的相关理论

员工培训与开发成果转化有同因素理论、激励推广理论及认知转换理论，下面分别介绍这三种理论的相关内容。

1. 同因素理论

同因素理论由桑代克和伍德沃斯提出，该理论认为，培训成果转化取决于培训任务、材料、设备和其他学习环境与工作环境的相似性。其强调的重点是培训环境与工作环境完全相同，适用于工作环境可预测且稳定的情况。在设计相关培训项目时，应注意以下关键环节：

① 在培训中应该告诉受训者基本的概念；

② 在培训过程中应明确具体的操作流程；

③ 明确在何时、以何种方式将培训内容运用于工作中；

④ 受训者应该能够说明培训中的操作与实际工作是否存在一定差别，如果存在细微的差别，今后应如何注意；

⑤ 在培训过程中鼓励学习的内容超出应用的范围；

⑥ 将培训内容限定在受训者有能力掌握的范围之内；

⑦ 鼓励受训者将在培训课堂上所学的技术、知识等应用于实际的工作当中。

2. 激励推广理论

激励推广理论注重促进培训成果转化的方法，在培训项目设计中重点强调那些最重要的特征和一般原则，同时明确这些一般原则的适用范围。该理论针对工作的典型原则进行培训，培训环境的设计可以和工作环境不相似，强调将一般性原则运用于多种不同的工作环境，适用于工作环境不可预测且变化剧烈的情况。在设计相关培训项目时，应注意以下关键环节：

① 努力让受训者理解他们所接受的培训技能和行为的基本概念、一般性原则及假设条件；

② 鼓励受训者将培训中所强调的要点与其实际工作经验结合起来，学员之间共享在不同环境和情境中这些原则得以成功应用的经验；

③ 鼓励受训者设想在不同环境下使用新技能的情境；

④ 鼓励受训者将培训中和培训后所学技能应用于与培训环境不同的工作环境中。强调这些一般性原则可能有更大的推广价值，遇到与培训环境不完全相似的情况下也可以应用。

3．认知转换理论

认知转换理论的理论基础是信息加工模型，成果转化取决于受训者回忆所学技能的能力，其强调有意义的材料和编码策略，增强存储和回忆，适用于各种类型的培训内容和环境。在设计相关培训项目时，应侧重理解性学习、大量练习、理论联系实际，以及讨论和应用。莱克认为，培训成果转化可以分为近距离转化和远距离转化两种：

① 近距离转化：指可以直接将所学内容应用于与培训环境类似的实际工作中，基本不需要进行修订和调整；

② 远距离转化：指将所学技能运用于不同于最初的培训环境的工作中，需要用新的方法应用所学内容。

8.3　员工培训与开发成果转化的影响因素

1．受训者自身因素

受训者作为培训中的一大主体，其在培训活动及培训成果转化过程中起着非同寻常的作用。培训是提高受训者自身综合素质的重要途径，受训者认识到培训的重要性对培训成果的转化十分重要。然而在很多情况下、受训者对培训的认识并不准确，片面地认为培训仅仅是企业提供的一种福利，因而缺乏积极性与主动性；有的员工认为企业的培训流于形式，对个人能力的提升和职业生涯的发展帮助不大，从而对企业提供的培训不感兴趣；还有一些员工只是希望通过培训获得一纸文凭或证书，将来能获得职务的晋升或提高薪酬待遇，而未思考培训中所学的知识和技能如何在实际工作和生活中应用；此外，还有一些员工由于文化素质与技能水平不高，在培训成果转化过程中只能生搬硬套，不能随机应变，这也在一定程度上影响了培训成果的转化效果。

2．培训项目因素

培训项目设计对培训成果转化影响很大，学习原理、培训内容、应用转化理念都对会对培训成果转化产生影响。本文仅从培训项目本身来谈其对培训成果的影响。

（1）培训需求分析

作为培训的首要环节，准确的培训需求分析为培训的其他工作建立了明确的目标和准则，然而目前很多企业在培训前并没有进行详细的培训需求分析，没有将企业的发展目标与员工的职业生涯规划结合起来，也没有根据企业的实际情况来制订培训计划，而是凭经验或者机械地模仿他人，或者按照前一年的计划来进行，或者所有需求完全由员工提出，甚至还有一些公司对培训需求的界定只是老板的一句话。企业的培训工作具有较大的盲目性和随意性，因而培训内容缺乏针对性、培训手段单一等问题屡见不鲜，以致培训工作无实效，吃力不讨好。

（2）培训体系不健全

企业建立培训体系的最终目的是持久有效地将培训进行到底，让培训发挥最大的效果，让培训成为企业的家常便饭，植根到每个员工的思想里，并成为一种提升自己和企业竞争力的必备工具。据某权威机构对中国企业的培训调查报告显示，92%的企业没有完善的培训体系。其中在企业的培训管理机构方面，仅 42%的企业拥有自己的培训中心；在培训制度方面，64%的企业声称有自己的培训制度，但经座谈和深访发现，几乎所有的企业的培训制度都流于形式；在培训过程管理方面，很多企业缺乏规范的培训需求分析过程和行之有效的培训考核方法，甚至有的企业以培训课程体系作为培训体系的全部内容。

（3）培训统一供给，没有考虑员工的个体差异

不同的员工具有不同的培训需求，对于高层管理人员而言，理念技能是最重要的；对中层管理人员而言，人文技能是最重要的；对基层管理人员而言，专业技能是最重要的。对于需求各异的受训者，培训方式也应多样化，具有针对性。然而很多企业在培训过程中并没有考虑受训人员的个体差异性，而是统一供给。这无疑对培训成果的转化造成了一定的影响。

3. 企业环境因素

培训的环境因素对于企业培训成果转化的作用不容忽视。企业环境包括企业外部环境和企业内部环境，本书主要研究企业内部环境对培训成果转化的影响。具体而言，对培训成果转化影响较大的企业内部环境有以下几个方面：

（1）高层领导对培训的认识不到位，重视不够

培训是员工管理的一项基础性工作，但在实际管理工作中，企业管理层往往偏重任用、升迁和调动等，忽视了员工培训和再教育工作，对员工培训工作不够重视，不愿意在这上面花费成本。管理人员对培训的重视不够，因而不清楚应如何为员工创设有利于培训成果转化的氛围。这在一定程度上挫伤了员工参与培训的积极性，进而影响了员工培训成果的转化。

（2）企业未能为受训者营造有利于培训成果转化的氛围

转化氛围是指受训者对各种各样能够促进或阻碍培训技能或行为应用的工作环境特征的感觉，这些特征包括管理人员和同事的支持、应用技能的机会及运用所学技能的结果。受训者培训成果的转化需要一个能促进其转化的支持性工作环境。在工作环境方

面制约培训成果转化的因素有很多，高层管理人员对培训的重视程度不够、部门主管的不支持、未参加培训的员工的不支持、时间紧迫、资金短缺、没有相应的设备等；另外员工要承担完成工作任务、提高工作效率的压力，这些都会导致受训者很少有机会或根本没有机会运用新技能。

（3）缺乏相应的配套制度

企业缺乏有利于培训成果转化的相应配套制度也会对培训成果的转化产生影响。经过培训的员工回到原来的工作岗位，工作没变，待遇没变，运用新知识新技能得不到任何奖励，还有可能遭到未参加培训的同事的排斥。因而很多员工选择原来的工作方式和方法以适应现实和环境，最终使培训流于形式。

8.4 员工培训与开发成果转化的提升措施

1．利于组织成果转化的氛围特征

（1）直接主管和同事鼓励

直接主管和同事鼓励受训者使用培训中获得的新技能和行为方式并为其设定目标。例如，刚接受过培训的管理人员与主管人员及其他管理人员共同讨论如何将培训成果应用到工作当中。

（2）任务线索

受训者的工作特点会督促或提醒他应用在培训中获得的新技能和行为方式。例如，刚接受过培训的管理人员的工作就是依照其使用新技能的方式来设计的。

（3）反馈结果

直接主管支持受训者应用培训中获得的新技能和行为方式。例如，直接主管应关注那些应用培训内容的刚刚受过培训的管理人员。

（4）不轻易惩罚

对使用从培训中获得的新技能和行为方式的受训者不会公开责难。例如，当刚受过培训的管理人员在应用培训内容的过程中出现失误时，他们不会受到惩罚。

（5）外部强化

受训者会因应用从培训中获得的新技能和行为方式而受到外在奖励。例如，刚受过培训的管理人员若成功应用了培训内容，他们的薪酬会增加。

（6）内部强化

受训者会因应用从培训中获得的新技能和行为方式而受到内在奖励。例如，直接主管和其他管理人员应表扬那些刚接受培训就能将培训内容应用于工作当中的管理人员。

2．组织自身可能存在的阻碍培训成果转化的因素

目前我国有相当多企业的培训经理人已经开始意识到，在工作环境中存在诸多阻碍受训员工进行培训成果转化的因素。归纳起来主要体现在以下几个方面：

① 缺乏各部门管理人员的支持；

② 缺乏同事的支持；

③ 与工作本身相关的因素；

④ 受训者本身的原因。

3．确保培训成果转化的具体方法

（1）明确关键人员在培训成果转化中的作用

（2）通过激励强化受训者的学习动机

① 依据目标设置理论内容；

② 运用期望理论；

③ 运用需求理论；

④ 将教学活动与学习目标和成果相联系。

（3）改进培训项目设计

① 尽量设置与工作情景相同的条件；

② 培训教师在培训过程中要让学员掌握如何将所学知识和技能应用于实际工作中的原理和方法；

③ 让学员在培训课程结束时宣读自己的“行动计划承诺书”；

④ 编写行为手册；

⑤ 采取激励的政策；

⑥ 应用单表。

（4）积极培育有利于成果转化的工作环境

① 对实践机会进行预估；

② 提高管理人员的支持程度；

③ 人力资源管理部门的督导；

④ 建立受训员工联系网络；

⑤ 建立一对一的辅导关系。

（5）及时跟踪调查

培训结束后应及时征询受训者的意见和建议，为提高培训质量获取相关信息。

（6）在培训开始前、培训过程中及培训结束时的沟通

① 培训前的沟通；
② 培训中的沟通；
③ 培训后的沟通。

【本章小结】

本章介绍了员工培训与开发成果转化相关概念、员工培训与开发成果转化的相关理论、员工培训与开发成果转化的影响因素及员工培训与开发成果转化的提升措施。培训成果的转化主要是指受训者将在培训中所学到的知识、技能或能力及行为方式运用到实际工作当中去的努力过程，分为培训前的转化准备工作，培训中的转化准备工作及培训后的全面转化工作。员工培训与开发成果转化有同因素理论、激励推广理论及认知转换理论，各有不同的应用环境和关键点。影响员工培训与开发成果转化的因素包括受训者自身因素、培训项目因素和企业环境因素。提升员工培训与开发成果转化的措施包括明确关键人员在培训成果转化中的作用、通过激励强化受训者的学习动机、改进培训项目设计、积极培育有利于成果转化的工作环境、及时跟踪调查和在培训开始前、培训过程中及培训结束时的沟通。

【思考与练习】

1. 培训成果转化的概念是什么？
2. 同因素理论在应用中应注意哪些关键点？
3. 比较激励推广理论与认知转化理论的异同。
4. 影响员工培训与开发成果转化的因素有哪些？
5. 利于成果转化的组织氛围特征有哪些？
6. 确保培训成果转化的具体方法有哪些？

【案例分析】

1. 联想集团的培训成果转化落实

联想默默无闻到中关村龙头企，这样的成就并非偶然，而是主要取决于两大基本因素：一是联想的领路人柳传志的战略意识；二是联想强大的组织能力。联想强大的组织能力主要通过其制度的刚性来体现，这种刚性的制度可以克服知识分子创业队伍的先天性弊端，使组织的制度落到实处。联想文化的第一个阶段被称作制度文化，即斯巴达方阵文化。所谓斯巴达方阵文化有两个主要特点：强调集体力量和强调制度的刚性。这种文化建立伊始，从联想最高的领导人柳传志到联想的每一个基层员工，都在矢志不渝地遵守这种文化，贯彻这种文化。

以开会迟到为例。联想规定：开会不准迟到，如果迟到的时间大于等于5分钟，与会者就不用参加会议了；如果小于5分钟，那么迟几分钟就在门外站几分钟然后再进来开会。正好有一天柳传志迟到了，他迟到的时间大概是3分钟，于是，柳传志按照规定站在门口，直到站够了规定的时间才走进会议室。试想，连公司的老总都能以身作则，其他的员工又怎么会不遵守制度呢？

2. 从捕蝉人的经验看培训的层次

有一天，孔子带着学生去楚国，途经一片树林，看到一个驼背老头拿着竹竿捕蝉，就像捡东西一样，一下就是一只。孔子问道："你这么灵巧，一定有什么妙招吧？"驼背老头说："我是有方法的。我用了5个月的时间练习捕蝉技术，假如在竹竿顶上放两个弹丸掉不下来，那么去捕蝉时，它逃脱的可能性是很小的；假如竹竿顶上放三个弹，蝉逃脱的机会只有十分之一；假如一连放上5个弹丸还掉不下来，捕蝉就像拾取地上的东西一样容易了。我站在这里，有力而稳当。我站在这里，有力而稳当，虽然天地广阔，万物复杂，但我看的、想的只有'蝉的翅膀'。如因万物的变化而分散精力，又怎么能捕到蝉呢？"

培训同样可分为三个层次，第一个层次是仅仅会做；第二个层次是能够做到熟练，就像竹竿顶上放3个弹丸掉不下来；第三个层次是要做到不分散精力，看的、想的只有"蝉的翅膀"。古人的故事意味深长，既告诉我们企业培训究竟需要多长时间，也告诉我们应该培训哪些内容。在日本，一个贴商标的工人必须经过两年的培训才能上岗，这么简单的一种工作，为什么要这么做呢？因为他们需要的是能够在最高工作境界下工作的工人。在思科，员工培训的时间没有规律，他们认为业务和培训是一体的，培训是无时不在的。这么说来，所有良好的培训都是为了达到第三个层次——工作的最高境界。捕蝉的故事，强调的不是技能而是态度的改变。而我们的企业通常在定培训目标时总强调学员完成培训后能够做什么，即通过培训学员达到其知识、技能方面的长进。当然，对态度的改变的确要复杂得多，要让学习者达到这样的境界，需要我们建立共同的愿景和配套的治理激励措施。

资料来源：http://wenku.baidu.com/view/10a63e18a300a6c30c229fd7.html.

讨论题

1. 在联想的案例中，该公司是如何加强培训成果的转化的？（提示：加强培训效果转化的方法。）

2. 联想有利于培训成果转化的因素有哪些？（提示：有利于培训成果转化的氛围因素。）

3. 捕蝉人的经验给我们带来哪些启示？（提示：培训的内容和时间，培训成果转化的注意事项。）

【本章实训】

保健公司（Healthcare Company）销售培训效果评估报告

项目：传达（公司）优势

时间：1—9 月

参与者：180 名保健公司销售助理和销售经理，分成 24 个小组

项目目标

当公司员工在接触潜在客户或现有客户时，能够给客户以专业的印象，与客户建立相互信赖的关系，将公司的价值传递给客户，并且强调公司的医疗管理能力。

项目描述

“传达（公司）优势”是一个为期两天的培训项目，主要培训倾听、提问和表达的技巧，旨在提高销售助理向客户传达公司医疗管理能力的水平，从而帮助其提升销售绩效。在为期两天的培训项目中，销售经理也会协助开展工作，不仅提供技术性指导，而且担任沟通教练。销售经理除了协办整个项目，在项目结束后，他们还要在实际工作中指导和评估销售助理的表现。

评价总结

总体而言，“传达（公司）优势”培训项目取得了显著的效果。目前，第一期项目结束后的 10 个月内，在评估的所有领域中，培训项目都超额完成既定目标。表 8.1 详细介绍各方面所取得的效果。如果还需要了解其他信息，请与公司培训部门联系。

表 8.1　各方面所取得的效果

评估项目	目标完成状况
绩效	
财务效果	409%
学习	
技能	117%
认知	
参与者的认知	149%
发起人的认知	147%

批准人：

销售绩效副总裁　日期：年/月/日

抄送名单：

- 总裁
- 人力资源部高级副总裁
- 人力资源开发部副总裁
- 财务部副总裁
- 区域运营主管

以下是培训项目在绩效、学习和认知三方面取得的效果的详细报告（本书仅选取绩效效果部分）

绩效效果

本项目的总目标是通过提高沟通和表达技巧，提高销售绩效。表 8.2 列出了由该绩效提升项目直接带来的销售变化。

表 8.2　项目直接带来的销售变化

销售类型	销售收入（元）
2 笔“X”市场业务	57 620 000
18 笔“Y”市场业务	5 500 000
2 笔 PPO 公司业务	2 000 000
1 笔牙齿保健业务	290 000
1 笔内部财务核算业务	13 000 000
总计（24 笔销售）：	78 410 000

表 8.2 的结果只是从 48 份归因于该培训项目的销售反馈中总结得来的，并不是从所有的销售数据得来的，因为有些销售数据没有上报。

项目的总收益计算如下：

总收益 = 78 410 000（总销售收入）× 3.0%（净收益率）= 2 352 300（元）

每组销售培训的成本是 12 000 元，24 组的总培训成本是 288 000 元。投资回报率按下列方式计算：

$$\text{ROI}=\frac{2\ 352\ 300-288\ 000}{288\ 000}\times 100\% = 717\%$$

以项目的预期投资回报率 200%为计划目标，该培训项目的实际投资回报率超出目标的百分比为：

$$\frac{717\% - 200\%}{200\%} \times 100\% = 259\%$$

讨论题

1. 学习该案例中斯旺森-霍尔顿结果评价体系的应用。

2. 试用的其他模型对本案例进行分析。（提示：柯氏评估模型；菲利普斯“五级六指标”模型。）

第 9 章 互联网环境下的员工培训与开发

学习目标

1. 了解互联网环境的特点及其对传统培训的挑战。
2. 熟悉互联网对企业发展的影响。
3. 了解互联网环境下员工工作的特点和胜任力要求。
4. 掌握互联网环境下员工培训与开发的内容与方法。

关键术语

互联网环境　垂直边界　学习型组织　流程重组

引导案例

通过建立一种学习生态系统，让学员自动自发地学习，以知识习得为方法，而目的是提升能力。我们设计了“京东年级”这样的能力等级项目，用一种显性且易操控的方式，鉴别员工的成长与价值。京东年级能体现员工的学习任务、知识贡献等。同时，用各个年龄层都喜欢的语言表达和宣传形式，引爆员工的热情。

京东尝试搭建了一个灯笼模型，底座叫小的 E-Learning，我们把它做成每个岗位、每个层级必修课程的平台，且考试内容都包含在这里；中间灯笼身是大的动态知识库，包括京东 TV、京东论坛，包括各部门的知识库，把它变成共享平台；灯笼帽是挖掘，往往是京东大学内或者行业的专家，基于业务部门的需要，从灯笼中列出知识列表，当知识列表出来之后，其实就形成了课程开发初步的蓝本。

有了这个素材库和这些积累，整个系统就变成搜集、挖掘和应用的循环过程。现在的智能终端设备越来越多，会推动培训越来越快地从学习领域到绩效领域。

资料来源：http://www.online-edu.org/index.php?m=content&c=index&a=show&catid =12&id =210.

9.1　互联网时代的特征及其对传统培训的挑战

随着互联网的快速发展，企业对员工质量的要求也越来越高。为了适应大环境下的人才需求模式，企业员工培训与开发将会发生巨大的变化。互联网时代下的个体是分享利润的创造者，而不再是被动整合的群体，而且他们往往是主动参与整合的一类群体。互联网时代下的企业员工逐步向产销一体化发展，员工生态系统将越发智能、高效。人类知识文化的积累与传承，是通过不断分享和学习来实现的，作为社会重要成分的企业文化和知识的发展与传承也是如此。进入移动互联网时代，很多传统企业被改变，新的商业环境源于全新的社会形态，人们的生活方式愈加多样化，整个商业环境显现出全新的特征，这一切对企业的员工培训与开发的方式也形成了巨大的挑战。促使企业为了适应新时代下的发展，开始革新企业员工的培养方式、革新企业文化。

传统的人力资源管理在培训方式上也较为烦琐，其培训的方式主要是运用报告、演讲或课堂传授的方式组织在职学习。这种培训方式，不仅占用了员工的工作时间，还要耗费大量的企业资源，甚至在培训效果上也会出现不佳的情况。而“互联网＋”形式的出现，可对此做出改善。企业应及时更新观念，将培训工作通过互联网进行，使员工不但在工作中做好本职工作，也能够自主选择接受培训的时间，并且为企业节省了培训成本。

9.1.1　互联网时代的特征

伴随着移动互联网的出现，整个商业环境发生了重大的变化。在移动互联网时代，企业每天的工作除了人与人、人与物质的交互，其他几乎所有的时间都用于信息交互，这也体现了人们不断探索未知、满足好奇心的本质特征。这些信息的交互对于人的感知、心理、行为乃至价值观有着或深或浅的影响，基于这一情形，如何让员工养成企业倡导的习惯性行为尤其值得关注。人获取知识进而形成行为的阶段包括：知晓、获得、掌握。

在人与知识交互的掌握阶段，是人与知识融合得最为紧密的时候，其内容主要表现为对于个人的技能成长、任务完成的专业化知识或方法，其行为主要表现为定期与不定期主动学习培训、协同探索。移动互联网时代以其独有的特征，在促进企业员工习惯性行为的养成过程中起着推动作用。

第一，社群精神更有助于形成有效的行为训练和实践反馈群体。物质时代的距离感与阶层感，反而极大地催生了现代人的社群精神。从形态各异的现实社会人际群体，到各式各样的网络虚拟圈子，人们正以各种方式寻求与他人的联系，表达自己的关切，寻求协作与互助，乃至展现公民的责任与义务，追寻社会的公平与正义。从百度文库，到微信群乃至各种虚拟社区，人们好像有一个 24 小时的老师，可以随时发问，并随即得到答案。企业如果利用这样的手段进行引导，将对员工技能的提升开拓出新的便捷渠道。

第二，人们的个性化诉求创造了丰富的知识库。人们正在运用各种方式，表达自己作为一个独立个体的真实存在。移动互联网的出现，成为现代人最富有个性特色、展现自我生命价值的主阵地。 在微博上写文字，在播客中展现创意作品，建立社区小窝，“我” 已经成为这个个性化时代最强劲的诉求表达，同时形成了极其强大的、随时可触及的知识库。

第三，物质安全时代的新人类回归内心成长的渴望，促进企业因势利导、设计行为习惯养成的员工体验。 80 后、90 后的群体正日益成为社会的主流人群，新一代的社会主流人群的成长迥异于前人。其中最大的区别在于，他们出生成长在一个物质安全的时代，而前人的时代物质匮乏。任何人的价值观念都会深受幼年期的经历影响，在物质安全、资源充裕前提下成长起来的新人类，对于心灵关爱的渴望，都将汇集为强大的潮流力量，并最终改写商业世界的游戏规则。企业在引导员工行为养成过程中，需要充分考虑时代的特点，导入有效的学习体验。

企业人力资源管理是一项比较复杂的工作，涉及多个方面，贯穿企业发展全程，对企业的发展有着重大影响。互联网时代，互联网技术的应用为人力资源管理提供了便利，也对企业人力资源管理提出了更高的要求。融合性是互联网时代的一大特性，人力资源管理人员可以利用互联网软件开展工作，不仅节省了大量人力和物力，也提高了工作效率和质量。人力资源管理人员可以利用 App 等来传达命令或者通知，企业员工随时随地可以接收到信息，方便快捷。互联网时代，企业员工也可以利用网络 App 实现与管理人员的沟通交流，缩短了管理人员与员工之间的距离，增强企业的凝聚力，进而提高企业的社会竞争力，推动企业发展。

在互联网时代背景下，企业人力资源管理有以下特点：一是开放，二是平等，三是互动。在互联网时代，无论是管理人员还是员工都需要对自身进行重新定位，管理人员要从员工的角度展开管理工作，多关心员工，最大化挖掘员工潜能，降低人力资源管理成本。企业管理人员与员工之间更多表现为合作关系，而不是从属关系，管理人员要让员工参与企业重大事项的决策，多听取员工的意见和想法，尊重员工。这能够让员工认识到自己的价值，引导员工，培养员工的主人翁意识。

9.1.2　互联网对传统培训的挑战

移动互联网思维的深入人心，要求企业培训管理人员用移动互联网思维武装自己。而移动互联网技术的广泛应用，使很多移动互联网形式的培训成为可能。应用移动互联网思维及移动互联网技术，建立学习型组织将更为容易，通过开展培训为企业培养人才将更为高效。传统企业培训模式的问题日益凸显，目前大部分企业对于传统培训模式还有所依赖，甚至处于重视的程度，但在互联网的影响下，传统企业培训的不足已初步显现。

1．培训师能力有限，跟不上发展速度

在过去的培训中，培训师普遍通过面授进行教学，每期教授的学员数量有限，有时候针对大型企业的培训还可能需要去全国各地，耗费大量的时间和精力。培训师用大约几个月时间开发的课程，会持续使用好多年，这种速度远不及知识迭代与企业发展的速度，不仅效率低下，而且未必能达到最好的效果。

2．好资源与好企业难相遇

过去企业寻找培训资源，往往是通过线下渠道与培训机构沟通，以及培训课程体验等方式来做出衡量与选择，这种方式不仅信息获取不够全面，而且衡量标准过于片面，企业通常不可能在将培训机构的课程全部看一遍后再去做选择。而对培训机构来说，如何找到优质客户也是一个问题，精心开发的优质课程无法很好地推广出去，无法发挥课程的培训效果，造成了“企业找不到好资源，好资源遇不到好企业”的尴尬局面。

3．个性化学习需求涌现，培训面临挑战

随着员工能力的差异性逐渐扩大，传统“一锅端”的培训模式已不足以满足员工的培训需求，并且培训效果也很一般。员工需要的是个性化、定制化、适合自身岗位的培训，这就需要培训机构对不同的行业、不同的岗位，不同的员工层次进行分析，从而开发不同的课程。对传统的培训机构而言，这是一个很大的挑战。

4. 企业管理模式落后

企业管理模式对企业的管理效果具有直接的影响，企业要想实现可持续发展，就需要具有科学合理的管理模式，但在现阶段的企业管理中，由于受传统管理模式的影响，还存在明显的管理模式滞后现象。管理模式的形式化现象比较明显，智能化程度不高。比如，在企业的财务管理工作中，还存在财务管理模式反应慢和程序复杂的情况，财务资金的交易和往来往往需要逐级进行申报和审批，在这个过程中需要浪费大量的时间，从而会造成反馈延迟及效率低的情况。而在“互联网 +”的时代背景下，一些企业也逐渐引入了互联网技术的管理模式，但存在企业管理模式落后的问题。比如，企业管理主要使用互联网技术进行基础性的管理，并没有对其功能进行深入挖掘，一般只使用了财务数据管理、信息档案管理等一些基本功能。同时，很多企业并没有对互联网管理模式的内在价值进行充分挖掘，没有充分发挥互联网技术的分析、反馈、监督及审核功能，从而出现资源浪费的情况。

5. 企业管理数字化营销滞后

近年来，随着互联网信息技术的不断发展，越来越多的互联网信息技术应用在了企业管理中。由于互联网信息技术具有诸多优势，能够使企业的产品信息在短时间内进行迅速传播和处理，消费者可以借助互联网信息技术获取企业信息，并对相应企业进行评价。但是，很多企业并没有充分利用互联网的数字化特点，数字化营销手段比较滞后，没有充分利用互联网技术，导致企业不能及时了解客户的需求和反馈，从而不能根据客户的实际需求进行产品的改进和更新，进而影响企业的经济效益。

9.2 互联网环境对企业发展的影响

9.2.1 互联网对企业边界的重新界定

互联网技术，以及植根于此技术之上的内联网技术的运用，使企业的外部和内部都处于网络之中，企业也因此成为网络化企业。正如比尔·盖茨所说，这是一个网络时代。对于企业来说，网络给企业的生产经营及人力资源开发和管理都带来了深刻的影响。

互联网是否重新界定了企业的边界？交易费用理论认为，为获得有效率的企业边界，当外部供应商生产某一物品的生产成本与企业和这一供应商进行交易时的交易费用之和小于企业自行组织生产这一物品的成本时，就应该从供应商处购买这一物品。然而，一些技术上的革新会降低生产成本，降低关系性专用资产的有效性。于是，这些技术革新将使本来有效率的企业边界变得没有效率。要重新建立有效率的企业边界，就必须进行企业边界的重新界定。

网络化企业内部不再是封闭的金字塔式的层次结构，而是网络状的相互沟通、相互学习的结构，企业员工都有对接外部的机会。企业内部的信息流通与管理将不再用扰人的电话铃和传真机，而把信息输入电子公告牌，员工就有了更多地参与决策和提出建议的机会。同时应该看到，由于网络化企业调整及重组的概率比较大，员工能从外部获得更多的信息机会，企业与员工的机会更具有短期性。

互联网作为最具开放性的信息交流平台，具有使用方便、容易获得、成本低廉、标准统一等特点，它跨过企业的价值链、企业的边界甚至是国度，将个人或是各种机构联系起来，这必将影响一个企业内部的各个增值单元如何协调它们各自的运营活动。互联网的出现和普及往往能够降低成本，改变关系性专用资产的有效性，从而对企业边界进行重新界定。

具体来说，企业边界可以分为企业垂直边界和企业水平边界。企业边界的决定因素主要有以下几个方面。

1. 企业垂直边界的决定因素

企业垂直边界的决定因素主要为生产成本与交易费用。为了获得产出，一个企业可以从外部供应商那里购买原料，也可以自己生产这些原料。如果企业决定自己生产这些原料，那么将发生两种费用：内部生产成本与内部交易费用（与内部供应部门打交道的费用）。如果企业决定从外部供应商处购买，也将发生两种费用：付给外部供应商的费用（外部供应商的生产成本）及与他们打交道时发生的交易费用。交易费用理论就是通过比较以上两种方式各自费用总和的大小，来决定企业是通过垂直一体化自行组织生产，还是通过市场购买的方式获得。

交易费用理论认为，导致交易费用产生的因素主要有：由于契约的不完整性和信息不对称所导致的机会主义行为，以及资产的专用性。资产的专用性是指一项资产在不牺牲其生产价值的情况下，能够在多大程度上重新用于其他的用途，或是被其他的使用者使用。一般来说，发生机会主义行为的可能性越大，资产的专用性越高，交易费用也就越高，企业就越应该采用垂直一体化扩大企业的垂直边界；当发生机会主义行为的可能性越小，资产的专用性越小，交易费用也就越小，外部供应商的生产成本也越小，企业就越应该采用市场购买的方式，缩小企业的规模。

由此可见，企业垂直边界是由契约的不完全性、信息不对称、机会主义及资产专用性决定的。

2. 企业水平边界的决定因素

企业水平边界的决定因素主要为生产成本与行政协调费用。企业的水平边界是指当一个企业的垂直边界已经给定，这个企业在水平范围内，能够以多大的规模进行生产经营。在将输入转化为产出的过程中，必将产生系统生产成本，即产品的生产成本与行政协调费用。一般来说，随着企业规模的扩大，单位产品的生产成本随之降低，而行政协调费用却逐渐增加。如果单位产品生产成本的减少量大于行政协调成本的增加量，企业规模就会不断扩大；当单位产品行政协调成本的增加量大于生产成本的减少量，企业就不应该再扩大规模。也就是说，企业水平边界是由单位生产成本与行政协调费用决定的。

3. 互联网对企业垂直边界的影响

（1）互联网对产品生产成本的影响

互联网的出现和普及降低了单位产品的资本和人力要求，从而降低了产品的生产成本。产品的生产过程都会进行增值活动。在增值活动中，使用互联网进行信息的搜寻和收集，速度更快且成本更为低廉。互联网可以用于部门间信息的协调、传递和加工，而且成本比以前的电子数据交换系统（EDI）还要低。

（2）互联网对交易费用的影响

互联网降低了资产专用性、信息不对称和机会主义，从而降低了交易费用。

① 降低资产专用性。当一项资产在相同的获利水平下很难用于其他用途时，它的专用性就高。这将在以下三种情况下发生：第一，当资产的使用者没有相关的充分信息时，他们无法准确判断这一资产能在多大程度上与他们的价值网络相配合；第二，当这一资产不能移动时，也就是说，资产不能被移动到新的使用者那里，而新的使用者也不能将自己的经营活动转移到资产现在所在的地方；第三，当这一资产不能被别的更为通用的资产替代时。因此，通过以下三种途径我们可以降低一项资产的专用性：一是让更多的可能的资产使用者以较低的成本获得更多的相关信息；二是减少移动这一资产的必要性；三是替换掉某些不能通用的信息通信资产。互联网就是通过这三种途径来降低资产专用性的。

② 降低信息不对称和机会主义。互联网可以通过以下两种方式来降低信息不对称。第一，通过互联网，可以建立许多虚拟的论坛、社区，更多的关于产品及交易双方的信息可以让更多的人知道；第二，互联网使交易的双方可以较低的成本、快捷的方式搜寻到这些信息。例如，在采用互联网之前，几乎只有旅行社才能使用航空公司的订票系统，而在互联网普及后，个人也可以通过互联网进行网上订票。这就减少了旅行社对顾客的信息优势。

此外，互联网作为一种方便、快捷、低成本、标准统一的开放的信息交流平台，是迄今为止解决交易双方信息来源渠道问题的最为有效的途径之一。互联网的网上电子交易系统能够记录每一个交易者的所有的交易历史。任何人都可以看到用这些交易记录评出的每一个交易者的"诚信"等级。这样交易的双方就可以这些数据为参考来判断哪个交易者有可能发生机会主义行为。这种公开的交易记录也具有一定的警示作用，可以减少机会主义的发生。

除此之外，互联网降低成本和交易费用的作用大小还受到信息依赖性、信息隐性及组织使用的技术等因素的影响。

4．互联网对企业水平边界的影响

互联网的出现和普及能够降低产品的生产成本，也能够降低行政协调费用。互联网能够在多大程度上降低某一项成本，取决于在采用互联网之前决定这一项成本（费用）的因素的性质。此外，降低的程度还受到产品生产的信息依赖性、信息不明确性和组织使用的技术的影响。

首先，产品生产的信息依赖性越高，使用信息的明确性、信息与技术的相互性、任务的多变性、任务的可分析性越高，采用互联网就越能降低产品的系统生产成本。其次行政协调活动的信息依赖性越高，使用信息的明确性越高，采用互联网就越能降低行政协调作用。

互联网可以最大限度地实现信息共享，互联网的出现和对管理成本的影响表现在以下几个方面：

① 通过互联网进行企业内部会议和培训等工作，降低了管理中的交通费用。

② 通过互联网实现企业信息协调传递和加工，降低了管理中的通信费用。

③ 借助互联网自动完成管理的某些功能和过程，降低了企业的人工成本。

④ 通过互联网企业可以即时了解订货、生产、销售和库存情况，实现按需生产和按需订货，降低了企业的库存成本等。

总之，产品生产成本的降低将缩小企业的水平边界，而行政协调费用的降低将扩大企业的水平边界。所以，互联网的出现有可能缩小也有可能扩大企业的水平边界。

9.2.2　互联网环境下企业的发展趋势

1．学习型组织

美国麻省理工学院斯隆管理学院学者彼得·圣吉出版的《第五项修炼——学习型组织的艺术与实务》一书中，系统地提出了学习型组织的理论。

圣吉认为，企业组织具有创造的动力，可以通过五项修炼——团队学习、共同愿景、自我超越、心智模式及系统思考，来达到对系统复杂性的认识，并且这种思维方式有助于建立学习型组织，即在面对变迁的环境时具有良好的适应能力的组织。在五项修炼中最为困难的是心智模式的改变。个体心理的支撑系统是个体在成长过程中逐渐固化的各种观念和经验。这些经验以自我为中心构成了一个完整的整体。对于他人和外界而言，这个观念的整体也许是虚拟的；但对于个人而言，这个观念体系是客观而坚实的，正如骨骼和脊柱支撑着人的身体一样。对个体而言，否认和改变这个观念体系首先威胁到的便是自我中最为核心的部分，即自尊和自我价值。心理的防御机制作用表现为一旦面对威胁便本能地启动防御机制，如合理化、否认等。只要有利于原有的自我观念体系，个体会不惜歪曲事实，寻找理由，维护原有的观念体系。这样的心智模式是封闭的，这种故步自封的认识体系必然难以取得对系统复杂性的认识。

随着互联网的快速发展，那些在固定的空间以固定的时间和固定的模式进行运作的传统企业组织形式越来越不适应网络环境，而现代信息网络能够很容易地使系统中的要素同其他要素结合起来，形成新的生产力。学习型组织是指把学习者与工作系统持续地结合起来，以支持组织在个人、工作团队及整个组织系统这三个不同层次上的发展。在组织内，每个人都要参与识别和解决问题，使组织进行不断的尝试，并且改善和提高它的能力。学习型组织使得企业的效率提高，知识共享使企业获得竞争优势。而拥有足够的知识的人力资源是最重要的核心竞争力。

虚拟社群是互联网时代的一大特点。将学习与社交相联系，增强学习的娱乐性，提高员工的学习兴趣是培训组织转型的一个重要方面。 虽然传统培训也有班级的概念，但是这种社交概念毕竟受空间的限制，难以实现真正意义上的社群化，员工的学习行为仍然处于封闭状态，企业很难主动对员工进行引导。 而互联网时代，虚拟社群可以实现无缝对接，无论在任何地点、任何场合，都可以实现相互之间的交流、共享、互助，企业可以对社群进行主动引导，强化社群的分享、讨论功能，打造真正意义上的学习型组织。

2. 企业流程重组

企业流程重组（Business Process Reengineering，BPR）是由美国著名学者迈克尔·哈默同詹姆斯·钱皮在20世纪90年代提出的。

流程（过程）是指为完成企业目标或任务而进行的一系列逻辑相关的业务活动。在手工管理方式下，企业已经形成了一个成型的流程和管理方法。信息技术的应用有可能改变原有的信息采集、描述、组织、存储、检索、分析和使用方式，甚至使信息的质量、获取途径和传递手段等都会发生根本性的变化。人们发现，在传统的劳动分工原则下，企业流程被分割为一个个分裂的环节，每一环节关注的焦点仅仅是单个任务和工作，而不是整个系统的全局最优。在企业信息化建设中仅仅使用计算机系统去模拟原手工管理系统，并不能从根本上提高企业的竞争能力。更重要的是重组企业流程，按现代化信息处理的特点，对现有的企业流程进行重新设计，这是提高企业运行效率的重要途径。经过流程重组后的企业，其技术资源、设备资源和人力资源等都能够得到最有效的利用，生产的敏捷性不断提高，对市场需求变化的适应能力也显著增强。从本质上讲，企业流程重组的目标不是渐进提高和局部改善，而是性能和绩效的巨大飞跃，通过流程重组，建立全新的体制，使企业管理发生质的变化。

任何企业都包含技术、组织和人这三个基本要素，因此企业经营流程的重组主要体现为对这三个要素的重组。

（1）对技术的重组

企业要想取得好的生产效益，不仅需要先进的制造技术和管理技术，还需要将这两方面的技术有机地结合起来。因此要求企业改造自己的信息基础结构，采用先进的网络技术构建覆盖整个企业的信息系统，使员工能够及时得到与自己相关的各种信息。此外，面对越来越多的用户追求个性化和多样化的需求及产品结构与制造工艺日益复杂的趋势，企业应不断加强产品设计、工艺设计和制造装配上基本单元技术的标准化和模块化，使各种单元技术能够根据市场所确定的生产任务的需要，快速及时地组织起来，并打破部门界限，实行团队管理及将设计、工艺、生产制造并行交叉的作业管理等。

（2）对组织的重组

组织重组的目的是给企业流程重组提供制度上的保证，并不断改进。传统的金字塔式的组织结构已经不能适应不断变化的市场环境，取而代之的应该是扁平化的组织结构。这种结构的单元是能够适应新技术和面向过程、跨职能、具有高度自适应机制的工作组，这有利于组织内部及其与外部之间信息交流的迅捷通畅，同时组织权力下放，分散决策，提高了员工的自主性，进而提高了企业的反应速度。组织结构的变化必然伴随着企业运行机制的变化，包括运营程序、约束机制和激励机制等。通过对组织结构进行重组，企业的经营过程将得到重新整合，原有的直线式的经营过程会被打破，一个经营过程的各个子过程既可以按照自然顺序进行，也可以根据需要并行或交叉进行。

（3）对人的重组

在现代企业中，人的因素越来越受到广泛的重视，从某种意义上说，一个企业的成功与否，在很大程度上取决于其是否能够发挥人的作用。对人力资源的重组主要表现在三个方面：一是对各种不同性格特点的人才进行优化组合，充分考虑人才之间性格和能力的互补性，这样组合起来的群体的作用就会大大超过个体之和；二是通过对员工进行观念教育，使他们能快速适应具有新技术和新组织运营机制的企业文化和价值观念，加强团队精神建设，培养员工的主人翁意识；三是通过对员工进行经常性的新技术培训，使他们成为适应流程管理的复合型人才，进一步发挥其主动性和创造性。

3．基于复杂社会网络的企业员工知识分享

在企业员工知识分享系统中，由于员工知识的特殊性、社会关系结构的动态性、要素间关联的多元性等因素影响，知识分享行为的复杂性显著增加，这给传统的知识管理带来巨大的冲击，也对复杂社会网络条件下的企业员工知识分享提出全新的要求。在现代知识分工体系下，企业员工之间在知识层面的相互依赖，使得知识分享成为企业运营不可或缺的一部分。但由于员工个体作为独立行为决策单位，皆保持着某种程度的自主权，并且出于种种原因，他们追求的利益不尽相同，因此，想要促进员工知识分享就必须研究知识共享过程的实质，并理解员工在进行知识分享行为策略选择时的行为逻辑。

（1）转变员工知识分享观念，创造良好的知识分享文化

在企业员工知识分享过程中，要解决个人意识障碍，要对员工进行培训，让员工认识到知识分享对个人发展的好处，转变员工的思想观念，树立知识分享的意识。因此，企业应将知识共享深入每个员工的潜意识中，逐步转变员工固有的保守思想，让知识共享成为日常工作的一部分，让员工充分了解知识共享所能带来的益处。由于关系具有一些属性，这些属性可以影响交互中出现的学习和创造性的程度。当一个人向另一个人咨询知识时，他们自然变得易受攻击，因为寻求帮助暗示着弱势和依赖，咨询他人是给一个自己所“信任”的人一种权力。进一步说，以安全或信任程度为基础，也为相互的探讨和创新提供了空间。对企业来讲，要创建以人为本的企业文化。知识是以员工个人为基础的，所以应从人本主义的角度出发，建立有利于知识分享的企业文化氛围，由文化驱动知识的分享和创新。例如，通过不定期召开小范围的员工交流会；鼓励不固定的员工协作关系；促成企业形成家庭式的信息交流气氛；鼓励员工采取非工作接触等具体方法，来创立开放、灵活、共享的环境，使员工在非常轻松的环境中解决问题和分享知识。

（2）善于运用信息技术手段，丰富多元化的交流平台

尽管信息技术不能完全解决知识分享问题，但我们不能否认信息技术的巨大功效，要善于运用信息技术手段，特别是利用分散的信息技术，如社交媒体技术，能使员工实时感受到知识分享的便利和快乐，进而可以帮助相互之间有联系的人们分享知识。许多组织已经开始体验并使用网络社群和社会信息网络，其中包括博客、论坛、共享媒体平台等，可以邀请相关的专家参与解决公司的问题。通过交流平台员工可以向相关专家提

出问题，得到有针对性的解决办法。先进的信息手段可以使我们理解一个既定人群的网络如何分享与转移知识，并帮助我们提升知识管理能力。

（3）发掘并培育优秀的知识社群，建立学习型组织

知识社群是将对某一特定知识领域感兴趣的人联系在一起的网络。他们自愿组织起来，围绕某个特定知识领域共同工作和学习，并共同分享和发展该类知识，是企业员工知识分享和获取知识的一个重要平台，对企业员工的知识分享行为具有重要的意义。知识社群的维持和发展依赖于成员的高度认同、高度信任和积极参与。在企业中，员工的参与程度取决于其在社群活动中的体验情况及体验效果。如果员工能够通过知识社群获取必需的知识，那么他们会更愿意参与社群组织的知识分享和传播活动，进而促进知识分享和传播的效果。对于知识社群，我们可以通过知识地图和社会网络来科学地定义社群的知识范围。企业中有知识流动的任何领域和部门都是成立知识社群的潜在对象，但创建社群的最大推动力还是来源于企业员工具体的需求或其对某个问题的认识。因此，可以首先梳理并确定社群的知识领域，然后确定社群成员，进而识别共同的需求和兴趣。简单来讲要明白以下问题：谁将对这个社群做出重要贡献？谁是这一社群主题的专家、可能的管理人员和推动者？谁是社群的知识管理员？这些角色是大家自愿担当，还是只能由指定的人担任？实践中会有一些什么事件涉及社群的知识领域？社群成员会对它的什么方面感兴趣和有热情？他们希望如何从社群中受益？在此基础上，保持社群成员的兴趣和参与度，保持社群的成长，让员工彼此不断地强化知识分享的流通渠道。

9.3　互联网环境下的员工工作特点和培训内容

9.3.1　互联网环境下的员工工作特点

在互联网环境下，企业信息的沟通方式与传统沟通方式相比具有以下优势。首先，网络沟通方式的多样性，使得员工有了更多的沟通方式的选择。各种网络渠道支持信息海量、准确、高速的传播。例如，通过电子邮件传输系统和发布内部电子期刊能够提高沟通效率，其最大的优点在于通过计算机网络实现了“一步”沟通，使沟通活动能够跨越时空限制，即对于信息发送者而言，可以在自己方便的时候编辑和发送信息；对于信息接收者而言，可以在自己方便的时候接收和阅读信息。

其次，网络沟通方式的多元化与交互性。多元化是指信息渠道的纵横交错，信息流向的多级性，信息的组织排斥僵化结构和机械方式，具有变通性。交互性是指在网络条件下，信息多方交流与交流中的相互促进这两种情景的汇合与交替。网络沟通不同于传统的单向线性信息传播方式，它是一种互动的信息沟通方式，交互性是它最大的特点，

它能够很快地形成反馈圈，提高信息沟通的速度与效率。

对员工来讲，从内联网上获取信息更为快捷、准确、有效。建立这样的一个企业内联网，可以使各个部门的员工，或是团队领导、各事业部都能在内联网上找到与他们各自工作相关的，或者是他们共同需要的知识或信息，如组织内部员工联络方式、针对不同员工设置的各种培训课程，以及企业的商业动态、竞争对手的信息和商业发展战略等。同时，通过企业的内联网技术，员工可以和同事以内联网为媒介一起讨论一些小项目，从而促进组织内部的双向沟通。

最后，网络沟通方式可以促进企业内部信息沟通有效性及企业内部工作效率的提高，从而降低业务成本，减少沟通中存在的矛盾与冲突，促使企业内部结构更加趋于扁平化。例如，应用包括 BBS、博客、微信、群组等交互工具，参与 BBS、微博或微信讨论的人可以处于一个平等的位置与其他人进行任何问题的探讨，而不必有顾虑。这样，公司管理层可以了解员工对某些问题的想法，使公司的内部信息得到了充分的沟通和分享，也为学习型组织的形成奠定了重要基础。

9.3.2 互联网环境下的员工培训内容

移动互联网时代的培训绝不是简单地将线下培训线上化，而是要转变培训理念。学员是培训部门的客户，如何让学员愿意学、容易学是企业培训管理人员需要思考的问题。让学员参与到培训体系设计、运作过程中来，学员可以自主选择自己喜欢的培训师、喜欢的课题，主动提出自己的学习要求，学员将成为企业培训课程体系中的重要部分。反映培训成效的不是讲得多、讲得好、讲得热闹，而是学员能记住多少、应用多少。

在移动互联网时代，通过信息技术实现正式学习与非正式学习的结合、线上培训与线下培训的互补已经不再是难事，企业需要建立学习平台、提供学习资源，学员根据自己的需要，选择合适的时间，遵从自己的习惯选择最佳学习方式，充分利用碎片化时间，提升学习的兴趣，真正实现从“要我学习”到“我要学习”的转变。例如，可以充分利用微信公众平台、微信群，QQ 群、微课培训及 E-learning 平台等多种形式开展符合员工实际需要的培训和学习。

互联网时代，知识的更新换代速度大大提高，互联网环境下员工培训的核心是训练员工创造和利用各种知识的意识与本领。其本质包括三个方面：知识积累、知识共享和知识交流。

知识积累是知识管理的基础。任何一个企业，自它成立的第一天起，就会有很多的知识产生。如果没有知识积累，这些知识会随着业务项目的结束而消失，随着员工的离去而流失。而这些知识都是企业的财富，将它们一点一滴地汇集起来会形成企业的文化、企业价值和核心竞争力。因此，企业一定要注意知识的积累，由知识积累而形成的知识库是企业知识管理的主要对象之一。

各企业内部的知识要做到尽可能地公开，要使每个员工都能接触到，每个员工都有权利使用企业的知识。当然，知识共享涉及政治和权利问题，如何在共享与政治权利之间取得平衡，还依赖于知识管理人员的管理技巧。

知识交流是使企业知识最大限度地发挥作用的有效途径。如果没有知识交流，企业就不能实现有效的知识管理。知识管理的核心就是在企业内部建立一个有利于交流的组织结构和文化氛围，使员工之间的交流畅通，使知识交流者得到启发和提高。

移动互联网时代，培训的首要问题不是课程设计、培训师级别、体系搭建。培训的核心定位就是围绕企业发展战略，咬定目标整体联动，给组织和个人注入新动力，发现流程有问题，就进行优化流程；发现渠道有问题，就调整渠道；发现岗位不匹配，就提升人员能力。移动互联网时代培训定位的战略转型是关键，要把企业发展、员工需求的理念引入培训，摒弃传统的大而全、广而杂的培训理念。

9.4　互联网环境下的企业员工培训设计与管理

9.4.1　互联网环境下的企业员工培训设计

在移动互联网时代，基于互联网与移动通信的新型学习方式将被越来越多地应用，对于掌握类知识和技能而言，它意味着人的内心与知识深层次的交互。从传统管理中一路走来的企业，在当下形形色色的企业员工培训工作中，有扎扎实实按流程办事的，也有致力于课程开发的，还有系统地搭建体系的。可是作为企业，组织员工培训为的是企业经营目标的达成和员工技能提升的双赢互动效应，促使企业在移动互联网时代背景下将会发生进一步的革新。

1. 创新培训载体

一个企业员工的成长需要依靠大量知识的积累，培训的效率和效果值得企业思考，企业还需要反思培训部门所组织的一期又一期培训班到底起到了多少作用，事后留在学员记忆中的知识又有多大的比例。企业培训的目的是技能的提升，技能的提升需要行为的改变，而行为的改变需要触发行为产生的意愿、技能、知识的成熟，这需要反复的刺激和随时的查阅。这一点的满足，正好是移动互联网时代可以倾力打造的碎片化电子互动课程的优势所在，展望未来，这个趋势也将以企业需求为契机，在社会上逐步以虚拟社区的形式延展开来，形成一种潮流，变成人们的一种学习和知识获取、掌握方式。

2. 构建互联网时代下的新式学习体系

基于互联网的发展，企业管理人员可以顺应时代发展开始实践基于工作任务搭建培训体系的理论，如基于认知心理学的学习路径图等，其中会包括不同岗位的晋升路线等一系列学习项目。为了搭建这样一个系统，企业会整合自有资源，如内训师资、内部课程、知识管理系统，等等。在有了这样一个体系后，培训不再是孤立的，而是构成了立体的企业培养体系，因而企业在员工培养方面有了可以依赖的蓝图，关键是体系的设计基于工作任务开展，营造为解决问题而进行的自发行动式学习氛围。在这种培训体系下，员工可以充分表达自我诉求，在自身发展中有了路标，成为学习的主人，可以有效提升知识到技能的转化率。

3. 搭建互联网时代下新的交流平台

企业有形的学习体系搭建好后，企业管理人员要思考将学习体系与企业的管理手段相结合，比如一定级别的员工每年要担任内训师多少天，要开发什么类型的课程等，列入关键绩效考核指标，从而将员工培养工作的方方面面与企业管理制度相结合。进行到这一步，应该说收效还是很明显的，各类学习活动会井井有条，按计划完成。考验这种管理模式是否具体成效的是，培训体系搭建的科学性和企业制度执行的有效性，做到企业对员工的培训和培养工作永远不能超越企业当前的管理水平。如果企业的文化是那种上有政策下有对策型的，制度的执行会流于形式。而在移动互联网时代，通过这种柔性的文化学习平台，可以加快组织内知识和智慧的流转速度，反复刺激群组成员，使企业上下形成分享和学习的文化氛围。

4. 系统设计培训与开发项目

利用互联网技术与工具，可以针对不同员工设计不同的培训开发项目。

（1）针对不同层级员工设计不同项目

对高管可设计战略管理、企业经营类培训项目，对中层员工可设计执行力、领导力、行业前沿、协调控制、绩效管理及职业发展类培训项目；对基层员工可设计操作技能、有效实施、成本控制及职业规划类培训项目。

（2）针对不同年限的员工设计不同项目

新员工要设计培训企业文化、企业制度与流程、岗位规范、岗位技能等培训项目；对老员工，视不同年限，根据“短板需求”设计不同培训项目。

（3）针对企业资源设计不同项目

企业有网络和多媒体环境，企业可以建立“网络课程资源库”，可设计线上线下集中培训或分布式培训项目；企业网络资源有限，可以设计业余时间分散式培训项目。

（4）针对个性化需求设计不同培训项目

企业为了开展某些业务，或某些员工有个性化需求且不与企业目标背离，员工可购买网络课程学习或远程在线培训项目课程，企业给予资金支持。同时，企业可以建立相关"碎片化素材库"，设计微课、慕课等，鼓励员工利用互联网或移动终端进行个性化学习。

5．确定个性化的培训开发方式方法

根据企业员工培训需求及企业实际情况，弱化传统培训的方式方法，有效利用互联网，实现培训价值。

（1）视频培训

随着"互联网+"时代网络带宽的加大，网络信息传输加快，可以通过视频点播、视频会议等多种视频形式进行员工培训与开发。企业可以录制或购买与企业需求匹配的课件，也可以集中邀请专家进行远程视频培训，适合集中培训、个体培训，具有可视化、直观化的特点。

（2）音频培训

现在出现许多网络音频软件（如 QQ、微信、千聊、喜马拉雅 FM 等），企业可以运用或研发专用应用软件，开展音频式讲座，定时授课，也可以录制课程供员工点播学习。

（3）共享资料培训

随着"云平台"的出现，许多个性化资料都可在"云端"存储共享，只要有网络，就可以随意选取。培训开发者还可以定期推送有价值的网络免费学习资源，让员工快速获取相关知识，同时让学习者进入微信群等分享学习心得。

（4）网上文字交互培训

随着网络新媒体发展，现在出现了许多网络交互式学习渠道，如微信、微博等，是员工文字交互学习很好的方式，企业可以建立部门学习公共账号进行定期推送学习信息，也可以解决员工提出的各种问题。

（5）混合式培训

可以利用互联网进行视频、音频、图文混合式培训，也可以选用线上线下结合式培训，将多种形式结合起来，提高员工培训工作效率。

（6）打造"互联+"学习型组织

中小企业要生存与发展，人力资源是核心资源，一定要树立"人人学习，人人为师"

的理念，通过各种互联网形式，每个人都要学习成长。老员工也要起到“传、帮、带”作用，建立新常态下的学习型组织。

9.4.2 互联网环境下的企业员工培训管理

首先，创新培训思维。一个企业人才培养的关键是看这个企业的培训管理人员是否有创新思维，如果培训管理人员能从海量的大数据中聚焦，集中在一个点上发力做好培训，达到应有的培训效果，那么企业也会取得最好的效益。善于培训创新的管理人员要思考传统的培训有哪些方面是需要改进、突破甚至颠覆的。作为培训管理人员，要多思考培训规划是按年度还是按长期的员工职业发展来进行，培训要自下而上还是自上而下，员工学习热情如何调动等。要勇于实战从而找到适合企业自身发展的培训之路。

其次，创新培训形式。传统的企业培训形式主要有企业内训和参加外部公开课。慢慢地发现，企业内训的费用太高，课程大纲还可能多年不变，教学案例更是比较陈旧，外部培训师几乎不关注企业培训需求，绝少参与企业的需求调研中，这样的培训效果自然会比较差了。外部的公开课由于受众对象行业不一，层次不一，参训目的不一，效果有限。要解决以上困惑，单一的培训方式是行不通的，而是要根据企业实情，多种形式交互运用才会对企业培训产生更好的效果。互联网时代企业开始倡导在线学习，减少企业成本，让学员随时随地地学习。企业要试着在互联网时代下建立新的平台，通过平台综合管理线上、线下培训，对于线下公开课，用平台专业调研工具易测通进行培训需求分析，从而有力保证培训效果。线上视频增加互动性、社交性和趣味性，对学员进行奖学金奖励提高学员学习内驱力。

最后，创新培训考核。大部分人不喜欢考试，然而企业偏偏喜欢通过制度和考试的方式来检验学员的学习效果，这样自然会让员工觉得学习是一种负担，而考核又是必须做的。在互联网时代下，企业可以利用大数据进行企业员工意愿的调查，可以尝试在手机等移动终端上进行考试更能让学员接受，考题设计成交互式的、互动性的、可选择性的，学员也更愿意参与，如抢答、选择考卷方式等。这样可以减少员工对于考核的抵触心理，同时能提高员工参与考核的积极性。

【本章小结】

本章主要针对互联网环境下的员工培训与开发问题进行了介绍与阐述。

互联网作为最具开放性的信息交流平台，具有使用方便、容易获得、成本低廉、标准统一等特点，互联网的出现和普及能够降低成本，改变关系性专用资产的有效性，从而对企业边界进行重新界定。随着互联网的快速发展，那些在固定的空间以固定的时间和固定的模式进行运作的传统企业组织形式越来越不适应网络环境，而现代信息网络能够很容易地使系统中的要素同其他要素结合起来，形成新的生产力。

互联网时代知识的更新换代速度大大提高，互联网环境下企业发展的途径之一是建立学习型组织，以支持组织在个人、工作团队及整个组织系统这三个不同层次上的发展，并促进员工知识分享。互联网环境下员工培训的核心是训练员工创造和利用各种知识的意识与本领。其本质包括三个方面：知识积累、知识共享和知识交流。基于互联网的培训与传统培训相比的优势主要体现在知识的网络化；学习的随意性；学习内容保持及时、持续的更新及培训的即时性等方面。通过互联网模式的员工培训，取得企业经营目标的达成和员工技能提升的双赢互动效应。

【思考与练习】

1. 互联网环境对传统员工培训的挑战有哪些？
2. 互联网环境下员工的工作特点是什么？
3. 互联网环境下的员工培训与开发方式方法主要是哪些？
4. 互联网环境下员工培训的意义是什么？

【案例分析】

苹果公司在企业内联网（intranet）上运行人力资源管理系统，替代了原来烦琐的书面登记系统，取得了显著的成效。后来，随着业务的全球化扩展，苹果公司开始运用互联网（internet）进行人力资源管理，从而实现了全球范围内人力资源管理的网络化。

1. 以人为本的员工帮助中心

苹果公司专门设立员工帮助中心，处理员工的日常学习和咨询事宜。员工在工作、学习中碰到的任何问题，都可以随时通过 iPod、iPhone、iPad 向员工帮助中心求助。接到员工的求助信号后，帮助中心将及时做出解答。在对答复不满意时，员工可以进一步追问，直到问题彻底解决为止。这为员工的学习、工作、生活带来了极大的便利。

由于员工帮助中心的高效运作，HRM 终于有比较充裕的时间来进行战略思考和全局规划。另外，员工帮助中心也成为人力资源部新员工的入职培训基地，新员工在帮助中心可以快速地了解人力资源部的日常工作内容。

2. 自我管理的员工福利计划

1996 年，苹果公司首次在公司的内联网上运行福利登记系统，替代了原来烦琐的书面登记系统，向员工提供了高效、准确、交互式的登记办法。

此后，苹果公司开始强调员工的自我管理，而非依赖人力资源代表进行管理。这一转变使绝大多数员工逐步养成了习惯，把网站作为主要信息来源和交易场所，并对自己进行福利管理产生了浓厚的兴趣。苹果公司不断推出新的在线应用软件，包括家庭状况变化登记软件、退休计划登记软件等，以强化员工自助操作的软件环境。

例如，如果一名员工选择一项成本较低的医疗计划，或是改选另一项比较昂贵的医疗计划，他马上就能看到不同医疗计划对其工资薪资的影响结果。此后，苹果公司重新设计了人力资源的福利登记软件和福利网站的外观设计。有了这些改进，登记工作就变得更加简便易行，苹果公司的投资初见成效。调查结果显示，员工对在线获取信息、做出选择感到满意，员工也乐于自己上网选择福利方案。

资料来源：http://www.sohu.com/a/248062311_612768.

讨论题

通过延伸阅读，讨论苹果公司如何通过互联网提升员工学习能力和工作满意度？

【本章实训】

HZ 公司员工培训体系的问题

北京 HZ 有限公司成立于 2000 年 4 月，拥有金融软件著作权 50 多个，主营业务为核心业务流程再造、提供方案咨询与实施服务、为核心系统提供配套产品、为核心系统上线后提供维护、后续业务发展及维护支持服务。作为“国家高新技术企业”“中关村高新技术企业”“海淀区新企业”，HZ 公司以“成为亚太地区互联网金融行业核心业务系统业务咨询和实施服务的主要提供商”为战略定位、以“将中国的软件服务业从手工作坊时代带向信息产业时代”为使命、以“从传统 IT 服务公司打造成服务于中国产业升级的业务构造咨询服务公司”为发展方向，致力于银行信息技术领域的应用开发，为国内外银行提供完整的业务和电子商务解决方案及一流的技术服务。

据 2012 年统计，HZ 有限公司共有员工 800 人，目前公司内部对于员工的培训还停留在对新员工入职培训、岗位技能业务、行业知识和基本从业素质的培训，在员工提升和继任计划及管理技能的培训上存在明显的缺失。公司目前的培训主要有以下几种形式。

1. 新入职员工培训

主要是在每月的中旬开展一次,每月初培训部门将上月入职的新员工进行统计并集中开展入职培训，培训的主要内容为介绍企业的经营历史、宗旨、规模和发展前景，介绍企业内部的组织结构、权力系统，各部门之间的服务协调网络及流程，有关部门的处理反馈机制，企业的文化、价值观等。培训的时间为 1 天。

2. 技术培训

技术培训主要由各事业部根据自己部门的工作特点及需要,由资深的技术骨干针对具体项目或具体的专业知识进行培训。这类培训由事业部自行组织,培训部不参与其中。

3. 在职培训

公司结合员工的工作,主要指对管理层进行的除专业知识之外的培训,以讲授为主，缺乏系统的需求分析，往往是访谈个别基层管理人员后制订课程计划，往往流于形式。长此以往，员工认为培训只是走形式，没有结合实际，培训过后并没有在工作中起到作用。所以，员工慢慢失去积极性，有时组织的培训参加的人很少，这类培训就会被暂时搁置。HZ 有限公司由于最近几年忙于开展业务，公司内的培训工作仍着重在新员工入职培训的阶段，主要内容仅为公司规章制度及企业文化方面的培训。随着公司业务量的增加、人员数量的增加，明显地开始暴露公司内部培训的缺失对于公司的影响，公司培训的问题也越来越多。公司领导迫切希望人力资源部制订一套方案，解决公司目前的培训问题，促进员工的素质提升和组织的战略发展。

资料来源：胡蓓，陈芳. 员工培训与开发[M]. 北京：高等教育出版社，2017.

讨论题

1. 分析 HZ 公司目前的培训体系有何问题。
2. 分析互联网企业应该如何设计自己的培训方案及内容。
3. 为 HZ 公司设计一套员工培训方案。

参考文献

[1] 胡蓓，陈芳. 员工培训与开发[M]. 北京：高等教育出版社，2017.

[2] 陈国海. 员工培训与开发（第 2 版）[M]. 北京：清华大学出版社，2016.

[3] 赵耀. 员工培训与开发（第二版）[M]. 北京：首都经济贸易大学出版社，2018.

[4] 刘正君，温辉. 员工培训与开发[M]. 北京：中国人民大学出版社，2018.

[5] 杰克 · J. 菲利普斯，等. 如何评估培训效果[M]. 北京：北京大学出版社，2007.

[6] 徐丽娟. 员工培训与发展[M]. 上海：华东理工大学出版社，2008.

[7] 唐建光，刘怀忠. 企业培训师教程[M]. 北京：北京大学出版社，2009.

[8] 谢晋宇. 企业培训管理[M]. 成都：四川出版集团，2008.

[9] Randy L. Desimone, Jon M. Werner & David M. Harris[J]. Human Resource Development, 3rd Edition. 24.

[10] 理查德 · 斯旺森，爱尔伍德 · 霍尔顿，等. 人力资源开发[M]. 北京：清华大学出版社，2008.

[11] 李德伟. 人力资源员工培训与开发技术[M]. 北京：科学技术文献出版社，2006.

[12] 徐芳. 员工培训与开发理论及技术[M]. 上海：复旦大学出版社，2005.

[13] 顾增旺，王慧，葛玉辉. 员工培训与开发实务[M]. 北京：清华大学出版社，2011.

[14] 孙宗虎，姚小凤. 员工培训管理实务手册[M]. 北京：人民邮电出版社，2017.

[15] 王俊杰. 名企员工培训最佳管理实践[M]. 北京：中国法制出版社，2016.

[16] 石庆敏. HRD 员工培训管理实操全流程演练[M]. 北京：中国铁道出版社，2018.

[17] 葛玉辉，荣鹏飞. 员工培训与开发[M]. 北京：清华大学出版社，2014.

[18] 洪宁. 企业年度培训计划制定[J]. 企业管理，2012.

[19] 仲田田，国贇. 互联网时代下的企业员工培训[J]. 中外企业家，2016（7）：144-145.

[20] 任广新，陈葆华. “互联网+”中小企业人力资源培训与开发的探究[J]. 人才资源开发，2017（4）：112-113.

[21] 曲聪，等. 基于岗位能力素质模型的培训课程开发[J]. 中国人力资源开发，2010（8）：32-36.

[22] 肖荆. 基于“互联网+”时代的企业管理创新研究[J]. 中国管理信息化，2018，21（18）：76-77.

[23] 周惠云，黎红雯. 移动互联网时代企业员工培训分析与设计[J]. 电信科学，2013，29（S1）：296-299.

[24] 孙楠. “互联网+”时代下企业人力资源管理变革创新[J]. 中国商论，2019（5）：242-243.

反侵权盗版声明